AF744482

Psicoterapia psicoanalítica

Dirección de la colección: Victor Cabré Segarra
Consejo Asesor: Junta Directiva de la Fundació Vidal i Barraquer

José A. Castillo Garayoa
Josep Mercadal Rotger
(compiladores)

Psicoterapia psicoanalítica
Investigación, evaluación y práctica clínica

Herder

Diseño de la cubierta: Gabriel Nunes

© 2020, *Fundació Vidal i Barraquer*
© 2020, *Herder Editorial, S. L., Barcelona*

ISBN: 978-84-254-4489-0

Cualquier forma de reproducción, distribución, comunicación pública o transformación de esta obra solo puede ser realizada con la autorización de sus titulares, salvo excepción prevista por la ley. Diríjase a CEDRO (Centro de Derechos Reprográficos) si necesita reproducir algún fragmento de esta obra (www.conlicencia.com).

Imprenta: Qpprint
Depósito legal: B-13.482-2020
Printed in Spain - Impreso en España

Herder

www.herdereditorial.com

Índice

PARTE II
EVALUACIÓN DE LAS PSICOTERAPIAS PSICOANALÍTICAS

EPÍLOGO

Prefacio. De la clínica a la investigación

En 1996 el *British Medical Journal* publicó un artículo, cuyo primer autor es David L. Sackett, titulado «Medicina basada en pruebas *(evidence based medicine):* qué es y qué no es». Aunque ha sido citado más de 16 000 veces según *Google scholar*, vale la pena recordar el subtítulo: «Se trata de la integración de la pericia clínica individual *(individual clinical expertise)* con las mejores pruebas externas». Aprovecho para citar unas frases de este artículo breve pero sin desperdicios: «Sin la pericia clínica la práctica corre el riesgo de ser tiranizada por las pruebas, ya que incluso pruebas externas excelentes pueden ser inaplicables o inapropiadas para un paciente individual»; por otra parte, «sin las mejores pruebas actualmente disponibles, la práctica corre el riesgo de caducar rápidamente en detrimento del paciente». Pocos años después la American Psychological Association promovió un grupo de trabajo para aplicar esta concepción a las psicoterapias y otras intervenciones psicológicas. Definió la práctica basada en pruebas *(evidence-based practice)* como la «integración de las mejores pruebas de investigación con la pericia clínica y los valores del paciente». Señaló de forma explícita que «el psicólogo que realiza el tratamiento determina la aplicabilidad de los resultados de investigación a un paciente concreto. Los pacientes individuales pueden requerir decisiones e intervenciones no directamente abordadas por la investigación disponible». En relación con la última frase, señalemos que muchas personas solicitan intervenciones psicoterapéuticas para afrontar mejor sus problemas personales o para dar un mayor sentido a su vida, objetivos que no suelen ser los de los tratamientos basados en pruebas que se orientan preferentemente a la mejoría de síntomas.

Se plantea, pues, la necesidad de una integración equilibrada, y casi siempre difícil, entre investigación, experiencia clínica y valores del paciente que el terapeuta ha de tomar en consideración ante cualquier tratamiento. Dada la complejidad de esta tarea no es de extrañar las dificultades para incorporar los resultados de la investigación a la práctica clínica, aunque aquí me centraré en el proceso inverso: la aplicación del conocimiento clínico a la investigación. Inicialmente, el proceso de traslación del conocimiento se entendió como la transferencia de información desde los investigadores a los clínicos. No obstante, esta visión se ha ido enriqueciendo al conocerse su complejidad y su diversidad según la disciplina y el contexto social del tratamiento. La investigación traslacional es un proceso recursivo consistente en integrar los resultados de las investigaciones científicas a la asistencia del enfermo y, a su vez, que las necesidades y observaciones clínicas orienten la investigación básica. No es este el lugar para extendernos en los diversos modelos traslacionales, pero quisiera destacar un par de puntos comunes a todos ellos: en primer lugar, la diversidad de actores intervinientes y, en segundo, la bidireccionalidad en el flujo de la traslación de conocimientos.

En cuanto a la diversidad de actores, debe tenerse en cuenta que en el sistema de prestación asistencial y de generación de conocimiento no solo deben intervenir clínicos e investigadores, sino también planificadores y pacientes. En cuanto a la participación del paciente, el clínico desempeña un papel destacado en el proceso de su empoderamiento. Desde la proximidad con el paciente se advierten las ventajas e inconvenientes de los tratamientos y las necesidades no cubiertas por la asistencia. Esta información debe reintroducirse en el sistema de generación de conocimiento y, por su cercanía, el clínico está en condiciones óptimas para recoger y para canalizar la percepción del paciente sobre el tratamiento que realiza y para facilitar su inclusión en las instancias de planificación y financiación de la investigación.

En segundo lugar, señalemos que, en último término, es la bidireccionalidad la que permite una mejora continua de la efectividad y aplicabilidad de los tratamientos. Esto incluye considerar la variabilidad individual de respuesta, su aceptación por pacientes con distintas características y procedentes de diferentes grupos socioculturales. A ello se suman las condiciones materiales y organizativas de cada entorno asistencial. Se considera un error plantear el proceso traslacional como un sistema de bloques separados, clínicos e investigadores, entre los que solo hay que establecer un canal de comunicación. Esta percepción simplista se ve reforzada por los diagramas de cajas y flechas con los que se ilustran las exposiciones. Una simple vía de comunicación es poco efectiva dados los diferentes medios de actualización y formación continuada en ambos colectivos. Para los clínicos, los procedimientos más habituales son las sesiones clínicas y las discusiones y supervisiones de casos y los manuales como el que tenemos entre manos. En contraposición, los investigadores se nutren principalmente de artículos de investigación y de la asistencia a congresos. Por tanto, el proceso traslacional debe promoverse a través de la acción de la administración y las instituciones, creando espacios comunes de comunicación y colaboración que faciliten el acercamiento y la motivación de los clínicos hacia los métodos de investigación y de los investigadores hacia los procedimientos clínicos.

Para que la necesaria aportación del clínico a la investigación no quede en meras formulaciones bienintencionadas pero abstractas, tomaré como ejemplo el papel de las variables mediadoras. Independientemente de la eficacia de cualquier tratamiento, es sabido, más por los clínicos que por los investigadores, el amplio rango de respuesta de los pacientes: unos mejoran mucho, otros no tanto y algunos incluso empeoran. Esta variabilidad se reduce pero no se elimina si se consideran pacientes y tratamientos con características similares. En esta diferencia en el resultado, derivada de la idiosincrasia de cada individuo, influyen numerosos factores genéticos, biográficos y socioculturales. En la terminología de investigación estos factores se denominan variables moderadoras, ya que modifican la magnitud del efecto entre una causa y su resultado. Sin entrar en los problemas epistemológicos de la causalidad, a nivel práctico existen diversos diseños de investigación y análisis estadísticos útiles para *cuantificar* el efecto de estas variables. Pero la experiencia del clínico que conoce el proceso y resultado de cada tratamiento individual es fundamental para *identificarlas.* La estrecha comunicación e intercambio bilateral entre clínico e investigador puede abrir nuevas vías que amplíen el conocimiento.

La evaluación del caso individual por parte del clínico puede beneficiarse de escalas diseñadas para esta finalidad. La técnica denominada «medida rutinaria de resultados» *(Routine Outcome Measures)* ha desarrollado sistemas sofisticados que, a pesar de su simplicidad y escasa interferencia en los tratamientos, facilitan la medida del cambio clínico. Es bien sabido que los clínicos tienden a sobrevalorar la eficacia de sus tratamientos, siendo poco conscientes de que un número significativo de pacientes los abandona al no hallar la mejoría que esperaba y otros los finalizan sin cambios suficientes. Esta realidad, junto con la dificultad para identificar a los pacientes con riesgo de empeoramiento, aconseja la monitorización sistemática de los tratamientos que integren tanto la valoración del clínico como la percepción del propio paciente. La confrontación de ambas visiones puede incorporarse en el tratamiento para plantear posibles modificaciones. Su uso es un claro ejemplo de la asimilación de técnicas de investigación por parte del clínico y de la circulación de la información generada hacia los procesos de investigación.

Aunque quede fuera de mi campo de conocimiento y a la espera de mayores precisiones en otras secciones de este libro, no quiero dejar de mencionar las dificultades específicas que pueden tener los terapeutas de orientación psicodinámica ante estos planteamientos. Por fortuna, el rechazo fundamentalista entre las diferentes escuelas y modelos biopsicológicos de las visiones ajenas, tan agudo durante más de la mitad del siglo XX, ha cedido notablemente permitiendo que se establezcan puentes entre las distintas orientaciones. Actualmente, desde un punto de vista teórico, pocos terapeutas mantienen que los datos empíricos son irrelevantes para el cuerpo de conocimientos psicoanalíticos; por el contrario, la mayoría considera que el estudio de los procesos mentales inconscientes es compatible con el resto de conocimientos de las neurociencias. También a nivel práctico, para los profesionales que llevan a término los tratamientos, la incorporación de paradigmas procedentes del campo psicodinámico —como la teoría del apego, la mentalización o la alianza terapéutica— permiten una implementación y operativización más fácil de los métodos de la práctica basada en pruebas.

Los cambios en las formas y procedimientos para tratar a los pacientes nunca resultan fáciles y suponen una sobrecarga difícil de añadir a la presión asistencial tan habitual en nuestro medio. ¿Cómo vamos a pedir a estos profesionales que además de atender a los pacientes los evalúen formalmente, se formen y se integren en procesos y equipos de investigación? Evidentemente, este desarrollo no puede tener éxito sin la implicación de las administraciones y de las instituciones que prestan servicios asistenciales. Si se desea incrementar la eficacia de los tratamientos y del conocimiento hay que invertir en recursos. Actualmente, cualquier proyecto de investigación en el área biomédica no se concibe si no se dispone de un equipo de profesionales con diferentes habilidades y conocimiento especializado en distintos campos. Pero en estos equipos hay que fomentar habilidades de comunicación que permitan salvar la barrera que supone la diferencia de culturas y formación de los terapeutas y los investigadores. En países que dedican muchos recursos a la investigación ya existen programas de formación específicos de clínicos-investigadores en los que se intenta aunar el conocimiento en ambas disciplinas. Anteriormente he señalado las diferentes fuentes de formación continuada de los terapeutas y los clínicos. Uno de los elementos que con frecuencia utiliza el clínico son los manuales, que representan una interfaz con el ámbito del conocimiento científico. Estos manuales resumen y elaboran una producción científica cada vez más ingente, haciéndola accesible a un clínico que dispone de escaso tiempo. El presente manual cumple esta función en relación con las psicoterapias psicoanalíticas, sintetizando en sus dos primeras partes las técnicas de evaluación de constructos psicodinámicos y la eficacia y efectividad de las psicoterapias psicoanalíticas, respectivamente. Se complementa con un tercer bloque en el que se presentan de forma accesible los métodos y procedimientos de investigación en este campo. Cumple, pues, una doble función de actualización y de facilitación de la comprensión y el posible tránsito del terapeuta clínico hacia el campo de la investigación.

Quisiera terminar esta reflexión con otra cita del artículo al que me he referido al inicio: «La medicina basada en pruebas no es un "recetario de cocina" médico. Se necesita un abordaje de abajo arriba que integre las mejores pruebas externas con la pericia clínica individual y las preferencias del paciente; la atención al paciente no puede ser el resultado de abordajes serviles basados en recetarios». Los autores de los capítulos que conforman este libro ofrecen un amplio conjunto de recursos que, sin duda, ayudarán al clínico a integrar en su práctica asistencial las aportaciones de la investigación de forma crítica, informada y creativa.

Manel Salamero
Psiquiatra
Director del Departamento de Investigación de la Fundación Vidal i Barraquer en el período 1995-2010

Prólogo. La (buena) investigación empírica como ayuda para la psicoterapia y el psicoanálisis

Pasaron ya los años en los cuales la investigación (empírica) en psicoanálisis y en psicoterapia psicoanalítica estaba proscrita tanto de la formación de los terapeutas como incluso de su cultura grupal y pensamiento. Sin embargo, todavía algunos grupos de investigación en psicoterapia padecimos la estrechez sectaria de tales posturas, radicalmente esquizo-paranoides, que han repercutido tan negativamente en el desarrollo de nuestras disciplinas, de nuestra clínica y, en general, de la asistencia comunitaria en nuestras sociedades.

Prejuicios contra la investigación en psicoterapia psicoanalítica

Para los que no han vivido esas situaciones, y como una aportación más para reflexionar sobre el peligro de las posturas sectarias, disociadoras y chauvinistas en todos los ámbitos, incluso en los científicos (posturas mucho más frecuentes de lo que se suele recordar), seguimos recomendando leer la novela de Samuel Shem *Monte Miseria*. Con la matización de que cuando ustedes lean y evoquen hasta dónde podían llegar las posturas sectarias, en particular desde parte del psicoanálisis estadounidense del pasado siglo, sentirán un deje de incredulidad, rechazo y extrañeza. Como me ocurrió a mí mismo. Cuando se publicó la novela reconocí algunas posturas sectarias sobre el tema de nuestras sociedades nacionales y europeas, pero las que narraba la novela me parecieron literalmente increíbles. Sin embargo, a lo largo de mi carrera profesional he tenido la fortuna de relacionarme con clínicos e investigadores de orientaciones bien diferentes a la psicoanalítica. En los años posteriores a la publicación de la novela mantenía una estrecha relación científica con Ronald Epstein, importante investigador en salud mental, medicina de familia y técnicas psicoterapéuticas de la Universidad de Rochester (Epstein *et al.*, 2004; Borrell *et al.*, 2004). Él pudo atestiguar que había estado en formación en esos años en ese hospital norteamericano (que no es el *Mount Sinai*) y que los extremos sectarios y autodestructivos de los psicoterapeutas alcanzaban esos absurdos, como suele ocurrir con el sectarismo y la desidentificación mediante la proyección si no son contenidos por el medio y los allegados. Por eso recomiendo que todo investigador y todo formador en temas de salud (mental) relea esas páginas, que pueden ayudarle a evitar o disminuir las tendencias esquizo-paranoides, disociadoras y, por lo tanto, sectarias. Todos las llevamos dentro, en nuestra organización personal y psicosocial, aunque el planteamiento de la ciencia, la técnica y las asociaciones como cuestiones de poder suele tender a agudizarlas (Tizón, 2014).

En el mismo sentido, y siguiendo el tono vivencial con el que he querido comenzar este prólogo, me gustaría también recordar que, cuando en mi sociedad psicoanalítica se presentó el primer trabajo *escrito con ordenador* (¡aquellos viejos Amstrad medio cimarrones!) lo hicimos con claros temores de que ello pudiera ser duramente criticado. En realidad lo fue, pero en menor medida y por menos compañeros de lo que nos habíamos temido. ¡Qué decirles a ustedes de la reacción ante los primeros y balbucientes intentos de investigación en psicoterapias breves realizados, además, en servicios asistenciales públicos (Tizón y Freixas, 1994), un campo de trabajo que tampoco estaba demasiado bien visto por numerosos grupos de poder del psicoanálisis norteamericano y, en menor medida, europeo! O cuando nos enfrascamos en los intentos de operacionalizar algunos conceptos básicos en psicoanálisis y psicoterapia junto con Manel Salamero y otros compañeros (Salamero y Tizón, 1979; Tizón *et al.*, 1978), algo que hoy se ha desarrollado en diversos ámbitos, dando lugar a varios programas de investigación en psicoterapia psicoanalítica y en las PBE (psicoterapias breves y estructuradas) (Fonagy, 2004; Grupo de Trabajo OPD, 2008; Kächele *et al.*, 2009; Shedler, 2012; Wolpert *et al.*, 2012; Hall *et al.*, 2013; Target, 2018; Siefert, 2019). No me extiendo sobre este tema porque lo hacen con más conocimientos y actualización varios de los autores del libro que el lector tiene entre sus manos.

Para terminar este apartado, simplemente los pondré en contacto con un asunto que ha significado un grave problema teórico y técnico en nuestro ámbito durante casi un siglo: el tema de la «pulsión de muerte» (o, peor aún, del «instinto de muerte»). Como suelo recordar, cuando Freud propuso esa hipótesis explicativa bitemática de las motivaciones humanas básicas y, por tanto, de las motivaciones de la psicopatología, él mismo la calificó como «mitología», «hipótesis aventurada», «especulación harto extremada», etc. (Freud, 1920, 1932). Sin embargo, tal *constructo metafórico* ha sido utilizado durante decenios como hipótesis o concepto explicativo, sin atender a los avances de otras disciplinas de la psicología y/o de las neurociencias. O, simplemente, sin atender a la imposibilidad de conceptualizarlo y operacionalizarlo más allá de ser una metáfora explicativa propia de una actitud epistemológica sumamente valorable, una actitud que caracterizó muchas de las exploraciones teóricas y técnicas de Sigmund Freud: «Si no se puede avanzar volando, bueno es avanzar cojeando, pues está escrito que no es pecado cojear».[1] Aun a finales del siglo XX, plantear la escasa validez de aquella metáfora explicativa para la clínica (y su nula validez para la investigación) todavía podía suponer una descalificación de quien eso mantuviera. Parece que, desgraciadamente, hemos perdido decenios para conceptualizar y operacionalizar la ira, como emoción primigenia, y sus consecuencias mentales y conductuales (odio, hos-

1 Paráfrasis que, a su vez, había realizado Wolfgang Rückert, al parecer, a partir de Al-Harizi (Yehudá ben Selomó al-Harizi), traductor hispano-hebraico de Toledo (siglo XIII) y este, a su vez, de Al-Hariri (Muhammad al-Qasim ibn Ali ibn Muhammad ibn Uthman al-Hariri), poeta árabe nacido en el siglo XII en la hoy bombardeada Basora (Iraq).

tilidad, violencia...; organizaciones psicopatológicas incontinentes, intrusivas o perversas...). Desde el punto de vista de la psicología y la psicoterapia han tenido que ser las investigaciones de las «neurociencias afectivas» las que han acabado con esa inútil polémica y esa inútil omisión (Panksepp y Biven, 2012; Tizón, 2019).

Sobre definiciones y delimitaciones

Esa percepción negativa de la investigación y, correlativamente, de la conceptualización y la operacionalización, ha tenido repercusiones retardadoras sobre el desarrollo de nuestras disciplinas psicológicas, nuestras técnicas terapéuticas y sobre las «herramientas» o procedimientos utilizados en las mismas. Cuando en la década de 1990, junto con José A. Castillo realizamos una revisión de las definiciones de psicoterapia, nos encontramos con más de 40. La disonancia e incongruencia entre ellas era tal que, para los propósitos de esa revisión,[2] tuvimos que añadirle la nuestra, tal vez la número 41, con el simple propósito de hacerla más comunicable y operacionalizada. Así, nos atrevimos a definir la psicoterapia como «la aplicación metódica de técnicas y procedimientos psicológicos en el tratamiento o para el cambio de los trastornos mentales, los problemas de conducta o el sufrimiento humano (psicológico, biológico o social)». Una definición que no deja de plantear problemas, pero que intentaba apuntalar la importancia de los «procedimientos psicológicos», es decir, de una perspectiva técnica o tecnológica de la psicoterapia, que es la que he mantenido desde entonces. Pero ello significa tomar posición en la amplia discusión que aún hoy divide a los psicoterapeutas de orientación psicoanalítica, en parte a causa de la fragmentación teórica y epistemológica en la que seguimos sumergidos desde decenios. Y ello al menos en dos campos:

2 Posteriormente publicada parcialmente por uno de nosotros (Tizón, 1992).

El primero, cuál es la esencia, el elemento fundamental de la psicoterapia, cómo debe ser entendida y operacionalizada: qué parte de técnica y de relación intersubjetiva significa; qué parte de técnica o tecnología y qué parte de hermenéutica; sus objetivos reales (¿un cambio en las narrativas sobre los aconteceres mentales y/o conductuales o una relación mutativa, transformadora?); en cuanto a sus aspiraciones de cambio: ¿una forma de aumentar la capacidades de simbolizar/mentalizar o una hermenéutica que descubre nuevas perspectivas de la propia experiencia? (Tizón, 1992; Poch y Ávila, 1998, 2003; Talarn *et al.*, 2013; Rodríguez, 2014).

Por ende, y no es pequeño el problema, cuáles son en esencia sus componentes mutativos, «curativos» o activos: ¿la interpretación, que aún es la respuesta más extendida a este tema por parte de los psicoterapeutas psicoanalíticos, o bien algo más complejo y, por lo tanto, más complejo de investigar? Nosotros solemos atribuir esa capacidad transformadora a algo mucho más amplio y complejo: el vínculo entre psicoterapeuta y paciente, creado gracias a las interpretaciones y otras intervenciones verbales y gracias al encuadre. Es el vínculo lo que logra una experiencia emocional y cognitiva, vehiculizada intencionalmente a través del intercambio verbal (aunque con resonancias paraverbales), y es esta experiencia relacional la que posibilita la elaboración de conflictos psico(pato)lógicos conscientes e inconscientes. Resulta fácil entender que esta última perspectiva, mucho más compleja, tienda a descorazonar a más de un clínico ante la investigación empírica y a más de un investigador ante la clínica real no artefactada. Pero algo similar ya ocurre en la formación cuando se enfatiza demasiado el componente de interacción o relación intersubjetiva de una psicoterapia o los aspectos de «modificación estructural» si no son estrictamente operacionalizados, o cuando se desprecian los elementos técnicos y artesanales.

Lo que subyace en este terreno son las amplias diferencias epistemológicas y teóricas con respecto a qué es y cómo debe considerarse la «psicoterapia» y la «psicoterapia psicoanalítica» y sobre sus componentes fundamentales. Con una postura epistemológica algo más actualizada y constructivista-construccionista, tal vez nuestra definición de psicoterapia debería ser matizada como un conjunto de procedimientos para la ayuda psicosocial en nuestras sociedades, que debe enfocarse como disciplina técnica o tecnológica (es decir, con inspiración científica), pero que siempre conlleva un componente de artesanado o «arte del clínico» basado en la interacción emocional-cognitiva entre ambos participantes. A nivel metateórico, hoy debería estar sustentada en una epistemología constructivista (Piaget, 1969; Chalmers, 1982; Varela, 1992; Gergen, 1996; Bunge, 2007; Maturana y Dávila, 2008).

Por eso no se nos oculta que cuestiones de poder en nuestras sociedades, con su directa repercusión sobre el lenguaje y la cultura, nos hayan llevado a pensar que definir la psicoterapia y el psicoanálisis como tecnologías no es sino un nuevo oxímoron. Pero esa impresión apresurada tal vez sea debida a que, por complejas motivaciones, confundimos las tecnologías con las *tecnologías mecanizadas*, que hoy dominan el uso de tal morfema. Sin embargo, cuando aquí hablamos de tecnologías lo estamos haciendo en un sentido epistemológico estricto. Al menos en el sentido epistemológico de la tecnología que pergeñó un especialista en el tema, Mario Bunge (1980, 2007) y desarrolló, entre nosotros, Miguel Ángel Quintanilla (1989; Quintanilla *et al.*, 2017). Aunque esa aplicación del concepto de tecnología a la psicoterapia, y en particular a la psicoterapia psicoanalítica, podría ponerlos en guardia a ambos, especialmente al primero. En su definición, una tecnología es un «sistema de acciones técnicas planificado, ayudado por un conjunto de artefactos o elementos físicos, con unos planes para utilizar los conocimientos previos y evaluarlos según los criterios del método científico, que comporta numerosas situaciones creativas, las cuales dan lugar a nuevos conocimientos generales, nuevas situaciones, nuevas perspectivas teórico-científicas y nuevos objetivos de la acción».

Una vez expuesta nuestra clarificación de esa delimitación epistemológica no necesitamos, aquí y ahora, explicitar extensamente cómo se concreta en las técnicas y prácticas psicoterapéuticas, psicoanalíticas o no. En esencia, según nuestra perspectiva (Tizón y Freixas, 1994; Tizón, 1992), estas son un sistema de procedimientos, ayudados por artefactos (el encuadre interno y externo, por ejemplo), con unos planes y modelos que permiten buscar leyes o regularidades *(enunciados nomopragmáticos)* para producir determinados cambios representacionales y/o conductuales según *enunciados prescriptivos*, propios de la tecnología (necesidades de cambio, reglas de actuación, técnicas, herramientas psicoterapéuticas...). Es su diferencia con respecto a las «ciencias puras» (suponiendo que estas existan): trabajos orientados a profundizar en hechos o acontecimientos concretos a explicar *(explanandum)* sin necesidades o prescripciones previas externas a la propia curiosidad e investigación científica. Aunque, como explicitamos con frecuencia, en el caso de nuestra delimitación de la psicoterapia y la psicoterapia psicoanalítica tan solo se trata de una propuesta para la reflexión y la discusión.

Sin embargo, al reflexionar con esa perspectiva se deducen al menos tres consecuencias sobre nuestro ámbito:

1. La importancia de enfocar la práctica y la investigación en psicoterapia teniendo en cuenta sus aspectos de artesanado emocional y relacional (o «arte clínico», si se quiere) pero considerando sus componentes, procedimientos y herramientas como elementos de una tecnología psicológica.
2. Sobre el valor de la teoría, un tema que ya hemos tratado en otros lugares y aquí resumiríamos con una sentencia atribuida normalmente a un psicólogo, Kurt Lewin: «No hay nada más práctico que una buena teoría».[3]
3. Y ante todo, por supuesto, que se hace patente la necesidad (intrínseca) de la investigación.

3 En realidad, posiblemente Lewin (1943) estaba parafraseando a otros científicos anteriores a él. Entre ellos, al físico del electromagnetismo James Clerk Maxwell, y a Hendrik A. Lorentz, físico teórico e ingeniero que diseñó el dique del mar del Norte, la imponente obra de ingeniería que recuperó el Zuiderzee (Holanda) como tierra de cultivo.

Ventajas de la investigación para la psicoterapia psicoanalítica

En ese sentido, enfocar tanto la práctica de la psicoterapia psicoanalítica como la investigación en psicoterapia considerándolas más tecnologías y técnicas que hermenéuticas o ideologías posee unas ventajas que hoy podríamos esquematizar con los mismos apartados que las ventajas de la «observación psicoanalítica de bebés», según el modelo Esther-Bick (Tizón *et al.*, 2004). Doy por sentado que no hay psicoterapia psicoanalítica sin una actitud de investigación clínica, tanto por parte del consultante como del profesional. Además, los investigadores y los clínicos que trabajan en equipos que realizan investigación empírica[4] pueden obtener una serie de réditos o mejoras suplementarias, siempre que la investigación se realice con los criterios y cuidados de no artefactar el encuadre técnico, cuidados de los cuales se habla desde la introducción y en varios capítulos de este libro. En mi experiencia de cinco décadas en este ámbito, esas ventajas pueden resumirse en:

1. *Ventajas gnoseológicas:* abrirse a las formas científicas de pensar y conceptualizar, y no solo a las formas hermenéuticas e intersubjetivas más propias de nuestro ámbito.
2. *Ventajas teórico-psicológicas:* para operacionalizar conceptos y para realizar investigaciones empíricas hay que perfilar mucho más cuidadosamente tanto los modelos y teorías como la «teoría de la técnica» e incluso la práctica de algunas psicoterapias (un tema algo más sencillo en el caso de las psicoterapias breves y estructuradas, PBE): por ejemplo, siendo más decididos y cuidadosos

4 Pues, evidentemente, no todos los clínicos deben realizar investigaciones empíricas, sino solo algunos de ellos, a ser posible los más formados y motivados para esas tareas, mucho más farragosas e incluso aburridas que la (buena) clínica. Sin embargo, mantenemos que esa actitud de observación científica y de práctica tecnológica son básicas en toda práctica de la psicoterapia no orientada tan solo por «intersubjetivismos» o «actitudes hermenéuticas» extremas.

acerca de la importancia de apoyar las funciones mar-parentales, contra las grandiosas concepciones de la psicoterapia de niños.[5] De ahí la importancia de los TIANC (tratamientos integrales adaptados a las necesidades del sujeto, su familia y allegados en la comunidad), dentro de los cuales debe integrarse la psicoterapia psicoanalítica, en particular en la infancia, en los casos graves, en las psicosis o en los problemas psicosociales complejos.

3. *Ventajas metodológicas:* la investigación empírica facilita adoptar o al menos considerar modos de pensar y actuar más tecnológicamente inspirados y, por lo tanto, más comunicables y verificables. Por ejemplo, en el ámbito de la comunicación de los casos clínicos (Wolpert y Fonagy, 2009; Yeomans *et al.*, 2015; Division of Clinical Psychology, 2011). Como muy bien recuerdan los compiladores de este volumen en su introducción, la investigación ha de servir no solo para mostrar que la psicoterapia psicoanalítica «vale», por qué y cómo, sino proporcionar indicaciones de cómo modificar la teoría, la técnica y la práctica en función de sus aportaciones; sobre todo, proporcionar motivos y vías para introducir «cambios en la técnica». Por ejemplo, en la importancia concedida a la observación y a las técnicas observacionales (Anguera, 1991, 2003)[6] contrapesando la «intervención», en el valor de los grupos de supervisión o reflexión para la formación de psicoterapeutas, etc.
4. *Ventajas asistenciales:* directamente derivadas de esos avances metodológicos. Entre otras cosas, no quedará

5 Salvo en el caso de delirios profesionalistas extremos, nadie puede pensar que 45 minutos de psicoterapia sean más «poderosos» que los 10 035 minutos restantes de la semana, en la cual el niño o el joven está en relación o en falta de relación con su familia o sustitutos; o en situaciones de gran negligencia y, tal vez, desarrollando e introyectando otros modelos y organizaciones para la relación diferentes de los «reparatorios», de los adecuados para su desarrollo.

6 Un tema tratado en profundidad por M. T. Anguera desde hace decenios (por ejemplo, 1991, 2003) y oportunamente recordado en el capítulo correspondiente del presente volumen (Eulalia Arias y M. T. Anguera).

más remedio que replantearse la cuestión de los diagnósticos psico(pato)lógicos, la forma de redactar informes e historias clínicas, la formulación de los casos (Division of Clinical Psychology, 2011, 2018; Van Os, 2017), la importancia concedida a las intervenciones directas de la comunidad dentro de los TIANC (y mucho más en la prevención). Entre otras consecuencias, hoy ya sabemos que los psicoterapeutas e investigadores en psicoterapia, sobre todo si trabajan en red y en la comunidad, tendrán que decidirse a cambiar los modelos diagnósticos imperantes de la psiquiatría biocomercial por modelos y perspectivas relacionales, contextuales y comunitarias (Johnstone *et al.*, 2018; Millon, 1999; Tizón, 2018-2020).

5. Esa perspectiva de los sistemas clasificatorios, que no solo es asistencial, sino también metodológica y teórica, puede invalidar a corto plazo (y, desde luego, a medio plazo) la investigación realizada con marcos de referencia basados en tales taxonomías de la conducta biologistamente o comercialmente sesgadas. Y eso ha sido visto así no solo por los grupos psicoanalíticos de investigación, sino incluso por los grupos y ámbitos de investigación más estrictamente biológicos, tales como el NIMH (Insel, 2013; Solms y Turnbull, 2002).
6. Pero, además, la investigación (adecuada) en psicoterapia conlleva una serie de ventajas *personales,* tanto para los equipos como para los cuidadores o terapeutas como sujetos: puede ser una forma del «cuidado de los cuidantes». Entre otros motivos, porque no es posible pensar en técnicos o profesionales que vayan a pasar seis o siete horas de trabajo cada día de su vida profesional haciendo (adecuadamente) terapias breves, terapias breves y estructuradas o, en general, técnicas psicoterapéuticas. Desde el punto de vista psicoanalítico (y no psicoanalítico) esa activación emocional continua y perenne no es posible. Como en la práctica de la atención primaria de la salud, si no se combina con otro tipo de

> actividades, lleva a un horizonte no muy lejano: el abandono de la profesión, la especialidad o el desgaste profesional (Tizón *et al.*, 2013).

En este sentido, en mi experiencia con varios equipos, los trabajos de investigación poseen los beneficios directos y primarios propios de la investigación, desde luego. Sin embargo, a menudo he podido observar beneficios «secundarios» de los mismos no menos importantes: en la contención del equipo, en la autocontención y la protección del desgaste de los profesionales y el equipo global, en la aportación de la savia nueva y vivificante que suelen significar los investigadores externos y colaboradores, etc. En definitiva, la práctica de la investigación en los equipos psicoterapéuticos puede significar un aumento de la vinculación solidaria y de la confianza y contención del equipo, amén de un necesario suplemento de esperanza en el valor de sus esfuerzos y trabajos. En resumen, un aumento de sus *funciones emocionales introyectivas* tan básicas para la «capacidad de pensar» (Meltzer *et al.*, 1989).

Pero la investigación empírica puede crear problemas

Es decir, nuestra posición con respecto a la investigación (empírica) en los servicios y grupos psicoterapéuticos es bastante radical. Como los autores de este volumen, sigo opinando que no solo es imprescindible, sino que incluso puede proporcionar beneficios específicos e inespecíficos que ningún otro sistema de formación y «formación en servicio» puede proporcionar. Eso si la investigación se realiza con una serie de cuidados, no solo metodológicos, sino pragmáticos y asistenciales, cuidados que se desgranan en varios de los capítulos del presente libro. También, si se desarrolla sin desvalorizar o despreciar el valor del pensamiento clínico, las investigaciones clínicas y de «caso único», las investigaciones observacionales, los métodos mixtos, etc.

Y ahí entramos en el otro factor de la ecuación, del que también querríamos decir algunas palabras. Una vez pasados los sectarismos y temores iniciales (que duraron decenios, no lo olvidemos), ¿qué hemos de pensar hoy del hecho de que numerosos psicoterapeutas psicoanalíticos hayan tenido y sigan teniendo tan poca confianza en el valor de la investigación empírica para su trabajo? El tema es tratado en varios de los capítulos siguientes, así como por otros autores (Reith *et al.*, 2018; Wolpert *et al.*, 2012; Target, 2018), por lo que aquí tan solo me limitaré a ilustrar esas otras perspectivas más sistemáticas. Siguiendo con el estilo adoptado en este prólogo, mera invitación a la lectura y aprendizaje de las páginas del libro, comentaré brevemente algunos de los extremos más ilustrativos o patentes.

Antes que nada, habría que recordar cuántos centenares o miles de investigaciones se han dedicado a «probar» enunciados tales como «la psicoterapia X es eficaz» o «la psicoterapia Y es más eficaz que la Z». Su valor científico debe ser puesto hoy entre amplias dudas: Ese tipo de investigaciones, las investigaciones «generalistas», a nuestro entender, traducen, más que nada, resabios y reminiscencias de una lucha ideológica y de poder entre diversas tendencias de las técnicas de psicoterapia y poseen escasísimo valor científico-técnico. Como mucho, podrán poseer un valor para la historia psicosocial del sectarismo y la influencia de los grupos de poder en empresas tan aparentemente «libres» de tales influencias como la ciencia y la tecnología.

Desde una perspectiva tecnológica, lo que se puede investigar son las condiciones específicas que debe cumplir determinada terapia para ayudar, tratar o cuidar a sujetos o a grupos humanos con características definidas y que padecen determinado problema o tipo de problemas;[7] desde una perspectiva más «contextualizada» o ecológica, la capacidad de determinadas técnicas, sistemas, procedimientos y herramientas para producir mejorías en la calidad de vida de los consultantes

7 Y ahí volvemos a encontrarnos con el problema de con qué «psicopatología» se califican o diagnostican los problemas y los «tipos de problemas».

con problemas específicos y sin afectar negativamente los niveles sociales de salud o bienestar. Por ejemplo, no hay duda de que los fármacos antidepresivos mejoran algunos tipos de depresión en consultantes con determinadas características, factores de riesgo y factores de protección; pero el uso indiscriminado de tales fármacos, gracias a la «mercadotecnia de la depresión», ha llevado a un consumo poblacional antisanitario y entorpecedor del desarrollo de otras tecnologías como, por ejemplo, de la investigación en psicoterapia (Barberá, 2016; Tizón, 2002).

En otro sentido, lo que en algunos casos se ha intentado defender y difundir como «estudios de investigación empírica» puede resultar casi esperpéntico como, por ejemplo, los supuestos estudios «experimentales» acerca de la terapia de «fobias monosintomáticas», o, más estrambótica aún, la investigación con «pacientes análogos» (es decir, «no pacientes» tratados con procedimientos psicoterapéuticos), desde luego, esos miles de estudios sobre psicoterapia que después, e incluso con anterioridad, se ha visto que artefactan gravemente el proceso psicoterapéutico. A menudo, en estos ámbitos se han rozado, si no traspasado, las fronteras deontológicas y éticas, un tema sobre el que hemos de estar especialmente atentos. Por ejemplo, cuando todavía hoy se proponen estudios en situaciones que implican colocar a los consultantes en situaciones de «no tratamiento», «tratamiento placebo» (¿?) o «tratamiento mínimo», como si no existieran sistemas psicoterapéuticos probados y comprobados en muchas de tales situaciones. O propuestas de investigación que, en aras de la «investigación «científica», pueden alterar negativamente la organización emocional, cognitiva o relacional familiar, la organización microgrupal, la organización individual o las condiciones de trabajo de los equipos asistenciales. Como hemos dicho en alguna ocasión, siguiendo a Drane (1985), intentar que las técnicas de psicoterapia acojan como criterios para su modificación criterios «descubiertos» mediante la alteración de los mínimos éticos y técnicos de la atención a la población es una buena definición de la perversión.

Algo similar ocurre cuando se «generalizan» los «resultados» de determinados estudios (psicoanalíticos o no) desde medios clínicos selectos o privados a los servicios habituales de la población y a los consultantes de los servicios públicos, los verdaderos yunques y «pruebas de fuego» de la investigación (y las terapias). Por ejemplo, en el ámbito de la investigación de la psicoterapia de las psicosis y de los «trastornos por inestabilidad emocional límite» (mal llamados TLP) eso ha llevado a una situación en la que se ha acabado afirmando que muchas de las investigaciones se realizan con pacientes «virtuales», ya que escasamente coinciden con los pacientes reales que acuden a los equipos reales de atención psicológica y psiquiátrica (Woods *et al.*, 2000). Ahí, como en otros campos de la investigación en psicoterapia, pesan de forma determinante la influencia de determinados modelos de investigación no psico(pato)lógicamente orientados, sino biologista o biocomercialmente orientados, que han invadido de forma imperialista el campo e incluso la mentalidad de investigadores, administradores de subvenciones, equipos universitarios, equipos de investigación, etc. (Tizón, 2002). En realidad se trata de una derivación más de la frecuente situación en la que se financian y promocionan estudios no por el valor de los mismos, sino en función de intereses personales o de equipo, de poder, económicos, universitarios, etc. Algo que, cómo no, ha creado gran desconfianza entre los psicoterapeutas y equipos psicoterapéuticos más avezados.

¿La ayuda psicoterapéutica psicoanalítica a las familias es imprescindible en los cuidados de las psicosis? Pues ha habido revisiones que activamente la proscribían. Pero algunos sabemos que durante la génesis y publicación de las normas PORT norteamericanas (Lehman y Steinwachs, 1998), clínicos de orientación psicoanalítica intentaron comunicarse una y otra vez con los que gestionaban tales «acuerdos» sin obtener ninguna respuesta efectiva por parte de los autores (Alanen, 2000; Silver y Larsen, 2003; Gottdiener y Haslam, 2002, 2003; Martindale *et al.*, 2009).

Algunas ideas para la investigación eficiente y efectiva

Son situaciones que favorecen las resistencias y reticencias de los psicoterapeutas. Amén de la necesidad de un cambio de mentalidad, otra vía sería aplicar a la investigación en psicoterapia y psicoterapia psicoanalítica los criterios de calidad que hemos descrito como «las 12 características necesarias de una terapia cualquiera». Se trata de características de calidad claves en cualquier terapia,[8] y entre ellas en las psicoterapias y, por supuesto, en las psicoterapias psicoanalíticas. Pero también *las investigaciones* en psicoterapia deberían cumplir en alguna medida con esas mediciones de su efectividad y repercusiones ecológicas (en el ecosistema asistencial y en el ecosistema cultural). Hoy ya resulta imprescindible la investigación o «metainvestigación» de los resultados de la dedicación de esos esfuerzos, económicos y de todo tipo, a determinadas técnicas, psicoterapéuticas o psicobiológicas, que al poco tiempo demuestran su falta de eficacia, o de eficiencia, o de seguridad, o de efectividad, o de adecuación...

Se trata de algo muy patente, por ejemplo, en la investigación en psicoterapia y en la práctica de psicoterapia de niños y adolescentes cuando no se halla integrada en algún tipo de ayuda familiar o, mejor aún, en algún tipo de TIANC. No hay duda de que, en numerosos casos y situaciones de niños y adolescentes, diversas formas de psicoterapia psicoanalítica resultan eficaces y eficientes. Pero de ahí a haber prescrito, durante decenios, y casi como única prescripción, «psicoterapia» para cada niño que consulta, hay un trecho que ha sumido la psicoterapia psicoanalítica en una banalización, patentizada además por niveles de baja efectividad y eficiencia. En general, la «psicotera-

8 Es decir *accesibilidad, adecuación, continuidad, eficacia, eficiencia, efectividad, seguridad, oportunidad, satisfacción* desde la perspectiva del consultante y sus allegados, *mejora en la calidad de vida* que producen y cómo compensan o descompensan los balances socioculturales *autonomía/heteronomía* y *creatividad/dependencia* (Joint Commission, 1990; Tizón, 2018).

pia individual al por mayor» no ha hecho sino banalizar el uso de la psicoterapia y reducir su impacto social y cultural. No es de extrañar, por tanto, que los resultados de la investigación en este campo sean discutidos o menos claros en varias de las características necesarias para validar la calidad de una terapia e incluso para las dos últimas características básicas entre las 12 que mencionaba.

En un sentido más elemental, de poco vale que las técnicas X se hayan mostrado las más eficaces en el tratamiento de, por ejemplo, la «fobia social» o el «retraimiento social» de los pacientes con psicosis, si luego resultan costosísimas de financiar (poco eficientes), o poco accesibles porque los equipos que las dominan son escasos o no perseveran en su uso. De poco vale que las técnicas de tipo Y sean las más eficaces o incluso eficientes si la población no las acepta o no las consideramos «oportunas». De poco valen terapias idealizadas o terapias «recortadas» para una situación con recursos económicos escasos o decrecientes si lo que hacen es aumentar la heteronomía, la dependencia con respecto a lo profesionalizado, como ocurre, por ejemplo, con numerosas técnicas psicofarmacológicas o psicoterapéuticas provenientes de otros encuadres económico-asistenciales.

Y sin olvidar, por supuesto, que en aras de puros intereses comerciales y de poder, la investigación en terapias psicobiológicas posee unos medios que, en los países tecnológicamente más desarrollados pueden estimarse como 10 o 20 veces superiores a los de la investigación en técnicas de psicoterapia. En países «secundarios», como el nuestro, la desproporción puede ser aún mayor, pues la mayor parte de las investigaciones biológicas están facilitadas por ser meras duplicaciones de otras foráneas, cuando no meras técnicas de *marketing*.

La escasa influencia de la investigación

Como resultado de todo lo anterior, los hallazgos de la investigación empírica en psicoterapia han influenciado relativamente poco la práctica de las técnicas de psicoterapia contemporáneas, un tema desarrollado desde la introducción de este libro y por varios de los autores. Se trata de una de las consecuencias fundamentales de la falta de corrección o afinamiento de la lente de la investigación en psicoterapia en general y en psicoterapia psicoanalítica en particular (Ávila, 2003; Tizón, 1997).

En definitiva, una cosa es apoyar la investigación y otra ser acríticos con el sueño empirista de que acumulando datos se consiguen conocimientos (Canestri, 2017); o con el sueño disociador de que la investigación y los datos no están sujetos al poder. Y lo están, desde luego; y no solo en su valor de cambio, sino incluso en su valor de uso, en los objetos y objetivos de la investigación y el marco lingüístico, de «cultura institucional» y cultural en general que se crea con determinadas líneas de investigación. Algo que apostillaba recientemente el Relator de la ONU para la Salud Mental (Püras, 2015) al proponer cambiar el marco conceptual global de la psicopatología y la psicoterapia. Hay que optar por nuevos marcos más contextuales, psicosociales, relacionales y comunitarios, al menos en los campos de la salud y la salud (mental) y en los sistemas públicos: posiblemente, como sabemos desde Iván Illich (1975), sea la única vía eficiente en la actualidad para disminuir la hipermedicalización de la vida cotidiana y la alienación real de la comunidad con respecto a las supuestas prácticas orientadas a «mejorar su salud» (Tizón, 2002; Püras, 2015; Saraceno, 2018).

Otro error frecuente consiste en despreciar los resultados leves o poco alentadores de determinadas terapias o sistemas de cuidados. Ahí, de nuevo, una perspectiva biologista de los investigadores, a menudo inconsciente o inadvertida, los lleva a pensar en términos médicos de «enfermedad», «curación», «resolución», olvidando la realidad psicobiológica y psicosocial de que, cuando la psicopatología está estructurada, ello implica una organización fuertemente arraigada a nivel psicosocial, a nivel psico-neuro-endocrino-inmunitario y, tal vez, a nivel epigenético (Debbané *et al.*, 2016; Tizón, 2018). De ahí que sea necesario investigar, y más en psicoterapia psicoanalítica, con una perspectiva relacional y psicosocial; con una perspectiva terapéutica de «cuidados» y «reparación» más que de «enfermedades» y «curación», por mucho que eso afecte a nuestras pretensiones de ser una técnica o una ciencia «como las demás». ¿Como las demás disciplinas *médicas*, tal vez? Ni siquiera en la medicina contemporánea es demasiado válido investigar las terapias tan solo desde el paradigma biológico médico-quirúrgico o infeccioso. La asistencia sanitaria contemporánea, e incluso la medicina, están siendo fuertemente influenciadas por el paradigma de los cuidados y la epistemología y la ética de los cuidados, cuanto más en el campo de las terapias psico(pato)lógicas.

Apuntes para un futuro

Un libro es o debe ser «una puerta abierta al mundo»; al menos, a una parte del mundo. En ese sentido, con este libro sobre la investigación en psicoterapia psicoanalítica sus autores desean proporcionar una apertura a ese mundo, un mapa para circular por él y unas herramientas para el camino. Por ello, tal vez le pueda interesar al lector que le transmitamos nuestra idea sobre cómo puede ser ese mundo, una mirada al trasluz de ese *brave new world*. En definitiva, sobre cómo nos gustaría que fuera el mundo de la investigación en psicoterapia en el futuro, en especial en los aspectos menos metodológicos y, por tanto, menos tratados en las páginas del libro.

En ese sentido, y para terminar, aplicando nuestros «principios para el desarrollo de una psicopatología alternativa» (Tizón, 2018) al campo de la investigación en psicoterapia, tendríamos que decir que la investigación en ese mundo tendría que afinar la forma de implementar operativamente, en la investigación, una serie de cambios teóricos, técnicos y pragmáticos imprescindibles. Por ejemplo, tener siempre en cuenta que partimos de una medicalización asistencial y cultural abusiva e ineficiente (sobre todo, de la infancia). De cara al futuro, como ya hemos insistido, eso habría de significar la necesidad de desarrollar técnicas más basadas en la relación, los cuidados, la comunidad, los sistemas «profanos» y el desarrollo biopsicosocial. Y ello sin olvidar que, en el campo de las terapias psicoanalíticas, toda la investigación ha de tener en cuenta la variable o conjunto de variables a las que llamamos «mundo interno», por mucho que eso pueda complicar el diseño de los estudios y la claridad de los «procesos» y «resultados» (Reith *et al.*, 2018). En ese sentido, posiblemente sea ineficaz e ineficiente investigar en psicoterapia psicoanalítica si no se tienen en cuenta conceptos y situaciones como la interacción consultante-terapeuta, las emociones primigenias y los sentimientos que despierta, los procesos de duelo y pérdida, las transiciones psicosociales y las crisis, y, sobre todo, los antecedentes emocionales y cognitivos del consultante, pero todo ello con una apertura contextual: al menos, a los correlatos psicosociales y neurocientíficos. Sin olvidar tampoco que hoy en día no son teóricamente fiables las investigaciones sobre psicoterapia psicoanalítica que no tengan en cuenta en su planteamiento los factores de riesgo y protección para el desarrollo individual y social investigados por la epidemiología y por otras perspectivas de la medicina, la psicoterapia y la psicosociología. En ese sentido, estamos muy necesitados de investigaciones sobre los resultados de las diversas formas de psicoterapia psicoanalítica en situaciones de «alto riesgo» tales como las delimitadas por instrumentos de detección a su vez muy poco investigados empíricamente, tales como el LISMEN (Artigue *et al.*, 2016), o los instrumentos de detección sobre situaciones de riesgo y desamparo tales como el BALORA, del Gobierno vasco (2017), su equivalente catalán (Area de Drets Socials, 2017) y los de otras comunidades autónomas u otros países.

A nivel técnico, en el mismo sentido y sobre todo en los sujetos, grupos o situaciones graves, tendremos que difundir e investigar, en consecuencia, los sistemas de cuidados comunitariamente basados a los que hemos llamado TIANC,[9] con la participación de la familia, la Integración interservicios y la integración con la comunidad, con amplias dosis de dialogismo y comunitarismo, etc. Habrá que perfilar, pues, qué papel pueden desempeñar las técnicas y teorías psicoanalíticas en esas ac-

9 TIANC: tratamientos integrales adaptados a las necesidades del paciente, su familia y allegados en la comunidad.

tividades complejas, y para eso necesitamos investigaciones empíricas y sistemas de evaluación incluidos en la rutina asistencial, tales como las ROM,[10] de las que se habla en varios capítulos del libro (Wolpert *et al.*, 2012; Target, 2018). En el mismo sentido, habrá que hacer especial hincapié en la investigación acerca de los programas de prevención con base psicoterapéutica, posiblemente los sistemas más eficaces y eficientes en el campo de la salud (mental). Será fundamental difundir, a nivel sociocultural y político, la investigación y los resultados de la investigación en prevención primaria, secundaria, terciaria... y cuaternaria (Tizón, 2015, 2018).

A nivel clínico, amén de las consecuencias sobre la clínica de esos cambios de perspectiva técnicos y teóricos, la investigación en psicoterapia psicoanalítica debería estar especialmente atenta a territorios comunitarios hasta hoy poco investigados: por ejemplo, a cómo apoyar las funciones mar-parentales, tanto en la psicoterapia como desde la comunidad; o a cómo integrar la participación de la comunidad y del resto de los «niveles para la contención» en la generalización de resultados y en la difusión de la psicoterapia más que en nuevos delirios profesionalistas universales. Además, teniendo en cuenta nuestro retraso histórico, habría que priorizar la investigación de encuadres renovadores tales como los que integran la psicoterapia psicoanalítica en los TIANC; las nuevas técnicas de terapia familiar y terapias padres-hijos; la psicoterapia a domicilio modelo NAT y OD; las psicoterapias apoyadas por acompañantes terapéuticos y «pacientes expertos»; las psicoterapias con encuadres renovadores orientados por la investigación científica y con apoyo comunitario, etc. Eso significa, desde luego, investigar el valor y efectos (psico)terapéuticos de diversas actividades en y desde la comunidad, de las «unidades funcionales», del «trabajo en red» psicoanalíticamente orientado... Por ejemplo, de los resultados de las unidades funcionales de prevención y atención a la primera infancia y a las díadas de riesgo, de talleres y activi-

10 *Routine Outcomes Measures* (medición sistemática de resultados). N. del E.

dades sobre salud mental en institutos y escuelas, de los programas «salud y escuela» no empobrecidos, de las técnicas familiares de base psicoanalítica ampliadas (grupos psicoeducativos, grupos de dinámica interfamiliar, «grupos multifamiliares» y «terapias familiares» específicas...).

No se nos oculta que ese conjunto de replanteamientos implica una perspectiva y una actitud diferente de la habitual en la investigación en psicoterapia, en general, y en psicoterapia psicoanalítica, en particular. Pero es la que, en último extremo, defenderíamos todos los que participamos en este volumen. Una actitud que, desde luego, posee su trasfondo ideológico diferenciado. Si, en aras a la honestidad (científica) y la claridad tuviéramos que describirlo, aquí habríamos de mencionar unos «principios ideológicos» (o, si se quiere, teóricos y culturales) que tal vez deberían orientar la mayoría de los proyectos de investigación en psicoterapia psicoanalítica. Nos referimos a premisas o principios tales como los de la «mínima profesionalización necesaria» y el «decrecimiento sostenible» en profesionalización. Nos referimos a la necesidad de priorizar el cuidado de los «niveles no profesionalizados para la contención», con el principio global de evitar la profesionalización, el biologismo y la medicalización (especialmente, la «cronificación medicalizada» y la «medicalización de la infancia»). Nos referimos asimismo a la necesidad de realizar e investigar técnicas que intenten el «empoderamiento» y aumento de la autogestión de las familias y los grupos vivenciales naturales en el psicodesarrollo, la psicoterapia y la colaboración de los equipos psicoterapéuticos con la comunidad.

Todo un programa para el futuro. Y un programa no fácil de desarrollar. No solo por los condicionantes externos, socioculturales, sino también porque, a menudo, entre los psicoterapeutas psicoanalíticos aún predominan actitudes defensivas frente a la investigación empírica e incluso frente a los cambios del medio en el que desarrollamos nuestra actividad. De hecho, los cambios en el terreno en el que desarrollamos nuestras actividades son tan notables que a algunos les/nos están produciendo auténticas ansiedades de diferenciación/indiferenciación.

En efecto, está claro que todo lo que llevamos diciendo en este prólogo debe ser pensado y repensado para una sociedad en la cual, al menos en Europa, los sistemas públicos de atención o cuidados comunitarios (sanitarios, psicopatológicos, sociales y otros) significaron un cambio de encuadre notable; como lo significan para la psicoterapia psicoanalítica el trabajo en grupo o en equipo, la importancia concedida a la asistencia basada en pruebas empíricas y otras muchas variables sociales. Y antes de que hubiéramos «metabolizado» e integrado adecuadamente esos cambios de encuadre con respecto a la «psicoterapia psicoanalítica clásica», los «recortes-estafa» de nuestro incipiente «Estado del bienestar» están alterando nuevamente de forma determinante el encuadre general, no solo de las terapias, sino de la investigación.

Por añadidura, algunos pensamos que estamos inmersos en cambios aún más globales que significan, tal vez, cambios de civilización, de modo de producción o modelo social. Nos referimos, por ejemplo, a la extensión globalizada del consumo de masas (incluidos el consumismo de cuidados profesionalizados) y al poder de los conglomerados industriales sobre la cultura y la mentalidad popular, con sus correlatos de «psicopolítica» y de medicalización y consumismo sanitarios. Pero, ante todo, estamos viviendo los cambios estructurales que suponen y supondrán la generalización de la globalización, de la tecnocultura y de la extensión de las redes informatizadas, con su consecutiva aceleración de las diversas «liquideces» de nuestra «sociedad líquida»... Todo ello puede llevarnos nuevamente a actitudes teóricas, técnicas y clínicas defensivas.

No obstante, no deberíamos despreciar las posibilidades que las mismas técnicas audiovisuales, informáticas y tecnológicas, en general, nos proporcionan para investigar procesos con métodos y herramientas hace bien poco impensables. Por ejemplo, en el ámbito del reconocimiento automático de emociones y actitudes, para las correlaciones neurocientíficas, para correlacionar la investigación en psicoterapia con resultados y perspectivas psicosociales, para los análisis computarizados y telemétricos en muchas investigaciones, para las terapias con apoyo en la inteligencia artificial y la tecnocultura, tales como las terapias de Avatar y las técnicas «a distancia», etc. Son campos y modelos que probablemente a algunos nos asustan y nos producen preocupación. Pero también sabemos que pueden mejorar nuestras capacidades terapéuticas y de investigación.

Por eso, para terminar, podríamos parafrasear la cita de Sigmund Freud antes recordada diciendo que «Cuando aún estábamos cojeando, notamos que el suelo se está moviendo a una velocidad anteriormente ni tan solo imaginada». De ahí la importancia de la formación y contención personal, de la formación teórica y técnica, de la metodología y de la investigación. *Eppur si muove!*

Jorge L. Tizón
Psiquiatra, psicoanalista, psicólogo y neurólogo
Profesor del Instituto Universitario de Salud Mental
Vidal i Barraquer, de la Universidad Ramon Llull (URL)

Introducción

José A. Castillo y Josep Mercadal

Hace algo más de 20 años, Joaquim Poch y Alejandro Ávila (1998) publicaron *Investigación en psicoterapia: la contribución psicoanalítica*, uno de los primeros textos (si no el primero) que en España entraba de lleno en qué y en cómo se investigaba en terapia psicoanalítica. Queremos iniciar este libro con nuestro reconocimiento a los psicoanalistas y psicoterapeutas de orientación psicoanalítica que, como los doctores Poch y Ávila, fueron pioneros en promover la aproximación del psicoanálisis a la investigación empírica. En primera línea de ese grupo encontramos al doctor Jorge L. Tizón, que no solo investiga en un ámbito tan complejo como el de los servicios públicos en salud mental, sino que lo hace reflexionando con lucidez tanto sobre los aspectos epistemológicos y metodológicos como sobre los condicionantes sociopolíticos de la propia investigación, de la publicación científica y de la asistencia, realizando propuestas clarificadoras (Tizón, 2009).

La doctora Mercè Mitjavila también ha tendido puentes entre investigación y psicoanálisis, sobre todo a través de estudios realizados mediante metodología observacional, sin cejar en su empeño de conciliar la academia y la práctica profesional, criticando tanto los excesos positivistas universitarios como la desvalorización de la investigación empírica en que incurrían muchos psicoanalistas y psicoterapeutas psicoanalíticos (Mitjavila, 2005). Y destacar, por último, la contribución del doctor Manel Salamero y de la doctora María Teresa Anguera, provenientes de ámbitos ajenos al psicoanálisis, pero que han aportado su rigor y sabiduría. Es un orgullo para nosotros contar con el prólogo del doctor Tizón y del doctor Salamero, y con la contribución de la doctora Anguera en el capítulo de metodología observacional que firma con la doctora Eulàlia Arias.

Además de los trabajos de Tizón en los servicios públicos de salud mental que dirigió en el Servei Català de la Salut, tanto la Fundació Vidal i Barraquer como la Fundació Sant Pere Claver realizaron aportaciones significativas a la evaluación de las psicoterapias psicoanalíticas en la asistencia pública. A finales de los años ochenta del pasado siglo, la Fundació Vidal i Barraquer diseñó y llevó a cabo el proyecto POP (Psicoterapia de Orientación Psicoanalítica). Enrique de la Lama y Manel Salamero dirigieron el primer estudio de evaluación de las psicoterapias psicoanalíticas breves realizado en España (De la Lama *et al.*, 1994). También Sant Pere Claver, como decíamos, ha mantenido desde hace años líneas de investigación sobre tratamientos psicoanalíticos (por ejemplo, Llairó *et al.*, 2012). Pero aquellos esfuerzos iniciales no consiguieron que la investigación en psicoterapia psicoanalítica se diseminara. El escepticismo de los clínicos de orientación psicoanalítica era potente y mayoritario.

Sin embargo, las cosas parecen haber cambiado, al menos en Cataluña, donde en estos momentos contamos con una activa Associació per a l'Avaluació de Resultats Sistemàtics en Salut Mental (ARSISAM). Impulsada por instituciones punteras de la asistencia psicoanalítica en la red pública en salud mental, e integrada por servicios de orientaciones psicoterapéuticas diversas, ha iniciado la evaluación sistemática de tratamientos psicológicos a través de las ROM (véase capítulo 5).

Es necesario, imprescindible, evaluar los tratamientos psicoanalíticos, y más si se realizan con dinero público. Pero el texto que el lector o lectora tiene en sus manos no solo quiere centrarse en si los tratamientos psicoanalíticos funcionan (tenemos datos suficientes que así lo corroboran), sino que plantea la siguiente cuestión: ¿qué resultados de investigación pueden orientar el trabajo psicoterapéutico con los pacientes? Además de nuestra formación teórico-técnica como terapeutas psicoanalíticos, de la experiencia que vamos acumulando, de la supervisión, ¿puede ser también la investigación empírica fuente de conocimiento y de guía para el trabajo clínico?

Dado que el libro trata sobre psicoterapia psicoanalítica, y dado que en la actualidad existen diversos modelos y técnicas, vale la pena referirnos, en primer lugar, a lo que de común tienen todos ellos. Aclaramos, de entrada, que consideramos sinónimos «psicoterapia psicoanalítica» y «psicoterapia psicodinámica». Para Siefert (2019), los fundamentos teóricos compartidos por las psicoterapias psicoanalíticas son tres:

1. Los procesos mentales inconscientes influyen en pensamientos, sentimientos y conductas.
2. Es posible que entren en conflicto diferentes procesos mentales como, por ejemplo, motivaciones y emociones.
3. Las experiencias evolutivas configuran la personalidad, y el crecimiento psicológico implica moverse desde estados inmaduros a maduros.

Si las pulsiones e impulsos de carácter sexual y agresivo se consideraban centrales en el psicoanálisis de las primeras décadas de su historia, en la actualidad se subraya más la importancia de los vínculos y de las necesidades de afiliación y apego. Esas pulsiones de carácter relacional se expresan a través de fantasías de carácter consciente o inconsciente, los afectos suponen la experiencia más directa e inmediata del sentido que tenemos de nosotros mismos y de la relación con el mundo, y las cogniciones intentan dar sentido a nuestras experiencias (Summers y Barber, 2010).

La psicoterapia psicoanalítica del siglo XXI está especialmente influida por la teoría del apego, la mentalización y la alianza terapéutica. Plantea un proceso terapéutico en el que se profundiza en el mundo interno del paciente, en sus conflictos inconscientes, en la imagen de sí mismo *(self)*, las relaciones de objeto y los procesos de interacción. Se parte de la premisa de que lo presente está asociado a las experiencias pasadas, si bien al terapeuta psicoanalítico solo le interesa el pasado del paciente en la medida en que ese pasado está presente, por ejemplo, a través de la repetición de patrones relacionales generados en la infancia. Se tiene muy en cuenta la relación terapéutica, la transferencia y la contratransferencia, y se usan técnicas de exploración, interpretativas y de apoyo con el objetivo de aliviar la tensión psicológica, facilitar la experiencia emocional, favorecer la comprensión y lograr un cambio profundo (Brown y Tracy, 2014; Echevarría, 2004; Summers y Barber, 2010; Talarn, 2009).

De la necesidad de investigar a la conciliación investigación-práctica clínica

Fundamentándose en estos principios teóricos y técnicos, la psicoterapia psicoanalítica y la investigación no han establecido una relación precisamente fluida. No hace muchos años todavía era necesario defender el carácter imprescindible de la investigación. Así, Kernberg (2006) hablaba de «necesidad urgente» y planteaba tres motivos: a) la necesidad científica de reevaluar y avanzar en nuestro conocimiento; b) la responsabilidad social de garantizar una práctica efectiva y de hacer esfuerzos para incrementar el rango y la eficacia de los tratamientos psicoanalíticos; y c) potenciar el vínculo con ciencias y disciplinas limítrofes, así como con el mundo clínico y académico. Por si estos argumentos fueran insuficientes, sigue vigente el aspecto de mera supervivencia de los tratamientos psicoa-nalíticos en un momento en que la cruzada contra las pseudoterapias, los desarrollos de las psicoterapias no psicoanalíticas y las presiones económicas contra la psicoterapia a largo plazo hacen que los tratamientos psicoanalíticos corran el riesgo de ser descartados por los sistemas de salud mental.

Pero en buena parte del propio mundo psicoanalítico, como señala Kernberg (2006), se esgrimían dos razones para seguir mirando con desconfianza la investigación empírica: a) no había conseguido eliminar el escepticismo hacia lo psicoanalítico presente en determinados contextos académicos y profesionales; y b) se consideraba dentro del propio psicoanálisis que la investigación trivializaba los conceptos psicoanalíticos, que restaba profundidad, que las aportaciones valiosas venían de los clínicos y de los teóricos (Kernberg menciona a Klein,

Jacobson, Winnicott, Bion, Green), pero en ningún caso de la investigación empírica.

En palabras de Yeomans, Clarkin y Kernberg (2015, pp. 102-103):

> Mucho se ha escrito sobre el desfase existente entre la atención clínica y la investigación empírica. Los profesionales clínicos ponen el acento en el paciente individual y en la relación individual terapeuta-paciente. Los profesionales clínicos escriben historias de casos que abundan en detalles específicos y pueden dejar al lector preguntándose en qué sentido cabe generalizar esta historia en particular a otros pacientes y otros tratamientos. Por contraste, los investigadores ponen el acento en los datos grupales y en la necesidad de recabar datos objetivos comparando a diversos individuos, homogéneos en lo que se refiere a la disfunción o el trastorno a estudiar, datos obtenidos utilizando un modelo de tratamiento claramente definido. Los investigadores se quejan de que los profesionales clínicos no utilizan los datos que ellos les brindan, y los clínicos alegan que la investigación no es lo bastante específica como para poder influir en su labor. Esto parece configurar una situación irresoluble en la que ambas partes discurren por caminos paralelos que jamás se encontrarán.

¿Situación irresoluble? ¿Caminos paralelos que jamás se encontrarán? Como señalan Yeomans *et al.* (2015), la clínica y la investigación se necesitan mutuamente, y se complementan. El objetivo de nuestro texto es divulgar resultados de la investigación que pueden ser útiles e interesantes para el o la psicoterapeuta. Buscamos promover la conciliación entre conocimiento empírico y experiencia clínica (Kächele *et al.*, 2009).

Tratamientos con apoyo empírico y práctica psicológica basada en pruebas

Si queremos conciliar investigación y práctica clínica hay que ir más allá de constatar mediante ensayos clínicos que los tratamientos psicoanalíticos son eficaces, para así poderlos incluir en listados de tratamientos con apoyo empírico (*Empirically Supported Treatment*, EST). Las psicoterapias psicoanalíticas cuentan con estudios de *eficacia*, como veremos en el capítulo 6 (pacientes homogéneos respecto al diagnóstico, terapias manualizadas, terapeutas entrenados específicamente, etc.), y también abundan los estudios de *efectividad*, más próximos a las condiciones reales en las que se realizan las psicoterapias (pacientes heterogéneos, terapias que se adaptan a las necesidades del paciente). Pero, como decíamos, la conciliación ha de venir más a través de la práctica psicológica basada en pruebas (*Evidence-Based Practice in Psychology* —EBPP—), que integra la mejor investigación disponible con la experiencia clínica en el contexto de las características del paciente, su cultura y sus preferencias. Este es el enfoque de nuestro libro: qué resultados de la investigación pueden aplicarse a un paciente concreto. Se toman en consideración los resultados de ensayos clínicos, pero también resultados de investigaciones sobre evaluación psicológica, formulación clínica, relación terapéutica, efectos de las interpretaciones, etc. (APA, 2005). Las inferencias que extraemos de la experiencia clínica son valiosas, pero quizás insuficientes para garantizar el progreso de la psicoterapia psicoanalítica: esas inferencias refuerzan su valor si la investigación las corrobora.

En la primera parte *(I. De la investigación a la práctica clínica)*, el libro se centra en las aportaciones de la investigación a la evaluación previa al inicio de la psicoterapia (indicación, focalización) y al proceso psicoterapéutico (focalización, alianza, interpretación, mentalización, apego, proceso de cambio y finalización). Aunque no se pretende realizar una revisión exhaustiva de la investigación sobre psicoterapia psicoanalítica individual con pacientes adultos, sí se ha realizado una búsqueda bibliográfica en *PsycInfo*, utilizando las palabras clave «psychodynamic psychotherapy» y «psychoanalytic psychotherapy», combinadas con términos del proceso psicoterapéutico y de sus resultados («indication», «adequacy», «interpretation», «attachment», «change process», «elaboration», «outcome studies», «efficacy», «effectiveness»). Hemos prestado especial atención a las revisiones narrativas y metaanalíticas. Cada capítulo define los conceptos y resume las bases teóricas necesarias para comprender la investigación.

El apartado II *(Evaluación de las psicoterapias psicoanalíticas)* revisa las ROM y los principales estudios centrados en la eficacia y la efectividad de las psicoterapias psicoanalíticas. Los capítulos 7, 8 y 9 se centran en la investigación del proceso y del resultado de la psicoterapia psicoanalítica de niños, adolescentes y familias, de pareja y familia, y de grupo, finalizando con la presentación de un programa de intervención basado en la mentalización.

Finalmente, el apartado III *(Investigar en psicoterapia psicoanalítica: fundamentos metodológicos y estadísticos)* quiere ser una guía práctica y una caja de herramientas para que estudiantes y psicoterapeutas conozcan los aspectos metodológicos y estadísticos de la investigación.

Como compiladores, expresamos nuestro agradecimiento al Dr. Jorge L. Tizón y al Dr. Manel Salamero por su prólogo, así como al Dr. Xavier López, a la Dra. Eulàlia Arias, al Dr. José Miguel Ribé, al Dr. Jordi Artigue, al Dr. Carles Pérez Testor, al Dr. Mark Dangerfield y a la Dra. M.ª Teresa Anguera por sus contribuciones. Un agradecimiento especial para el Dr. Victor Cabré, director de la colección *Salud Mental* de la editorial Herder.

PARTE I

DE LA INVESTIGACIÓN A LA PRÁCTICA CLÍNICA

1. Indicar y focalizar. Establecer y reparar la alianza terapéutica

José A. Castillo

Una de las decisiones más relevantes y difíciles de la práctica psicoterapéutica es la indicación del tratamiento. ¿Reúne el paciente las características para que una psicoterapia psicoanalítica resulte adecuada? Conocer al paciente y valorar su idoneidad para la psicoterapia requiere de un proceso de evaluación que se inicia con una primera entrevista, continúa con una entrevista anamnésica o biográfica, pasa por establecer una formulación clínica y finaliza con una entrevista de devolución (Cabré, Castillo y Nofuentes, 2017).

La formulación clínica sintetiza y relaciona entre sí toda la información recogida en el proceso de evaluación psicológica. Desde la perspectiva psicoanalítica, teniendo en cuenta también las aportaciones de la teoría del apego, el sufrimiento de los pacientes está asociado a diferentes aspectos que deberán explorarse en el citado proceso de evaluación e integrarse en la correspondiente formulación clínica (Cierpka *et al.*, 2010; Grupo de Trabajo OPD, 2008; Tizón, 2018):

- *Patrones de relación:* los pacientes presentan patrones conflictivos de relación, formas repetitivas de vincularse a los demás que generan sufrimiento (tanto a sí mismo como a los demás). Esos patrones tienen una raíz en la infancia, en las relaciones mantenidas con las figuras de apego, constituyendo los *modelos operativos internos* (véase capítulo 3).
- *Regulación de las emociones:* los pacientes tienden a presentar desregulación de su experiencia emocional, a menudo asociada a esos problemas relacionales ante-

riormente comentados. Los afectos, pues, están hiperactivados o desactivados, y la psicoterapia comportará un trabajo colaborativo entre terapeuta y paciente para facilitar que este regule mejor sus emociones.
- *Tipo/s de conflicto/s:* es importante determinar qué conflictos predominan en la relación del paciente consigo mismo y con los demás: ansiedad generada por lo que perciben como exceso de proximidad o exceso de distancia interpersonal, problemas asociados a la sumisión o al control, a la autovaloración negativa o al narcisismo, la culpa, la identidad, la autenticidad, etc.
- *Estructura de la personalidad:* será importante para la indicación de psicoterapia psicoanalítica si el paciente presenta una estructura de la personalidad *débil* o *fuerte*. Esta característica la determinaremos a partir de la percepción que la persona tiene de sí misma y de los demás (realista *versus* distorsionada), de cómo regula sus impulsos, afectos y relaciones, de su capacidad de mentalización y de la facilidad o dificultad para vincularse y separarse de objetos internos y externos.

Estaremos frente a un buen candidato o candidata a psicoterapia psicoanalítica si la persona que consulta tiene capacidad para regularse y establecer vínculos saludables (estructura *fuerte* de la personalidad). Además, deberemos tener en cuenta los siguientes aspectos (Farré, Hernández y Martínez, 1992; Pérez, 1996; Siefert, 2019):

- Presencia de problemas relacionales como motivo de consulta o que estén claramente asociados a los síntomas que presenta la persona que consulta.
- Capacidad para expresar sentimientos, confiar en el terapeuta y aceptar los límites del tratamiento.
- Motivación para el tratamiento, lo que a menudo implica la presencia de malestar (ansiedad, tristeza, etc.). Respecto de esta característica, recordar que la motivación es variable, de modo que puede declinar o in-

crementarse de forma suave o drástica. En cualquier caso, como psicoterapeutas es recomendable no desmotivarse ante la desmotivación del paciente y trabajar para revertirla.

- Capacidad de *insight*-mentalización suficiente. El concepto de mentalización ha ido ocupando un espacio central en el ámbito psicoanalítico en detrimento del concepto de *insight*. Se entiende por mentalización el proceso mental por el que se interpretan las acciones de uno mismo y del otro como significativas en base a estados mentales intencionales (deseos, necesidades, sentimientos, creencias y razones) (Bateman y Fonagy, 2004). En el capítulo 3 nos referiremos más ampliamente a este concepto y a sus implicaciones para la psicoterapia.
- Disponibilidad del terapeuta, que se siente capacitado profesionalmente y predispuesto emocionalmente para trabajar con el paciente.

Por contra, dificultan la realización de una psicoterapia psicoanalítica las tendencias actuadoras e impulsivas del paciente, si bien en los últimos años se han desarrollado técnicas específicas para trastornos graves de la personalidad (Kernberg, 2006; Fonagy, 2004).

1. Foco de una psicoterapia psicoanalítica: los patrones de relación

Los patrones de relación son un elemento central de la indicación de psicoterapia psicoanalítica, como decíamos, y constituyen el foco principal de la intervención. Como veremos en el capítulo 3, en las relaciones interpersonales no solo se activa la imagen que uno tiene de los demás, sino que también está comprometida la imagen y la experiencia de uno mismo. El núcleo de la personalidad radica en el funcionamiento del *self* (en especial en la identidad y la autodirección) y en el funcionamiento interpersonal (empatía y capacidad para la intimidad), de modo que un aspecto relevante para toda forma de psicoterapia será focalizar en la representación del *self* y del otro que tiene el paciente, así como en los afectos asociados a esas representaciones (Yeomans *et al.*, 2015). Aunque no se trate de una psicoterapia estrictamente focal, consideramos que una psicoterapia psicoanalítica ha de centrar la atención y propiciar el diálogo sobre cómo el paciente se ve a sí mismo, cómo ve a los demás y cómo se relaciona. Si ese diálogo no está adecuadamente focalizado, el trabajo psicoterapéutico puede resultar estéril.

Son diversas las aportaciones a la focalización en psicoterapia psicoanalítica, si bien en la investigación empírica es la metodología CCRT de Luborsky la que tiene una presencia más amplia (Luborsky *et al.*, 2004; Luborsky y Crits, 1990; Siefert, 2019). El acrónimo CCRT corresponde a *Core Conflictual Relationship Theme*, y establece un procedimiento para determinar qué acciones, pensamientos y sentimientos configuran el patrón relacional conflictivo que más se repite en las relaciones del paciente. Para ello, el punto de partida son los «episodios relacionales», las narrativas del paciente en las que se refiere a sus relaciones con los demás. De esos episodios relacionales se deducen tres componentes:

a) Deseos, necesidades o intenciones que el paciente, consciente o inconscientemente, se plantea en la relación con los demás (D).
b) Respuesta del otro (RO): cómo el otro responde a esos deseos o necesidades o cuál es la expectativa del paciente sobre esa respuesta.
c) Respuesta del *self* (RS): cómo el paciente reacciona (qué hace, cómo se siente) ante la respuesta del otro.

Estos componentes pueden ser explicitados por el paciente o inferidos por el terapeuta. Y pueden ser «reales» o percibidos por la persona que consulta. Luborsky plantea que los Deseos, Respuestas del otro y Respuestas del *self* más frecuentes constituirán el foco de la psicoterapia.

Los numerosos estudios realizados con esta metodología subrayan que los pacientes expresan mayoritariamente deseos de proximidad hacia el otro, de ser aceptado, amado y comprendido, o bien de ser asertivo y autónomo (Drapeau, Perry y Körner, 2012; Leibovich, Nof, Auerbach y Zilcha, 2018; Valdés, Arriagada y Alamo, 2016). De hecho, podemos clasificar a los pacientes en dos grandes grupos: los que buscan proximidad y los que buscan distancia-autonomía. Lo problemático no es tanto el tipo de deseos sino su intensidad o en qué personas buscan conseguir esas necesidades relacionales y, sobre todo, que la experiencia mayoritaria de los pacientes es que reciben respuestas de los demás que no se ajustan a sus deseos: si buscan ser queridos y aceptados encuentran rechazo y oposición; si desean autonomía encuentran control. De ahí que la respuesta del *self*, el resultado final de la experiencia relacional, sea la decepción, la tristeza, el enfado o la indefensión. Aunque la frustración y el dolor emocional sean frecuentes en las experiencias relacionales de los pacientes, Luborsky apunta que también debemos explorar la presencia de alguna relación significativa en la que el paciente se haya sentido querido, respetado y acogido: su presencia constituirá un factor de buen pronóstico, mientras que su ausencia denotará que nos encontramos ante un paciente con graves problemas de relación y, por tanto, ante una psicoterapia difícil.

Kächele *et al.* (2009) consideran que el método CCRT tiene la limitación de que se basa únicamente en los episodios relacionales explicados por el paciente, de modo que pueden escaparse del análisis componentes relacionales de naturaleza más inconsciente, o aquellos que no se verbalizan pero que el terapeuta percibe a través de los procesos transferenciales y contratransferenciales. Además, cuestionan que el método permita evaluar conflictos (recordemos, *Core Conflictual Relationship Theme*), ya que en términos psicoanalíticos ello remite a conflictos entre deseos y defensas o entre diferentes sistemas o niveles estructurales, y el método CCRT solo permitiría tener en cuenta conflictos entre deseos que se producen simultáneamente: por ejemplo, desear la proximidad hacia otra persona pero al mismo tiempo temerla y buscar distancia. Sin embargo, a pesar de esas limitaciones, Kächele *et al.* (2009) usan el método CCRT porque facilita comprender cómo los conflictos del paciente se concretan en problemas interpersonales y porque permite analizar patrones de relación de manera fiable, sencilla y muy próxima al material clínico, minimizando los posibles excesos de subjetividad y especulación. Un atractivo del CCRT es, en efecto, que ayuda a sistematizar las observaciones y a estrechar la distancia entre investigación y práctica clínica.

Aparte de qué componentes del CCRT son más frecuentes en las relaciones del paciente, también podemos tener en cuenta qué experiencias relacionales están más asociados al apego, es decir, suponen una amenaza para la seguridad del vínculo, para la proximidad hacia la figura de apego. Si el paciente siente que el vínculo de apego está en peligro, aparecen experiencias emocionales intensas (ansiedad, ira) y se ponen en marcha estrategias defensivas o de afrontamiento para gestionar esas emociones (distanciamiento, búsqueda exagerada de proximidad, etc.). En este contexto de afectación de las relaciones de apego, los patrones relacionales desarrollados por los pacientes pueden entenderse como «soluciones» que se generan cuando no se encuentra otra alternativa. Frente a la falta de respuesta de las figuras de apego, o frente a unas figuras de apego que a veces sí responden adecuadamente y a veces no, que a veces son sensibles y a veces no, la supervivencia emocional del niño puede pasar por el distanciamiento y la frialdad emocional o por la desconfianza y la ira. Son soluciones inadecuadas pero que se generan bajo presión y, como decimos, permiten sobrevivir emocionalmente (Bowlby, 1988; Kächele *et al.*, 2009).

Finalmente, cabe destacar que la psicoterapia psicoanalítica se plantea como una intervención en la que un conflicto inconsciente o un aspecto relacional que genera sufrimiento constituye el foco inicial de la intervención, si bien el trabajo de elaboración sobre ese foco permite que afloren otros problemas. De ahí que podamos referirnos al tratamiento psicoanalítico como una intervención de foco móvil o multifocal (Kächele *et al.*, 2009; Pérez, 1996).

2. Alianza terapéutica

Es bien conocido el concepto de «alianza terapéutica», planteado en su origen desde el marco teórico psicoanalítico. Así, Bordin (1979) propone que la alianza terapéutica tiene tres componentes: a) acuerdo entre terapeuta y paciente sobre los *objetivos* de la terapia; b) acuerdo sobre las *tareas* necesarias para conseguir esas metas; y c) *vínculo afectivo* entre terapeuta y paciente, necesario para soportar las dificultades del cambio terapéutico. Para Muran (2019), la alianza terapéutica implica que en todo tratamiento subyace una negociación intersubjetiva entre paciente y terapeuta sobre las necesidades y deseos de cada uno. Luborsky *et al.* (1988) también han hecho aportaciones relevantes al distinguir dos fases en el desarrollo de la alianza terapéutica. Al inicio del tratamiento, la alianza Tipo I comporta que el paciente confía en que el tratamiento será de ayuda, y el terapeuta ofrece una relación cálida, de apoyo y cuidado: ambos aspectos crean las condiciones para que el tratamiento pueda iniciarse y desarrollarse. Más adelante, la alianza Tipo II se basa en el esfuerzo conjunto para superar las dificultades y lograr el cambio. Esto implica confianza y compromiso por parte del paciente y una sólida experiencia de colaboración con el terapeuta.

Hay suficientes datos de investigación como para afirmar que la relación entre alianza terapéutica y resultado de la psicoterapia es moderada pero consistente. Así, Martin, Garske y Davis (2000) revisaron metaanalíticamente 79 estudios sobre el tema y hallaron una correlación promedio de 0,22. Ello implica que la alianza predice el resultado de la terapia, si bien no queda claro su mecanismo de acción. ¿Es la alianza terapéutica en sí misma la que promueve el cambio o lo que hace es facilitar que las técnicas de psicoterapia produzcan mayor impacto? En el capítulo 2 nos referiremos a estudios que han observado la relación entre alianza y diferentes tipos de intervenciones del terapeuta.

Se han planteado diferentes estrategias para potenciar la alianza terapéutica (Botella y Corbella, 2011; Corbella y Botella, 2003; Charman, 2004; Cris *et al.*, 2006; Summers y Barber, 2010). Algunas son relativamente sencillas, como dirigirse al paciente por su nombre o usar el «nosotros» para transmitirle el sentido de colaboración y trabajo conjunto. También potencia la alianza que el terapeuta se muestre accesible y disponible, establecer y revisar los objetivos terapéuticos (considerando especialmente los que plantea el paciente) y explicar en qué consiste la terapia y cuál es el papel que se espera del paciente. La dificultad en este punto es mayor, ya que no siempre es fácil explicar de manera clara en qué consiste una terapia psicoanalítica. Encontrar las cualidades del paciente y reconocerlas cada cierto tiempo también favorece la alianza. Pero en realidad el aspecto más determinante es que el terapeuta se centre en su tarea: escuchar, empatizar, animar a expresar sentimientos, ayudar a comprender, clarificar patrones, etc.: a mayor y mejor uso de las técnicas psicoanalíticas, mejor alianza terapéutica (Kivlighan *et al.*, 2019). Y, como enseguida veremos, reparar la alianza es también una labor que tarde o temprano será necesaria.

La alianza terapéutica tiende a establecerse en las primeras sesiones, si bien la fluctuación más habitual a lo largo de un proceso psicoterapéutico es *alta-baja-alta,* es decir: a) se inicia el tratamiento con una alianza suficientemente sólida como para emprender el trabajo terapéutico; b) desciende la calidad de la alianza en la fase media de la terapia debido a que el terapeuta incide en mecanismos defensivos y confronta actitudes y patrones de relación; y c) se recupera al final del tratamiento, cuando el paciente experimenta de nuevo el sentido de haber colaborado y compartido objetivos y tareas. Ese descenso esperable de la alianza en la fase intermedia de las terapias denota la presencia ineludible de rupturas. Una *ruptura* de la alianza implica la presencia de tensiones o de fallos en el proceso de colaboración entre paciente y terapeuta, un deterioro en la comunicación y la calidad relacional. A diferencia del concepto psicoanalítico clásico de *resistencia,* propia del paciente, una *ruptura* es atribuible tanto al paciente como al terapeuta. Puede adoptar la forma de retirada, de aislamiento, de distancia respecto del terapeuta, o bien expresarse como confrontación; en un caso se deteriora la experiencia de estar juntos y en el otro se dirime el dominio sobre la relación (Muran, 2019).

Producida la *ruptura* es imprescindible proceder a su *reparación* para evitar que el paciente abandone la psicoterapia o que el proceso terapéutico se estanque. Para reparar la alianza es necesario comprender qué sentimientos se han movilizado. Hill *et al.* (2003) plantean que un hecho precipitante, alguna circunstancia que se ha dado en una sesión, puede provocar ira: el paciente se siente dolido por algo que ha dicho el terapeuta (se siente cuestionado, desafiado, herido, poco reconocido), o por algo que no ha hecho (no ha podido cambiar la hora de visita, por ejemplo). El enfado del paciente a menudo se convierte en hostilidad manifiesta o encubierta, en llanto, en ruptura del diálogo, en silencio persistente. Y ello provoca en el terapeuta reacciones emocionales como la ansiedad, la frustración o el sentimiento de incompetencia. El problema de estas reacciones emocionales del terapeuta es que interfieren en su capacidad para empatizar con el paciente y pueden provocar que la respuesta sea hostil o que se inicie una discusión. Y si en una sesión de psicoterapia psicoanalítica se interrumpe el diálogo y empieza la discusión, si aparecen recriminaciones mutuas, algo va mal: es el momento de reflexionar y de intentar redirigir la sesión.

La investigación de Hill *et al.* (2003) pone de manifiesto la relevancia de reparar la alianza a través de explorar qué siente el paciente, de conectarlo con otras experiencias similares y, en definitiva, de recuperar la función terapéutica de comprender sin juzgar. Una conversación genuina, auténtica, sería requisito ineludible para reparar rupturas (Muran, 2019). Por tanto, en un tratamiento que se alargue en el tiempo, si se evita que las rupturas de la alianza conduzcan al abandono o al *impasse,* estas no solo son prácticamente inevitables, sino que también resultan útiles para comprender qué experiencias relacionales se han movilizado. Si conseguimos, como terapeutas, no reforzar esos patrones relacionales desadaptativos del paciente, la ruptura y reparación de la alianza pueden proporcionarle una experiencia emocional correctiva (Alexander y French, 1965).

Establecida la enorme relevancia de los aspectos relacionales, nos detendremos en el próximo capítulo a analizar una de las tareas importantes de la psicoterapia psicoanalítica: el trabajo interpretativo.

2. Interpretación

Josep Mercadal y José A. Castillo-Garayoa

1. Interpretación: concepto y perspectivas teórico-clínicas

La interpretación ha ocupado un lugar central en la teoría y en la práctica de la psicoterapia psicoanalítica, si bien en los últimos años, en especial a raíz del auge de las perspectivas intersubjetivas y relacionales, su protagonismo ha decrecido. Como veremos más adelante, tampoco ha sido tema prioritario en la investigación.

Mediante la interpretación, el terapeuta va más allá de lo que el paciente expresa, ofrece un nuevo significado a sus sentimientos y pensamientos o conecta experiencias de un modo que el paciente no se había planteado (Coderch, 1995).

Sin pretender una revisión exhaustiva, y antes de sintetizar los resultados de la investigación, nos referiremos brevemente a perspectivas y aportaciones que nos permitirán calibrar la complejidad del concepto.

Interpretación en el marco de los objetivos

Una perspectiva clásica plantea la interpretación como una «verdad» descubierta por el terapeuta y que este ofrece al paciente de manera correcta y en el momento oportuno (Coderch, 1993). La principal función del psicoterapeuta consistiría en ayudar al paciente a pensar y a poner en palabras los sentimientos inconscientes, las fantasías y las relaciones de objeto, favoreciendo la comprensión y proponiendo miradas alternativas que cuestionen y modifiquen la forma en que la persona se ve a sí misma y a los demás (Baranger, 1992; Fairbairn, 1958; Torras, 1993). Sin renunciar a este aspecto de veracidad, Armengol y Hernández (2013) recuerdan que el conocimiento, el descubrimiento de la verdad o la capacidad de disfrutar son funciones humanas complejas que deberían salir reforzadas de una experiencia psicoanalítica, pero que es recomendable adoptar una posición más humilde y plantearse ser útil al paciente, es decir, ayudarlo a reducir el sufrimiento. Y para conseguir este objetivo hay que ajustar la complejidad de las interpretaciones y su grado de profundidad a las capacidades de mentalización del paciente (Holmes, 2001).

Interpretación en el marco de la relación

Las interpretaciones no se generan en el vacío, sino en el contexto específico de una sesión y en el marco de la relación terapéutica. En este sentido, Stern *et al.* (2000) consideran que después de un tratamiento que ha ayudado al paciente, este tiende a atribuir el cambio tanto a interpretaciones que han aclarado aspectos intrapsíquicos o interpersonales como a momentos especiales de conexión paciente-terapeuta capaces de modificar el conocimiento relacional implícito («momentos de encuentro»). Una interpretación que funciona cambia la visión que el paciente tiene de sí mismo, de su vida y de su pasado. Si la interpretación es construida de manera que expresa la participación afectiva del psicoterapeuta también puede darse un «momento de encuentro» (Sander, 1997).

Interpretación acertada o errónea

¿Cómo diferenciar una interpretación acertada de otra errónea? El efecto de una interpretación se evalúa a partir de si promueve o no procesos de elaboración (véase el capítulo 4). Briton y Steiner (1994) refieren que la interpretación parte de un «hecho seleccionado» (en lenguaje de Bion), de un aspecto que llama la atención del terapeuta; a partir de ahí, la interpretación vincula de forma creativa ese hecho con otros que configuran un patrón significativo de pensar-sentir-actuar. Por contra, la interpretación no será útil si no se acierta en la elección de ese hecho a partir del que se construye o si el terapeuta interpreta para defenderse de los momentos de incertidumbre y confusión inherentes a todo proceso psicoterapéutico. A menudo estas interpretaciones forzadas generan una situación de discusión entre paciente y terapeuta o de intentos de convencer al otro. Como decíamos en el capítulo anterior, algo no va bien si nos vemos enfrascados en una discusión con el paciente.

Interpretación transferencial o extratransferencial

Si bien la interpretación se da siempre en el marco de la relación y, por tanto, de la transferencia, ni mucho menos implica que las interpretaciones deban ser siempre, ni siquiera mayoritariamente, transferenciales. Sí que, como decíamos antes, interpretar comporta ofrecer nueva información al paciente, vincular experiencias pasadas y presentes, adentrarse en experiencias inconscientes o poner palabras a lo que nunca se ha podido expresar: es habitual, por tanto, que las interpretaciones generen ansiedad, tanto en el terapeuta como en el paciente (Baranger, 1992). El método CCRT de Luborsky (capítulo 1), no solo permite establecer el foco de la terapia, sino también guiar la interpretación. En ese caso, la interpretación recoge una forma repetitiva de vincularse a los demás, incluyendo los tres componentes del método (deseo, respuesta del otro, respuesta del *self*) y su interacción, y a partir de ahí el paciente puede reafirmar la presencia de ese patrón relacional, cuestionarlo, matizarlo y asociar libremente otras experiencias que permitan continuar profundizando en su comprensión (Siefert, 2019).

2. Investigación sobre efectos de las interpretaciones y de otras intervenciones verbales

Intervenciones del terapeuta y resultado de la psicoterapia

El estudio de Owen y Hilsenroth (2011) pone de manifiesto que el resultado de la psicoterapia está asociado a una combinación de la percepción de alianza por parte del paciente y al uso de técnicas propias de la psicoterapia psicoanalítica: promover el *insight* y la experimentación de emociones, hacer puentes entre experiencias presentes y pasadas, ayudar al paciente a ver similitudes entre relaciones que se han dado en diversos momentos o contextos e identificar patrones repetitivos de acciones, sentimientos o experiencias. Un vínculo sólido entre paciente y terapeuta es imprescindible para explorar aspectos dolorosos de la propia historia, emociones, deseos o patrones de relación que se han repetido. Por tanto, concluyen Owen y Hilsenroth (2011), la conjunción de sólida alianza y técnicas psicoterapéuticas centradas en identificar, explorar y comprender patrones relacionales y afectivos se relaciona con cambios significativos no solo en los síntomas sino también en la imagen de uno mismo y de los otros, en el funcionamiento laboral y en las relaciones.

Interpretación de las defensas

La interpretación de la defensa es una técnica de uso frecuente en psicoterapia psicoanalítica. En ella el terapeuta centra su intervención en cómo el paciente evita el malestar mediante mecanismos de defensa de carácter más maduro (sublimación, supresión), inmaduro (proyección, negación, omnipotencia, identificación proyectiva) o intermedio (intelectualización, represión, desplazamiento). Gerostathos, De Roten, Berney, Despland y Ambresin (2014) investigan qué tipo de interpretación utilizan los terapeutas (psicoterapia psicoanalítica breve) en sesiones en que se produce ruptura de la alianza y en sesiones donde se produce reparación de la alianza. Lo que observan es que en las sesiones en que se rompe la alianza se usan menos interpretaciones dirigidas a defensas de madurez intermedia (intelectualización, aislamiento del afecto, represión, disociación, formación reactiva, desplazamiento), mientras que en sesiones de reparación de la alianza se usan más esas interpretaciones. Por tanto, concluyen los autores, mientras que si la alianza está bien asentada pueden utilizarse interpretaciones sobre conflictos, afectos o pulsiones, la interpretación de las defensas de madurez intermedia sería una técnica especialmente útil en psicoterapia psicoanalítica breve.

Siefert *et al.* (2006) también observan relación entre el tipo de intervención del terapeuta y el tipo de defensas predominante. En el caso de pacientes que usan defensas de carácter más maduro y adaptativo, resultan útiles las intervenciones que potencian capacidades que ya tiene el paciente, como la de anticipar situaciones futuras. En el caso de pacientes con más dificultades de personalidad y que usan defensas más inmaduras, sería preferible usar intervenciones de apoyo y de tipo exploratorio, invitando a pensar en deseos, sueños, fantasías o recuerdos de la infancia, a experimentar y/o expresar afecto y a vincular experiencias presentes y pasadas.

Interpretaciones transferenciales y extratransferenciales

Como hemos visto en las páginas anteriores, entendemos por interpretación transferencial aquella en la que el terapeuta subraya la conexión o paralelismo entre la relación que el paciente establece con él y la que mantiene o ha mantenido con otras personas significativas de su vida. Aunque la transferencia a menudo está activada en la relación terapéutica (algunos dirían que siempre), hay que ser prudente al referirse explícitamente a las relaciones con las figuras de apego: en pacientes con experiencias traumáticas graves y con dificultad para regular las emociones (por ejemplo, pacientes con trastorno límite de la personalidad), ello puede generar desorganización (Levy y Scala, 2012).

Las interpretaciones transferenciales se usan mayoritariamente en psicoterapias de larga duración, en las que tradicionalmente se han considerado una de las técnicas que promueven más cambio en los pacientes. Desde esa perspectiva, centrarse en los aspectos relacionales que emergen en la propia relación terapéutica tendría una repercusión afectiva inmediata en el paciente y permitiría observar en directo y, por tanto, comprender mejor el tipo de problema que tiene en sus relaciones fuera de la terapia. Como señalan Høglend *et al.* (2008) este punto de vista contrasta con el de quienes plantean que un uso excesivo o demasiado precoz de las interpretaciones transferenciales genera ansiedad, y que además ese tipo de interpretación sería más adecuado para pacientes con patrones relacionales más maduros. Ante estas restricciones, acabaríamos prescindiendo de las interpretaciones transferenciales y centrándonos en la comprensión de las relaciones que el paciente mantiene con las personas de su entorno. Pero ¿qué nos dice la investigación al respecto?

Los estudios sobre la correlación entre interpretaciones transferenciales y resultado del tratamiento en general no han sido favorables a ese tipo de intervención. Høglend *et al.* (2006, 2008) compararon el resultado de psicoterapias con y sin interpretaciones transferenciales. Definían las interpretaciones transferenciales como aquellas en las que se hace referencia a la relación paciente-terapeuta, que exploran sentimientos del paciente sobre la terapia o la figura del terapeuta o que implican que el terapeuta se incluya en las interpretaciones sobre diferentes aspectos relacionales del paciente. Los resultados comparativos señalan similitudes entre ambos tratamientos (con y sin interpretaciones transferenciales), aunque una mirada más detallada permitía observar un efecto positivo mayor de la psicoterapia *con* interpretaciones transferenciales en aquellos pacientes con menor calidad de las relaciones, más problemas interpersonales, menor apoyo social, peor calidad de vida y mayor sintomatología. También se observó un efecto opuesto de menor intensidad: peor resultado si se usaban interpretaciones transferenciales en pacientes con mejor calidad relacional y una personalidad y un entorno más preservados. Fijémonos en que estos resultados son contrarios a lo que teóricamente se postulaba, ya que se esperaba que las interpretaciones transferenciales fuesen más útiles con pacientes más evolucionados, aquellos que se relacionan de forma más madura, que son más capaces de mantener relaciones caracterizadas por el compromiso y la estabilidad. No hay argumentos claros para explicar estos resultados. Høglend *et al.* (2006, 2008) especulan que los pacientes con más dificultades pueden mostrar en terapia patrones transferenciales fácilmente identificables e interpretables, y además centrados en temas a los que el terapeuta puede referirse sin que el paciente se sienta especialmente amenazado (separación, pérdida, apego...). En cambio, los pacientes más preservados tienen conflictos relacionales que pueden no aparecer en la relación con el terapeuta y que están centrados en la rivalidad y la competitividad, cuya interpretación genera más inquietud tanto en el paciente como en el propio terapeuta.

La revisión de Høglend y Gabbard (2012) apunta en la misma dirección: las interpretaciones transferenciales tienden a incrementar las respuestas defensivas por parte del paciente, a dañar la alianza y a incrementar el abandono. En todo caso, la interpretación transferencial necesita asociarse a la validación de la experiencia interna: interpretar transferencialmente la ira de un paciente —siguiendo con el ejemplo de Høglend y Gabbard (2012)— solo puede hacerse en un contexto de profunda aceptación y empatía.

La investigación empírica, en definitiva, no asocia la interpretación transferencial a resultados favorables, ni por lo que respecta a estimular procesos de cambio ni a promover resultados psicoterapéuticos. Como señalan Levy y Scala (2012), durante tiempo ha prevalecido la idea de que era preferible evitarlas, si bien otros estudios han señalado su efectividad si se usan sin excesos. En palabras de Ablon, Smith y Levy (2012), las interpretaciones transferenciales son una intervención *high-*

risk, high gain. De hecho, actualmente contamos con una psicoterapia donde la interpretación de la transferencia tiene un papel protagonista: la psicoterapia centrada en la transferencia. Sus autores, en la línea de lo que venimos comentando, señalan que «se podría alegar que los pacientes con unas relaciones objetales de baja calidad sacan más provecho de las interpretaciones transferenciales precisamente porque dichas interpretaciones son menos abstractas» (Yeomans, Clarkin y Kernberg, 2015, p. 253). Aunque el problema de las interpretaciones transferenciales no esté tanto en ellas mismas como en su exceso de abstracción y frialdad, sí que la investigación apunta a que deben usarse con prudencia y en el contexto de una fuerte alianza terapéutica (Levy y Scala, 2012). Claro que, visto así, ello sería aplicable a cualquier otra intervención del terapeuta.

Como ya hemos visto, la interpretación aporta un significado nuevo y/o conecta experiencias que para el paciente estaban disociadas. El impacto de las interpretaciones no parece estar asociado a su carácter transferencial o extratransferencial, sino al contexto relacional en que se producen y a su adaptación a las características del paciente. La investigación también apunta a la relevancia de interpretar conflictos relacionales, en especial aquellos que provocan más sufrimiento, favoreciendo que el paciente comprenda su desarrollo histórico, su implicación en dichos conflictos y la vinculación de estos con sus síntomas.

3. Apego, mentalización y psicoterapia

José A. Castillo y Xavier López

1. Apego y modelos operativos internos

Bowlby (1988) definió el apego como un *sistema conductual* innato dirigido a mantener la proximidad respecto de un adulto que se muestra disponible, que protege y que da seguridad. La cercanía física y/o emocional constituye la *base segura* a partir de la cual el niño explora el entorno físico y relacional, se hace autónomo y va desarrollando su personalidad. Además de ejercer como *base segura*, la figura de apego es también el *refugio* al que acudir para buscar protección cuando se siente ansiedad o temor. La figura de apego tiene un gran peso afectivo para el niño (después también para el adulto), de modo que es insustituible, y la separación o la pérdida generan intensos sentimientos de dolor y de rabia (Bowlby, 1982; Fonagy, 2004).

A partir del planteamiento inicial de Bowlby, Mary Ainsworth crea un paradigma experimental (la *strange situation*) para evaluar el apego en la infancia, y asocia diferentes tipos de apego a la accesibilidad y disponibilidad de los cuidadores y al grado en que estos son capaces de mostrarse receptivos a las necesidades del niño. El niño de apego seguro ha vivido predominantemente que sus figuras de apego están disponibles y dan una respuesta adecuada y predecible a sus necesidades, de modo que desarrolla autonomía, confianza y buena capacidad relacional. El niño de apego inseguro ambivalente acostumbra a tener progenitores que responden de manera inconsistente, a veces sí y a veces no; es un niño que busca constantemente atención, que es impulsivo o pasivo y que a menudo se siente indefenso. Finalmente, el niño de apego inseguro evitativo ha vivido ausencia de receptividad y de respuesta afectiva por parte de las figuras de apego, rechazo, lo que explica que busque poco la proximidad y que se muestre frío y carente de empatía.

A medida que el niño crece, el predominio de una experiencia relacional u otra favorece la configuración de los *modelos operativos internos* (MOI), que son modelos cognitivo-afectivos del otro y del *self* en los que predomina la expectativa de que los demás están disponibles (ayudan, tratan bien) o no lo están (decepcionan, hacen daño), así como que uno mismo es o no digno de ser cuidado y querido.

A lo largo de los años, diversos autores (Bretherton, Mulholland, Crittenden, Main, Sroufe) han enriquecido el concepto inicial de MOI con nuevos sistemas representacionales sobre las relaciones: recuerdos específicos sobre el vínculo con las figuras de apego en la infancia, recuerdos autobiográficos asociados a una comprensión de uno mismo estable en el tiempo, y expectativas y atribuciones sobre estados mentales, intenciones y creencias de los demás (Fonagy, 2004). Los MOI anticipan cómo funcionarán las relaciones, generan expectativas, establecen estrategias y planes para conseguir el grado deseado de proximidad respecto del otro y formulan una interpretación de cómo se vinculan uno mismo y el otro.

La evaluación más sofisticada del estilo de apego adulto se realiza mediante una entrevista semiestructurada, la *Adult Attachment Interview* (AAI), (George, Kaplan y Main, 1985), que justamente evalúa las representaciones internas, los MOI. En la AAI se pide a la persona evaluada que hable de la relación con sus padres o cuidadores durante la infancia, que ponga adjetivos a esa relación, que exprese hacia quién había más proximidad, que describa experiencias que produjeron alteración emocional (separaciones, experiencias de rechazo, maltrato, pérdidas) y que explique cómo todo ello ha afectado a su personalidad y —si los tiene— a la relación con sus hijos. La AAI, según sus autores, tiene el efecto de «sorprender al inconsciente»: las preguntas hacen que la persona evaluada contacte con sus experiencias de relación y que responda de forma cualitativamente diferente en función de su estilo de apego. Importa cómo la persona habla de sus experiencias con sus progenitores, en efecto, no si esas experiencias fueron favorables o desfavorables. Aunque no administremos la AAI, cuya codificación requiere de una formación específica, sí podemos tener en cuenta criterios que son muy relevantes a la hora de valorar el discurso de un paciente: a) *calidad:* el discurso del paciente es veraz, ofrece evidencias y ejemplo sobre lo que nos explica, no hay contradicciones; b) *cantidad:* responde de manera suficiente y precisa; c) *relevancia:* se mantiene en el tema, no lo evita, da importancia a sus relaciones de apego; y d) *forma:* discurso claro y ordenado.

La coherencia del discurso se relaciona con la *mentalización* o *función reflexiva* de Fonagy, a la que enseguida nos referiremos, y permite diferenciar qué estilo de apego tiene el paciente. Así, las personas de apego seguro describen de manera clara y coherente la relación con sus progenitores o cuidadores, acceden al tema con facilidad y flexibilidad, valoran esa relación y regulan bien las experiencias emocionales que se generan en sus vínculos de intimidad.

Las personas de apego inseguro/preocupado-enredado siguen atrapadas en sus experiencias de apego. Nos hablan de conflictos relacionales que sucedieron hace tiempo, pero lo hacen como si estuvieran sucediendo en el presente, ya que dichos conflictos no se han podido elaborar. Oscilan entre valoraciones positivas y negativas de sus figuras de apego. Sus emociones se hiperactivan, con la atención sesgada hacia el afecto negativo. Sufren dificultades relacionales, principalmente celos y búsqueda excesiva de proximidad.

Las personas de apego inseguro/distante-devaluador se caracterizan por la desactivación emocional, ofrecen explicaciones incoherentes, incompletas, con lagunas de memoria (el olvido como estrategia defensiva) y tienen una imagen idealizada o despectiva de los padres. Tienden a vivir sus relaciones como problemáticas y no les gusta expresar aspectos íntimos.

Además de los estilos de apego señalados, la AAI pone de manifiesto una cuarta categoría de personas (Main y Solomon, 1986): las que tienen un *trauma no resuelto*. En este caso se observa desorganización y pérdida de coherencia cuando se habla de un trauma o de una pérdida, así como confusiones (de tiempo pasado-presente, de lugar) y lapsus, y la persona puede tener experiencias disociativas o cuasidisociativas.

El modelo de Bartholomew y Horowitz (1991) ofrece otra perspectiva sobre los estilos de apego, en este caso fundamentada en la imagen positiva o negativa que la persona tiene de sí misma y de los demás, así como en las dimensiones *ansiedad de apego* (inquietud y tensión que genera una relación de intimidad) y *evitación de apego* (necesidad de mayor o menor distancia interpersonal). La persona de apego seguro tiene una imagen positiva tanto de sí misma como de los demás, de modo que presenta baja ansiedad y baja evitación relacional (facilidad para la intimidad). La persona de apego preocupado (imagen negativa de sí mismo y positiva de los demás) vive con ansiedad las relaciones porque se cree insuficiente y rechazable; le cuesta ser autónoma e hiperactiva sus emociones. La persona de apego temeroso (mala imagen de sí mismo y mala de los demás) sufre porque se siente rechazable y ve rechazantes a los demás; sus emociones están hiperactivadas. Finalmente, las personas de apego distante se caracterizan por una buena imagen de sí mismas y mala de los demás, desactivan sus emociones, sobrevaloran su independencia y se alejan de las relaciones de intimidad.

Desde la teoría del apego se considera que los estilos de apego inseguros son formas de adaptarse al ambiente en el que el niño o la niña crecen. El problema radica en un exceso de rigidez de esos patrones y en su aplicación automática e inflexible a nuevos contextos relacionales.

Sirva esta somera definición de los diferentes tipos de apego para comprender las implicaciones para la psicoterapia, a las que nos referiremos a continuación.

2. Apego, regulación emocional y mentalización

La relación de apego, como señalamos anteriormente, está asociada a intensos estados emocionales: alegría cuando se renueva el vínculo, seguridad cuando se mantiene, ansiedad e ira cuando la relación está amenazada, y dolor cuando el vínculo se pierde. A partir de la sensibilidad de las personas que cuidan al niño este aprende a gestionar sus afectos: experimentar seguridad en las relaciones facilita la regulación de las emociones, mientras que el apego inseguro está asociado a la desregulación. Aunque pueden llegar a la consulta personas de apego seguro, lo más probable es que los pacientes presenten emociones hiperactivadas o desactivadas.

Fonagy (2004) añade otro elemento fundamental para la psicoterapia psicoanalítica: los vínculos de apego no solo contribuyen a regular las emociones, sino que también influyen en la capacidad para generar representaciones mentales de las relaciones y para interpretar los contenidos mentales propios y del otro. Nos estamos refiriendo, efectivamente, al concepto de *mentalización*. La capacidad para mentalizar implica un componente autorreflexivo (conciencia de los estados mentales propios) y otro interpersonal (poder observar y reflejar los estados mentales del otro), y se relaciona directamente con la regulación emocional.

La «afectividad mentalizada» comporta pensar y sentir simultáneamente, tomar conciencia de los propios afectos mientras se permanece en ese estado afectivo, darse cuenta de qué se está sintiendo mientras se está sintiendo (Bateman y Fonagy 2004). Este proceso regula las emociones, ya que mentalización y activación emocional excesiva son incompatibles. A menudo los pacientes no se encuentran en ese estado avanzado de mentalización que implica conectar con uno mismo, con aspectos autobiográficos, con representaciones de experiencias y relaciones dolorosas y complejas, y poder simultáneamente pensar y sentir sobre ello (afectividad mentalizada). Como señala Munich (2006), en la consulta podemos encontrarnos con pacientes que actúan con rigidez y alta activación emocional ante determinadas situaciones relacionales (ira ante la percepción de desafío, por ejemplo), de modo que el trabajo terapéutico implica ayudarlos a identificar las emociones y así poder frenar esa respuesta automática, para progresivamente pensar en los sentimientos y alcanzar la capacidad de mentalización que ayuda a regular los afectos.

3. Apego y psicoterapia: tareas y estrategias fundamentales

La psicoterapia es «en esencia, un proceso narrativo en el que el terapeuta y el paciente conjuntamente desarrollan un diálogo sobre la vida del paciente y la naturaleza de la relación misma entre terapeuta y paciente. La terapia es una experiencia *en directo* en la que el paciente aprende a ser autorreflexivo» (Holmes, 2001, p. 37).

Desde la perspectiva de la teoría del apego, en efecto, la psicoterapia es un proceso relacional-emocional-reflexivo. Los guiones que unen los tres términos reflejan lo indisociable de dichos componentes: el paciente reflexiona sobre los sentimientos y siente mientras reflexiona sobre sus relaciones (afectividad mentalizada), en el marco de la relación terapéutica. Se asume que los problemas psicopatológicos tienen su base en aspectos dolorosos o traumáticos de la relación con los padres, de modo que el cambio se producirá también a través del vínculo. Siguiendo el principio clásico de la «experiencia emocional correctiva» de Alexander y French (1965), al que ya nos hemos referido en el capítulo 1, la relación con el terapeuta ha de ser diferente a la vivida por el paciente en su familia de origen, de modo que puedan modificarse los *modelos operativos internos*. Al igual que el niño busca la proximidad con sus figuras de apego, el paciente también requerirá proximidad física (accesibilidad) y proximidad emocional.

En este contexto, el terapeuta es figura de apego para el paciente, lo que implica asumir que el vínculo paciente-terapeuta ejerce funciones similares a las de maternaje-paternaje. Por tanto, la relación terapéutica ha de contemplar la posibilidad de mantener proximidad, de proporcionar un *puerto seguro* o *refugio* que permita protegerse y aliviar el dolor emocional y ha de ejercer también funciones de *base segura:* a partir de experimentar seguridad en la relación terapéutica, el paciente puede explorar aspectos dolorosos de su vida y nuevas formas de relacionarse con los demás, desarrollar su personalidad, su capacidad para regular sus emociones y su autonomía (Bowlby, 1982; Cortina, 2018; Mikulincer, Shaver y Berant, 2013).

Además, el trabajo conjunto terapeuta-paciente en la psicoterapia implica centrarse en las siguientes tareas (Bowlby, 1988):

- *Explorar relaciones de apego:* ayudar a los pacientes a explorar relaciones pasadas y presentes, incluyendo sus expectativas, sentimientos y conductas.
- *Vincular experiencias del pasado y del presente:* promover que el paciente se dé cuenta de cómo las relaciones actuales repiten relaciones del pasado.
- *Explorar la relación terapéutica:* ayudar al paciente a examinar la relación con el terapeuta y a observar cómo puede asemejarse a relaciones o experiencias que tiene fuera de la terapia.
- *Revisar modelos operativos internos:* ayudar al paciente a sentir, pensar y actuar de manera diferente a como lo hacía en relaciones pasadas.

Al igual que la sensibilidad parental es clave para desarrollar apego seguro, también en la relación terapéutica es fundamental la sintonía afectiva con el paciente, la empatía y la proximidad emocional. A las tareas de la psicoterapia apuntadas por Bowlby, Holmes (2001) añade las siguientes:

- *Fomentar la mentalización:* explorando y vinculando relaciones pasadas y presentes, paciente y terapeuta trabajan la capacidad de reflexión *(self autorreflexivo),* lo que facilita que el paciente integre representaciones y adquiera una experiencia más coherente de sí mismo y de los demás. La tarea clave de la terapia es promover curiosidad sobre cómo los estados mentales motivan y explican las acciones de uno mismo y del otro. Para Fonagy y Allison (2014), el factor común a todas las

psicoterapias efectivas es que fomentan la mentalización.
- *«Construir» y «romper» relatos:* el paciente llega a la consulta con una serie de explicaciones estereotipadas, de atribuciones y de posibles sesgos perceptivos sobre cómo funcionan sus relaciones. Esos relatos tienden a mantener los conflictos relacionales, de modo que han de ser revisados y cuestionados («romper» relatos), a la vez que se elaboran nuevos marcos de significado alternativos («construir» relatos).

Una cuestión importante respecto de este «romper relatos»: no conviene olvidar que comportamientos actualmente inadaptados tuvieron una función autoprotectora en el pasado. La agresividad o el aislamiento, por ejemplo, pudieron ser en la infancia formas de defenderse de un padre violento o de protegerse frente a un ambiente familiar caótico. Fueron, por tanto, formas de comportarse adaptativas y válidas en su momento, de modo que el terapeuta debe —por un lado— favorecer que el paciente vea su función protectora en el pasado, al tiempo que anima a explorar nuevas formas de relacionarse.

Tener apego seguro protege de sufrir psicopatología, pero no necesariamente lo evita. Podemos encontrarnos, pues, con pacientes de apego seguro en la consulta, pacientes que tenderán a ser colaboradores, que tienen la expectativa de ser escuchados y que establecen con mayor facilidad relaciones de confianza (Cortina, 2018). Sin embargo, prevalecerán los pacientes con apego inseguro, lo que supondrá para el terapeuta el desafío de comprender su estilo relacional para, al menos en cierta medida y al inicio de la terapia, adaptarse a él. Como veremos a continuación, la investigación da apoyo a que tanto la alianza terapéutica como todo el marco relacional está influido por el estilo de apego del paciente (y del terapeuta).

4. Apego y relación terapéutica

Apego, alianza y distancia interpersonal

Diferentes estudios han revisado las aportaciones empíricas sobre la asociación entre apego del paciente y alianza terapéutica. Las revisiones metaanalíticas realizadas ponen de manifiesto que la dimensión seguridad del apego se asocia a una mejor alianza (Diener y Monroe, 2011), mientras que a mayores niveles de evitación y/o ansiedad, peor alianza (Bernecker, Levy y Ellison, 2014).

El estudio de Siefert y Hilsenroth (2015) tiene la particularidad de que evalúa la alianza terapéutica en diferentes momentos de la psicoterapia, en concreto tras completar el proceso de evaluación y, posteriormente, transcurridas las tres o cuatro primeras sesiones de psicoterapia. Los resultados señalan que la alianza terapéutica de los pacientes con apego inseguro-temeroso declina con el tiempo, mientras que aumenta en el caso de los pacientes con apego seguro. Recordemos que las personas de apego temeroso se caracterizan por una imagen negativa de sí mismas y de los demás, y por —simultáneamente— desear y temer la proximidad; ello conduce a mayor dificultad para abrirse y confiar. Por tanto, en el trabajo con pacientes de apego temeroso se hace especialmente necesario tener presente sus expectativas, cómo se está desarrollando la relación y el grado de acuerdo respecto de las tareas y los objetivos, y poder dialogar sobre ello en las sesiones. El paso de la fase de evaluación a la psicoterapia es también un momento delicado para estos pacientes.

En los pacientes de apego preocupado, el fuerte deseo de conectar y de agradar y complacer al terapeuta se traduce en más facilidad para establecer confianza. Sin embargo, ello no necesariamente implica mayor colaboración, ya que a medida que el trabajo avanza también aumenta la probabilidad de conflicto y de miedo al abandono, lo que incrementa el riesgo de rupturas en la alianza (Siefert y Hilsenroth, 2015).

Los pacientes con alta evitación de apego se caracterizan por su mayor desconfianza y dificultad para aceptar la proximidad y la intimidad en la relación terapéutica, de modo que les resulta más difícil establecer alianza. Aunque, como veremos, no todos los estudios coinciden; Siefert y Hilsenroth (2015) sí observan asociación entre evitación del apego y abandono. Por su parte, los pacientes con altos niveles de ansiedad de apego pueden percibir rechazo o sentir que el apoyo ofrecido por el terapeuta es insuficiente. De nuevo emerge de estos resultados la importancia de ajustar la proximidad-distancia relacional al tipo de apego del paciente.

También en la línea de evaluar la percepción de la relación terapéutica, Mallinckrodt, Choi y Daly (2015) hallaron que cuanto mayor es la dimensión evitación de los pacientes, mayor es también la percepción de que los terapeutas son «demasiado próximos», mientras que a mayor dimensión ansiedad también aumenta la percepción del terapeuta como «demasiado distante». La experiencia correctiva de la terapia pasaría por incrementar la autonomía de los pacientes hiperactivadores (los de alta ansiedad) y por aumentar la implicación y la proximidad de los pacientes en los que predomina la desactivación emocional (alta evitación). Ello exige ajustarnos en la medida de lo posible a las expectativas del paciente (facilitando distancia o proximidad según lo que espera o necesita) e ir paulatinamente modulando la distancia interpersonal para que realmente la relación terapéutica sea una relación correctiva.

Holmes (2001) también subraya la relevancia de que el terapeuta ajuste la distancia interpersonal en función del estilo de apego del paciente:

- *Pacientes de apego evitativo:* se caracterizan por la desactivación emocional y su expectativa —como decíamos— para mantener distancia interpersonal. Habrá que extremar la empatía y tener en cuenta su cautela a la hora de ganar confianza, fruto del miedo a ser heridos y rechazados. En este caso conviene «romper relatos» que apuntan al peligro de la proximidad y a la exageración de la necesidad de autonomía y ayudar a contactar con sentimientos que permanecen disociados o reprimidos (pérdida, tristeza, rabia, etc.).

- *Pacientes preocupados-temerosos:* se caracterizan por la hiperactivación emocional y requieren «construir relatos» que estructuren, organicen y den coherencia a sus sentimientos y experiencias, así como a la imagen que tienen de sí mismos y de sus relaciones. Dado que experimentan con gran intensidad emociones negativas y pueden quedarse enganchados o fijados a ellas (pensemos en pacientes con trastornos de personalidad tipo límite o histriónico), se debe ser muy prudente a la hora de revisar experiencias traumáticas. Pensar en los sentimientos es una tarea fundamental de la psicoterapia con estos pacientes, ya que favorece la regulación de los afectos.

En pacientes con capacidad de mentalización limitada, coincidimos con Holmes (2001) en lo que acabamos de señalar: hay que ser prudentes a la hora de abordar traumas pasados y, de hacerse, debe predominar el esfuerzo para que el paciente comprenda cómo sus relaciones y sus estados mentales del presente tienen que ver con aquello vivido en el pasado.

Apego del paciente y apego del terapeuta

En tanto que relación de apego, la intimidad ha de estar presente en el vínculo terapéutico. Ello comporta que el estilo de apego del paciente y del terapeuta se movilizarán, de modo que cada uno aportará a la relación sus expectativas y atribuciones de significado, así como su concepción sobre el grado óptimo de proximidad que debe tener una relación. Buena parte de los pacientes pueden tener apego inseguro, como decíamos, pero hay que tener en cuenta que también algunos terapeutas lo tienen. Así, terapeutas con apego preocupado pueden mostrarse ansiosos en la relación o necesitar en exceso la aprobación y valoración del paciente, mientras que terapeutas con apego evitativo ponen excesiva distancia emocional en la relación terapéutica. Será el sentimiento de seguridad del terapeuta el que le permita ofrecer al paciente una base segura y un refugio que fomente su crecimiento (Mikulincer, Shaver y Berant, 2013).

El estilo de apego del terapeuta también está asociado a la alianza terapéutica y al resultado del tratamiento (Degnan *et al.*, 2016; Lingiardi y McWilliams, 2017). En síntesis, la investigación señala que la seguridad del apego del terapeuta facilita que el paciente también adquiera seguridad, lo que permitirá movilizar el proceso de cambio. Además, como en otras relaciones, la calidad de la relación terapéutica está directamente asociada al tipo de apego del paciente y del terapeuta (Mikulincer, Shaver y Berant, 2013). Estos resultados subrayan la importancia de que el terapeuta conozca su estilo de apego y comprenda cómo este influye en la relación con el paciente: la exigencia de que los psicoterapeutas realicemos un tratamiento personal y supervisión continuada resulta ineludible.

Apego, tipo de psicoterapia y abandono

McBride, Atkinson, Quilty y Powell (2006) apuntan a que el tipo de apego también está asociado a la indicación de terapia, ya que observaron que los pacientes con depresión y rasgos evitativos (apego temeroso y distante) obtenían mejor resultado con terapia cognitiva que con terapia interpersonal. Un tratamiento centrado más en las cogniciones (terapia cognitiva) que en las emociones (terapia interpersonal), se ajusta mejor a la concepción que los pacientes evitativos tienen de la vida mental y de la causa de sus problemas.

El apego se ha asociado también al abandono de la psicoterapia. Huang, Hill y Gelso (2013) observaron que los pacientes con mayor ansiedad del apego (inquietud y malestar en situaciones de proximidad relacional) abandonaron con más frecuencia. En este caso, la dimensión de ansiedad del apego resultó más determinante que la propia alianza terapéutica, ya que la alianza era similar entre los que abandonaron y los que no. También era equivalente en ambos grupos la dimensión evitación del apego, si bien se apunta a que las personas de alta evitación probablemente no buscan psicoterapia, de modo que los pacientes de la muestra tenían un nivel de evitación moderado. Dado que las personas con alta ansiedad del apego se caracterizan por el miedo al abandono y la ambivalencia respecto de las personas cuidadoras, son pacientes con dificultades para sentir que los terapeutas ofrecen una respuesta sensible a sus necesidades de vinculación, de modo que el abandono de la terapia implicaría una decisión preventiva y de carácter defensivo: «te abandono yo antes de que me abandones tú». También, señalan los autores, es posible que los terapeutas que participaron en la investigación tuvieran dificultades para tratar a los pacientes con alta ansiedad, o que se produjeran interacciones entre el tipo de apego del paciente y el del terapeuta que obstaculizaran el vínculo. En cualquier caso, Huang, Hill y Gelso concluyen que es importante considerar el estilo de apego del paciente para entender qué distancia relacional concibe como óptima, y cuál es el nivel de intimidad y expresión emocional que es capaz de tolerar cuando llega a terapia, de modo que el terapeuta pueda adaptarse a la expectativa de alta proximidad y trabajar poco a poco, con cuidado, para que el paciente pueda tolerar mayor distancia relacional.

5. Apego y resultado de la psicoterapia

El metaanálisis llevado a cabo por Levy, Ellison, Scott y Bernecker (2011), incluyendo 14 estudios, pone de manifiesto que a mayor seguridad en el apego del paciente mejor será el resultado del tratamiento. Por contra, la ansiedad del apego se relaciona con peor resultado terapéutico, mientras que no se observa relación entre este y la dimensión evitación del apego.

La revisión sistemática realizada por Taylor *et al.* (2015), incluyendo 14 estudios que evaluaban cambios en los estilos de apego durante un proceso psicoterapéutico, proporciona evidencia preliminar de que la seguridad del apego aumenta durante la terapia. En el mismo sentido se observa una disminución de los niveles de ansiedad de apego, siendo este resultado menos claro en lo que respecta a la evitación. Dos de los estudios revisados incluían períodos de seguimiento, y mostraron que los cambios en el apego se mantenían a los 6 y a los 12 meses después de la finalización de la terapia, aunque en uno de ellos la ansiedad tendía a incrementarse. Cabe señalar que el cambio hacia una mayor seguridad del apego se constató tanto en estudios realizados con pacientes hospitalizados como ambulatorios, así como con trastornos diferentes y distintas formas de psicoterapia. En los tres trabajos incluidos en la revisión que disponían de grupos de control también se observó mejora significativa en los pacientes tratados con psicoterapia, en comparación con los que no realizaron tratamiento.

Wiseman y Tishby (2014) estudiaron la asociación entre apego del paciente, apego del terapeuta (evaluados en diferentes momentos de la psicoterapia) y resultado del tratamiento. El resultado de la terapia era peor cuanto mayor era la dimensión evitación del apego del paciente y del terapeuta. Los pacientes evitativos se caracterizan por la desactivación emocional y, según los resultados de Wiseman y Tishby, presentan mayor malestar sintomático en la fase inicial y final de la psicoterapia, mientras que los pacientes hiperactivadores (apego preocupado) refieren más sintomatología en la fase intermedia. Los pacientes de apego seguro presentan menor sintomatología. Los pacientes evitativos son menos capaces de usar al terapeuta como base segura para la exploración y el cambio. En los pacientes con alta ansiedad de apego, los autores esperaban observar preocupación por el vínculo, pero no tanta experiencia de rechazo y resentimiento como observaron. Destacar también que, a mayor ansiedad de apego del terapeuta, menor apego seguro del paciente hacia él: dicha ansiedad interfiere de manera importante en la sensibilidad de la respuesta del terapeuta y en su disponibilidad emocional hacia el paciente. Por contra, a menor evitación por parte del terapeuta, mayor mejoría en el paciente.

Una de las conclusiones más firmes de la investigación sobre apego y psicoterapia es la importancia de tener en cuenta las necesidades de proximidad-distancia de los pacientes, especialmente cuando la psicoterapia entra en una fase de trabajo confrontativo más intenso. Favorecer la alianza terapéutica y un vínculo de apego que potencie la seguridad del paciente son condiciones necesarias (en algunos casos suficientes) para el cambio psicológico. Veamos a continuación qué otros procesos de cambio plantea la teoría y la investigación en psicoterapia psicoanalítica.

4. Favorecer procesos de cambio, elaborar y finalizar la psicoterapia

JOSÉ A. CASTILLO y JOSEP MERCADAL

La psicoterapia psicoanalítica busca promover cambio en las personas que consultan. Suponemos que esta afirmación no despertará grandes rechazos en la comunidad de profesionales (y de pacientes). Más complicado resulta concretar qué es «cambio» y cómo se consigue. Siguen vigentes aportaciones clásicas como las de Freud, cuando apuntaba que el objetivo de las intervenciones psicoanalíticas es hacer consciente lo inconsciente (en términos de primera tópica freudiana) o que el *yo* ocupe el lugar del *ello* (segunda tópica). Frente a la experiencia de cambio, el no cambio se expresa sobre todo a través de la compulsión a la repetición. También Klein está presente a la hora de hablar de cambio, planteado por ella como un proceso de elaboración constante que facilita el paso de la posición esquizoparanoide a la depresiva, que comporta integrar aspectos disociados, valorar al otro y responsabilizarse de los propios deseos y fantasías. Así mismo, Bion (1972) subraya la elaboración, la integración de aspectos desconocidos de uno mismo o la reintroyección de lo proyectado.

1. Qué y cómo cambiar: mecanismos de cambio de las psicoterapias psicoanalíticas

Partiendo de esa base genérica, los actuales modelos de psicoterapia psicoanalítica plantean objetivos de cambio centrados principalmente en la sintomatología y en las relaciones (Summers y Barber, 2010):

- Disminuir el malestar emocional y tener más capacidad para manejar situaciones estresantes y dolorosas, sin sentirse desbordado por ellas.
- Favorecer que los síntomas desaparezcan o que disminuya su intensidad.
- Incrementar la autoestima, ajustar las expectativas y potenciar la experiencia de aprovechar las oportunidades y de tener cierto dominio sobre la propia vida.
- Relaciones más estables, con mayor capacidad para la intimidad.

Además, también se plantea que la psicoterapia permite potenciar capacidades diversas:

- Funcionar en el entorno, para cubrir las necesidades básicas y para desarrollarse profesionalmente.
- Adaptarse creativamente a las nuevas situaciones que puedan emerger.
- Pensar de manera realista, tomar decisiones.
- Tener más experiencias y afectos positivos y menos negativos.
- Disfrutar y vivir una vida creativa, con valores y con sentido.

La psicoterapia psicoanalítica puede plantearse, como vemos, objetivos de ambición diversa. Para conseguirlos se promueve el cambio en la experiencia de uno mismo y de los demás a través de diferentes mecanismos (Betan y Binder, 2017; Siefert, 2019; Summers y Barber, 2010):

- Incrementar la conciencia sobre uno mismo y el *insight*, lo que implica elaborar experiencias dolorosas y darse cuenta de patrones repetitivos de pensamiento, emoción y conducta, sobre todo de aquellos que afectan a las relaciones interpersonales.
- Incrementar el funcionamiento reflexivo o mentalización (véase el capítulo 3).

- Desarrollar una alianza terapéutica sólida desde el inicio del tratamiento y promover una experiencia diferente a las que el paciente ha mantenido (en la línea de la experiencia emocional correctiva de Alexander y French, 1965). Se intenta facilitar que el paciente afronte experiencias relacionales diferentes fuera de la consulta, que revise su percepción de las situaciones que vive y la manera en que responde a ellas.

Como vemos, todos esos mecanismos de cambio son directamente relacionales o se producen en el marco de una relación. A día de hoy, sobradamente iniciado el siglo XXI, creemos que ningún terapeuta de ninguna orientación teórica conoce con certeza las claves infalibles para que una psicoterapia funcione. Sí hay acuerdo, sin embargo, en que el terapeuta debe experimentar una relación intensa con el paciente, que incluye sentimientos positivos pero no ignora sus complejidades y conflictos, una relación que comporta activar tanto en el paciente como en el terapeuta expectativas positivas (Werbart *et al.*, 2019). La relación terapéutica ha de ser, pues, una relación con carga emocional, que contenga elementos de humor, que desdramatice y que promueva la autonomía del paciente, para en ese marco trabajar en colaboración. Y todo ello sin olvidar la capacidad de perseverar en los momentos difíciles, sin perder la confianza en las posibilidades del trabajo (o recuperándola cuando se pierde). En este contexto relacional, complejo e intenso, es en el que se aplican las técnicas que deberán hacer emerger, recuperar y fortalecer los recursos del paciente. En síntesis, una psicoterapia comporta una tarea exigente y de riesgo para el terapeuta (Werbart *et al.*, 2019).

La asociación libre continúa siendo un principio técnico fundamental de los tratamientos psicoanalíticos. No hay un tema prefijado para las sesiones de psicoterapia, sino que, como enseguida veremos, se trabaja a partir de lo que el paciente refiere al inicio de la sesión. El *insight* todavía aparece —como veíamos hace un momento— como uno de los mecanismos de cambio de las psicoterapias psicoanalíticas. Sin embargo, ha sido un concepto difícil de definir y de operacionalizar, y todavía no queda claro si el objetivo de la terapia es incrementar la capacidad de *insight* de los pacientes o que estos obtengan *insight* sobre algún aspecto específico de su vida. Probablemente, como señalan Kächele *et al.* (2009), podemos ponernos de acuerdo en que *insight* implica comprender algo de una manera nueva y hacer conexiones (entre pasado y presente, entre las relaciones fuera de la terapia y la transferencia, entre cogniciones y afectos, hipótesis de causalidad, etc.). Høglend y Gabbard (2012) también destacan el aspecto de comprensión cognitivo-emocional (sin emoción no hay *insight*) de conflictos internos, patrones de relación y conductas que se repiten, así como la conexión con experiencias pasadas. A través del *insight* se pueden entender y describir mejor las propias vulnerabilidades y fortalezas. En palabras de Ávila (2013), *insight* implica «devenir conscientes de algo que resulta clave para el proceso de transformación», implica que aquello que descubrimos «nos cala, toca, nos lleva a algún plano de la acción [...] que resulta así transformadora, al condensar emoción, comprensión y acción» (p. 6).

El concepto de mentalización, ya explicado en el capítulo 3, está sustituyendo a marchas forzadas al de *insight*. En este apartado nos centraremos en las investigaciones que demuestran cómo la psicoterapia psicoanalítica potencia su desarrollo.

En el mundo de las psicoterapias, los procesos de eclecticismo e integración probablemente han desdibujado las diferencias entre orientaciones teóricas. ¿Todavía existe una forma de hacer psicoterapia genuinamente psicoanalítica? Hace unos años Hilsenroth (2007) preguntó a terapeutas en ejercicio qué aspectos técnicos eran más característicos de la psicoterapia psicoanalítica-interpersonal, y las respuestas fueron las siguientes: focalizar en los afectos y en las relaciones interpersonales, explorar temas que el paciente prefiere evitar, identificar patrones (de acción, cognitivo-afectivos, experienciales, de relación), vincular presente y pasado, poner énfasis en la relación terapéutica, que el paciente inicie el diálogo, explorar deseos, sueños y fantasías, y buscar conjuntamente con el paciente una comprensión alternativa de sus experiencias.

Tras revisar estudios sobre eficacia y efectividad, Leichsenring (2009) sintetiza los procesos de cambio de la psicoterapia psicoanalítica avalados por la investigación:

- El resultado del tratamiento está asociado más a las técnicas terapéuticas psicoanalíticas específicas (precisión de las interpretaciones y competencias asociadas a facilitar la expresión de los problemas interpersonales) que a los aspectos no específicos, a la relación del paciente con un profesional empático y que da apoyo.
- Esas técnicas terapéuticas promueven cambio en interacción con características de los pacientes. Las interpretaciones transferenciales, como hemos visto, son más adecuadas o menos en función de la calidad de las relaciones de objeto del paciente.
- La alianza terapéutica es un predictor modesto del resultado del tratamiento. Más que ser terapéutica en sí misma, la alianza potencia el efecto de técnicas psicoanalíticas específicas, como la interpretación.
- El cambio en el foco psicodinámico correlaciona con el cambio sintomático.
- Variables del paciente que predicen un buen resultado de la psicoterapia: alta motivación, expectativas realistas, posibilidad de focalizar, alta calidad de las relaciones de objeto y ausencia de trastornos de la personalidad.

Veamos otras investigaciones centradas en procesos y mecanismos de cambio que deben movilizarse en la psicoterapia psicoanalítica.

Foco en el afecto

Centrarse en los afectos del paciente y facilitar tanto la experimentación como la expresión de emociones constituye una técnica central de la psicoterapia psicoanalítica. Diener, Hilsenroth y Weinberger (2007) demostraron que explorar los sentimientos que tiene el paciente en un momento concreto de la sesión o en diferentes experiencias de su vida está asociado positivamente con su mejoría clínica (Tamaño del Efecto, TE = 0,30). Para muchos pacientes, pues, será beneficioso sentir y hablar del sentir, aunque hay que ser prudente en el caso de los pacientes que hiperactivan las emociones (personalidad histriónica, límite), ya que en esos casos conviene más potenciar la capacidad reflexiva, que permite estructurar y organizar las experiencias.

En un trabajo posterior, Diener y Pierson (2013) plantean tres mecanismos de cambio en psicoterapia psicoanalítica que presentan una base teórica y empírica sólida: a) el énfasis en la experiencia afectiva del paciente; b) identificar y comprender patrones de relación; y c) la «inmediatez terapéutica». La «inmediatez terapéutica» se refiere a comentarios sobre la relación terapéutica, iniciados por el paciente o por el terapeuta (interpretaciones transferenciales incluidas), que subrayan el aquí-y-ahora de lo que está ocurriendo en la sesión. Ejemplos de esta «inmediatez terapéutica» serían los comentarios del terapeuta destinados a reparar rupturas de la alianza (véase el capítulo 1) o a reconocer la contribución del paciente, o comentarios de este referidos a su experiencia sobre la relación terapéutica o a clarificar sus deseos y necesidades respecto de esa relación.

Mecanismos de defensa

En el capítulo 2 nos hemos referido a estudios sobre la interpretación de las defensas y en este apartado nos centraremos en investigaciones sobre si los mecanismos de defensa cambian o no como resultado del tratamiento.

Bond y Perry (2004) estudian si la psicoterapia psicoanalítica de larga duración (tres años) genera cambios en los mecanismos de defensa de los pacientes con trastornos ansioso-depresivos y de la personalidad (mayoritariamente trastorno límite). El cambio en mecanismos de defensa se evalúa mediante el *Defense Style Questionnaire,* un autoinforme que diferencia cuatro estilos defensivos: a) desadaptativos; b) distorsión de imagen; c) autosacrificio (formación reactiva, pseudoaltruismo); y d) adaptativos. Se estudia la relación entre mecanismos de defensa, alianza terapéutica y resultado del tratamiento (cambio sintomático), concluyendo que al final de la terapia los pacientes usan defensas más maduras. Se observa también relación entre cambio en defensas y cambio en sintomatología, si bien —señalan los autores del estudio— no podemos saber si el cambio en mecanismos de defensa provoca cambio sintomatológico o viceversa, o si el cambio en ambos tiene que ver con alguna tercera variable. El estilo de defensa de los pacientes al inicio de la terapia no permitía predecir si abandonaría o no, pero sí la alianza terapéutica. Vincularse o no a la terapia puede estar relacionado con otras características diferentes al estilo defensivo. Así, la probabilidad de abandonar la terapia se incrementa si el paciente tiene miedo a ser abandonado si se vincula al terapeuta. O, en sentido contrario, algunas defensas de carácter más inmaduro tienen que ver con la necesidad de apego y de proximidad emocional, lo que potenciaría la posibilidad de permanecer en tratamiento.

En un estudio posterior, Perry y Bond (2012) utilizan un instrumento diferente *(Defense Mechanism Rating Scales)* pero que también jerarquiza los mecanismos de defensa en siete niveles, correspondientes a tres categorías:

a) Defensas *maduras* y adaptativas (afiliación, altruismo, humor, autoobservación, sublimación, etc.).
b) Defensas *neuróticas* de carácter obsesivo (aislamiento del afecto, intelectualización), histérico (represión, disociación) o de otro tipo (formación reactiva, desplazamiento).
c) Defensas *inmaduras,* como la negación, la racionalización, la proyección, la identificación proyectiva, el *acting-out,* etc.

Los resultados de su estudio indican que la psicoterapia psicoanalítica de larga duración (tres o más años, dos sesiones semanales) modifica los mecanismos de defensa de los pacientes. Ese cambio va en la línea de la reducción del uso de defensas *inmaduras* y el mayor uso de defensas *maduras*. El cambio en los mecanismos de defensa era significativamente menor en pacientes con comorbilidad psicopatológica (pasada o presente) en el eje I, y resultaban predictores negativos la presencia de enfermedades médicas y, sobre todo, haber sufrido abuso sexual y haber sido testigo de violencia en la familia.

La psicoterapia como ciclos repetitivos de elaboración

Son diversos los modelos del trabajo psicoterapéutico centrados en cómo paciente y terapeuta colaboran en desarrollar procesos repetitivos de sentir-pensar conjuntamente.

Así, en su *Resonating Mind Theory* (RMT), Mergenthaler (2008) plantea que la interacción paciente-terapeuta se caracteriza por procesos de resonancia mutua que incluyen experimentación de afectos, trabajo cognitivo y regulación conductual. Esos procesos de resonancia compartida se inician con la activación de problemas: los pacientes se centran en temas emocionalmente relevantes, sobre todo en emociones que comportan sufrimiento y que están asociadas a experiencias relacionales significativas. Es tarea del psicoterapeuta fomentar reflexión sobre esas emociones. Por tanto, una sesión de terapia comporta una serie de momentos de «relajación» (presencia de poca emoción y poca reflexión), «experimentación» (mucha emoción y poca reflexión), «conexión» (mucha emoción y mucha reflexión) y «reflexión» (poca emoción y mucha reflexión) (véase la figura 1). Son momentos de especial dificultad en una sesión de terapia cuando no aparecen emociones o cuando la emoción se hiperactiva y no se puede reflexionar sobre las experiencias asociadas a ella.

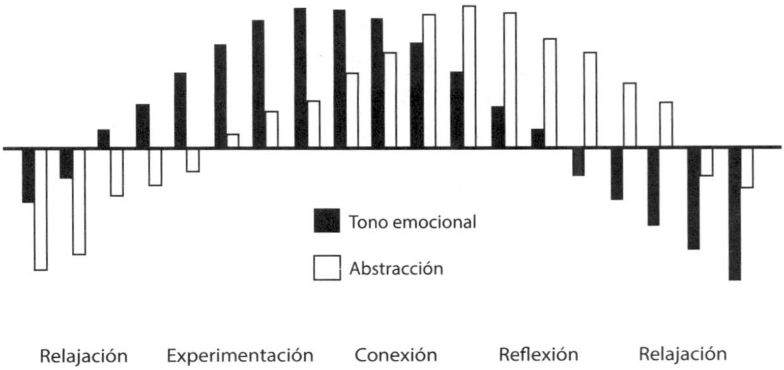

FIGURA 1. Modelo de cambio de Mergenthaler (2008).

En otro modelo teórico-clínico observacional planteado para evaluar el trabajo de elaboración o deselaboración, Horowitz, Milbrath, Reidbord y Stinson (1993) plantean que el paciente puede presentar en una sesión diferentes niveles jerarquizados de elaboración:

- *Transmitir hechos:* el paciente aporta información que ayuda a identificar y clarificar temas relevantes de su vida.
- *Emocionalidad:* el paciente expresa no solo hechos sino también sentimientos relevantes asociados a ellos.
- *Significación:* el paciente informa sobre hechos, emociones y sobre su importancia o sobre cómo afectan a su situación psicológica y personal.
- *Conectar:* a todo lo anterior se suma que se conectan varios temas, situaciones o experiencias.

También es posible que el paciente no esté implicado en la sesión en procesos de elaboración, sino que deselabore:

- *Relleno o Rodeo:* hace comentarios que no transmiten hechos potencialmente significativos.
- *Alejarse de la emocionalidad:* evita el núcleo significativo de un tema, allí donde podríamos encontrar emociones relevantes.

- *Distorsionar significación:* niega un deseo o sentimiento que probablemente tiene o interpreta la conducta del otro de manera sesgada.
- *Cambiar de tema:* hablar de otra cosa para eludir profundizar en alguna cuestión relevante.

Dado que las psicoterapias psicoanalíticas son poco estructuradas, al menos en comparación con muchas de las terapias cognitivo-conductuales, modelos como los de Mergenthaler (2008) y Horowitz *et al.* (1993) pueden servir de orientación para los terapeutas psicoanalíticos. Pocas situaciones hay peores que un psicoterapeuta desorientado, que no sabe qué decir o que dice algo sin saber por qué lo dice y sin saber hacia dónde va. A partir de los modelos que hemos reseñado, sabemos que necesitamos que el paciente nos explique temas significativos que provocan sufrimiento, y que a partir de ahí debemos ayudarlo a reflexionar y a establecer significados y conexiones entre diferentes aspectos, contextos y vivencias del pasado y del presente.

Cambio estructural

La investigación sobre el proceso de la psicoterapia psicoanalítica ofrece también modelos interesantes para comprender el cambio estructural, es decir, aquel que va más allá de los síntomas (sin descuidarlos) y persigue una transformación de la personalidad. Grande *et al.* (2003), a través de la Heidelberg Structural Change Scale (HSCS), plantean una serie de criterios que permiten evaluar en qué estadio de cambio se encuentra el paciente respecto de tomar conciencia y elaborar un foco o conflicto relacional:

1. *Problema focal evitado:* el problema es completamente inconsciente para el paciente; se evitan las experiencias conectadas con él; la conducta problemática es egosintónica; el paciente «no tiene problemas».
2. *Preocupación no deseada con el foco:* puede que no se rechacen los sentimientos y pensamientos relacionados

con el área problemática, pero hay poca disposición a preocuparse; tienden a rechazarse las confrontaciones respecto del problema que realiza gente del entorno.

3. *Vaga conciencia del foco:* el paciente acepta la existencia de un problema que es parte de sí mismo y que no puede obviar; el problema se repite y genera sufrimiento, si bien convive la conciencia de problema con una actitud defensiva hacia él.
4. *Aceptación y exploración del foco:* el problema empieza a tomar una nueva forma en la conciencia del paciente; indicaciones incipientes de una preocupación activa; el problema puede ahora formularse como una «tarea» y por tanto plantearse como objetivo terapéutico.
5. *Deconstrucción en el área del foco:* cuestionamiento de las formas habituales de hacer; incertidumbre respecto a la valoración del *self* y de los demás; se alternan sentimientos de desesperanza e impulsos hacia la reparación; las viejas maneras se pierden y las nuevas todavía no están accesibles.
6. *Reorganización en el área del foco:* abandono y renuncia a los modos de afrontamiento acostumbrados; mayor confianza en sí mismo y más capacidad para asumir responsabilidad sobre la propia vida.
7. *Integración del problema focal:* tratar los conflictos se ha convertido en algo natural; el área problemática ha perdido su especial significación a los ojos del paciente; el problema es algo que pertenece al pasado.

Grande *et al.* (2003) plantean que en el nivel 4 («aceptación y exploración del foco») encontramos la situación clínica que favorece la alianza terapéutica, de manera que un paciente en ese estadio de cambio es adecuado para indicar, por ejemplo, una psicoterapia breve. El objetivo de la psicoterapia psicoanalítica es alcanzar los estadios 6 y 7 de cambio, es decir, reorganizar e integrar el problema central del paciente.

Los diferentes sistemas para conceptualizar la elaboración y el cambio que hemos comentado en este apartado, nos parecen buenos ejemplos de cómo la investigación puede ayudar al psicoterapeuta a sistematizar sus observaciones y a orientar los tratamientos.

2. Duración de la psicoterapia y cambio

Respecto de la duración de la psicoterapia, contamos con los denominados «estudios dosis-efecto». No es una denominación afortunada ni precisa cuando se aplica a la psicoterapia, donde hablar de «dosis» de una psicoterapia, refiriéndonos al número de sesiones, violenta la realidad de los tratamientos psicoterapéuticos: el psicoterapeuta no «administra una dosis» de psicoterapia sino que realiza un trabajo de colaboración con el paciente. En cualquier caso, los datos que apuntan esos estudios «dosis-efecto» sí son interesantes. Vemos en la tabla 1 los aportados por el estudio pionero de Howard *et al.* (1986), elaborado a partir de datos pre-post (pacientes evaluados al inicio de la psicoterapia y a su finalización), y del estudio de Lambert *et al.* (2001), que tiene en cuenta datos de cambio recogidos sesión a sesión. Ambos estudios están realizados con pacientes de modalidades diversas de psicoterapia, de orientaciones también diversas. Los datos que aparecen en la tabla señalan que relativamente pocas sesiones de psicoterapia favorecen el cambio de un número significativo de pacientes: ocho sesiones de terapia facilitan el cambio en el 53 % de los pacientes, si bien los tratamientos han de ser más largos si buscamos cambios más ambiciosos y si los pacientes sufren trastornos más graves. Como terapeutas de orientación psicoanalítica, valoramos el cambio sintomático e intentamos, como veíamos en páginas anteriores, ir más allá y promover un cambio estructural, una modificación de la forma de experimentarse a uno mismo y de relacionarse con los demás.

Howard *et al.* (1986). Datos pre-post (2 341 pacientes)									
N.º sesiones	0	1	2	4	8	13	26	52	104
% pacientes	14	24	30	41	53	62	75	83	90
Lambert *et al.* (2001). Mejoría sesión a sesión (6 072 pacientes)									
• Menor gravedad, criterios de cambio menos exigentes					7		14		
• Mayor gravedad y criterios más exigentes					21		45		
					50 %		75 %		

TABLA 1. Porcentaje de pacientes que mejoran en función de las sesiones de psicoterapia realizadas. Datos a partir de Howard *et al.* (1986) y Lambert *et al.* (2001).

Para Lambert y Ogles (2004), un buen número de pacientes mejora después de diez sesiones de psicoterapia y el 75 % de los pacientes alcanza criterios más exigentes de cambio en aproximadamente 50 sesiones (alrededor de un año de terapia a razón de una sesión por semana).

En la investigación sobre cómo se relaciona la duración de los tratamientos con los efectos en los pacientes, también se apunta a la consideración del «modelo de regulación de la respuesta» (Lambert y Ogles, 2004). Según dicho modelo, la celeridad del cambio psicológico de los pacientes se ve afectada por el tiempo disponible, las expectativas, la gravedad de los problemas o las características de su personalidad. Esta línea de investigación apunta, por tanto, a las posibles ventajas de las psicoterapias a tiempo prefijado, es decir, aquellas en las que se pacta con el paciente la duración del tratamiento.

Hace 20 o 30 años, la psicoterapia psicoanalítica de larga duración era un mal menor frente al deseable psicoanálisis de 4-5 sesiones por semana a lo largo de ocho o diez años. Los tiempos han cambiado. Fonagy, en la entrevista publicada en *Temas de Psicoanálisis* (Lorenzini, 2013), decía lo siguiente:

> Hoy me convence mucho menos la necesidad de psicoterapia de larga duración. Con muchos pacientes he avanzado mucho en muy poco tiempo. En el caso de pacientes con trastornos de la personalidad, la psicoterapia aún dura un año o dos, pero ya no 10 o 20 años. Por tanto, mi objetivo es reducir la duración de mi

> tratamiento tanto como me sea posible. (...) A mí no me molesta una cura parcial. Llegar hasta cierto punto y dejar ir, ver lo que pasa. Y si el paciente se vuelve a sentir mal, verlo nuevamente no es para mí motivo de vergüenza. [...] Solo tenemos una vida, y no queremos pasarla enfermos ni en tratamiento. (p. 5)

Podemos pensar entonces en lo que denominamos un «tratamiento intermitente». Hay casos en los que la terapia no «cura definitivamente» sino que una persona necesita ayuda en diferentes momentos de su vida.

3. Finalización de la psicoterapia

Encontramos escasa bibliografía teórico-clínica sobre la finalización de los procesos terapéuticos, y todavía menos estudios empíricos. En nuestra opinión, acabar una psicoterapia es más difícil que iniciarla y que desarrollarla. ¿Cuándo se establece el final, quién lo plantea primero? ¿Es este el momento adecuado? ¿Es un final forzado por circunstancias personales o profesionales del terapeuta? ¿Provoca el paciente el final para evitar la experiencia de duelo o de sentirse abandonado?

En nuestra experiencia clínica, no son mayoría los tratamientos que acaban tras haber desarrollado un tratamiento completo (si tal expresión tiene sentido), en un momento pactado con el paciente y de común acuerdo. Puede haber finales prefijados, como decíamos antes, en los que paciente y terapeuta acuerdan realizar una terapia de tres, cuatro, seis meses. La conciencia de limitación temporal puede potenciar que paciente y terapeuta se centren en la tarea y que el ritmo y el proceso de cambio se ajusten al tiempo disponible.

Dialogar sobre el final de la terapia, revisar su curso, qué se ha conseguido y qué no, son recomendaciones lógicas a seguir. También es importante estar atentos a las reacciones emocionales de los pacientes cuando se aproxima la finalización, ya que es muy probable que se movilicen ansiedades de separación y de pérdida, asociadas a experiencias similares que hayan vivido en sus historias relacionales. La separación que se produce al final del tratamiento comporta la activación del sistema de apego del paciente y del terapeuta, de modo que cada uno de ellos pondrá en marcha sus estrategias regulatorias, consistentes en buscar más proximidad o más distancia (Marmarosh, 2017).

En cualquier caso, después de la finalización nos daremos cuenta de los auténticos efectos de la psicoterapia, y de si el paciente ha interiorizado el trabajo realizado y es capaz de desenvolverse con autonomía. Además, como veremos en el capítulo centrado en la eficacia y efectividad de la psicoterapia psicoanalítica, son diversos los estudios que apuntan a que los pacientes potencian el cambio de manera importante en los meses posteriores a la finalización de la terapia (Leichsenring, Rabung y Leibing, 2004; Leichsenring y Rabung, 2008; Town *et al.*, 2012). Entonces el paciente transforma el diálogo y la interacción con el terapeuta en capacidades regulatorias internas. A la hora de hacer balance, en la experiencia del duelo por lo que acaba, seguro que hay logros y limitaciones: «toda finalización conlleva tanto la esperanza como el remordimiento, el logro como la decepción, la pérdida como la ganancia» (Holmes, 2001, p. 210).

PARTE II

EVALUACIÓN DE LAS PSICOTERAPIAS PSICOANALÍTICAS

5. Evaluación de resultados: las ROM *(Routine Outcomes Measures)*

Josep Mercadal

El interés por la evaluación empírica está siendo asumido por la mayoría de los modelos de intervención psicológica que se utilizan en la actualidad, especialmente si operan en el ámbito público (Bickman *et al.*, 2016). Toda la comunidad va aceptando que las mejores decisiones asistenciales tienen que basarse en el juicio clínico y en las pruebas empíricas de los resultados que se obtienen (Hall, Moldavsky y Baldwin, 2013). Por un lado, el juicio clínico se basa en la formación en un modelo psicoterapéutico, en la experiencia del profesional y en la capacidad para incluir todas las variables y actores que conforman el contexto en el que se formula la demanda de ayuda. Por otro lado, las pruebas empíricas (evidencias) se basan en los estudios de eficacia de los tratamientos psicológicos y su inclusión en las guías profesionales (Barkham y Mellor, 2003).

En el campo de las pruebas empíricas aparece un punto de tensión respecto del «cómo» se generan estas pruebas. El hecho de que intervenciones eficaces en los estudios de investigación no demuestran ser tan efectivas en la práctica asistencial cotidiana, de que los profesionales asistenciales consideren que no se acomodan a las condiciones reales en que llevan a cabo su práctica y, por lo tanto, sean poco conocidas e influyan poco en sus decisiones e intervenciones psicológicas, ha puesto de manifiesto las limitaciones del modelo de la práctica basada en las pruebas empíricas (Fuggle *et al.*, 2015).

Ante esta limitación, partiendo de la necesidad de evaluar los resultados de las intervenciones psicológicas, del interés en mejorar las prácticas asistenciales y de la exigencia de las administraciones para la optimización de los recursos, se ha ido desarrollando y consolidando el modelo de las pruebas empíricas basadas en la práctica. Dentro de este modelo es donde se han desarrollado las medidas sistemáticas de obtención de resultados (ROM: *Routine Outcomes Measures*) que están siendo aplicadas a nivel internacional (Peter, Scott, y Dolan, 2000; Leichsenring, Rabung y Leibing, 2004; Spaeth, Pincus y Huynh, 2010; Shedler, 2012). De este modo, la investigación de los tratamientos psicológicos se acerca a los profesionales, informa de los resultados de los procesos asistenciales en curso y puede convertirse en un apoyo para su trabajo.

1. El proyecto ROM en nuestro entorno

Con este segundo modelo pretendemos, como objetivo principal, implementar evaluaciones sistemáticas de resultados de las intervenciones para tratar los problemas clínicos en todas las edades, desde la primera infancia hasta la vejez.

Desde el pasado 1 de abril de 2018, la Asociación para la Evaluación de Resultados Sistemáticos en Salud Mental (ARSISAM), de la que forman parte muchas de las fundaciones catalanas que se dedican a la salud mental pública en CSMIJ, CSMA, CDIAP,[11] entre otros, colabora como «Associate Membership» en el Child Outcomes Research Consortium (CORC) del centro Anna Freud National Centre for Children and Families de Londres.

Las instituciones que forman parte de ARSISAM son, en el momento de la elaboración de este libro, las siguientes: Fundació Vidal i Barraquer, Sociedad Española de Psicoanálisis, Fundació Orienta, Fundació Eulàlia Torras de Beà, Fundació Sant Pere Claver, Fundació Nou Barris, Fundació Tres Turons, Centre d'Higiene Mental Les Corts, Fundació Integra, Fundació Maresme, Carrilet, Fundació Síndrome de Down, Fundació Puigvert, ASM Horta-Guinardó y Centre Psicoteràpia Barcelona.

11 Las siglas corresponden a: CSMIJ, Centro de Salud Mental Infantojuvenil; CSMA, Centro de Salud Mental de Adultos; CDIAP, Centro de Desarrollo Infantil y Atención Precoz.

El objetivo de ARSISAM y de las instituciones que la conforman es adoptar como referente la experiencia llevada a cabo en los últimos 15 años en Inglaterra y generalizada a otras comunidades internacionales. Alrededor del año 2000 se impulsó desde el National Health Service de Reino Unido la evaluación del impacto de la actividad asistencial que se llevaba a cabo en los Children and Adolescents Mental Health Services. Para poder recopilar, gestionar e interpretar datos y poner en marcha investigaciones a nivel global, en el año 2002 se fundó el Child Outcomes Research Consortium liderado por Miranda Wolpert que, en colaboración con el Anna Freud National Centre for Children and Families y la Evidence Based Practice Unit-University College de Londres, han desarrollado un amplio marco conceptual, metodológico y estadístico con el que intentan, en último término, mejorar la práctica asistencial de Reino Unido en materia de salud mental y de bienestar de la población infantojuvenil y de sus familias.

Del mismo modo, ARSISAM quiere conseguir a través de las Medidas Sistemáticas de Resultados, mejorar la salud mental, la calidad de vida y el bienestar de la población catalana, tanto en niños y adolescentes como en bebés, adultos y personas de la tercera edad.

2. Objetivos específicos

Nos proponemos una serie de objetivos: se pretende promover una mejora de la calidad asistencial con una evaluación metodológicamente consistente y útil para profesionales y equipos de cualquier modelo teórico, pero también para pacientes y red y, al mismo tiempo, asumible en costes organizativos, económicos y de tiempo. En concreto consiste en:

- La utilización sistemática de un conjunto seleccionado y consensuado de pruebas de evaluación de resultados en diferentes momentos del proceso asistencial.
- El diseño de los procedimientos de corrección, registro y *feedback* de los resultados a los profesionales para que

puedan incluirlos como un criterio de valoración y focalización del proceso asistencial en curso y compartirlo con el paciente.
- La creación de una base de datos cooperativa de los centros implicados para inferir criterios de contraste y mejora de la efectividad de las prácticas asistenciales.

3. Los instrumentos

Para llevar a cabo estos objetivos se han determinado una serie de instrumentos comunes para todas las instituciones que participan en el proyecto.

Los instrumentos que se utilizan varían en función de la edad del paciente o del centro al que acuden. Evidentemente, es muy difícil que se pueda aplicar el mismo cuestionario a un bebé que acude a un CDIAP con sus padres (quienes, seguramente, deberán completar el cuestionario) que a un niño o a un adolescente que acude a un CSMIJ, o a un joven, adulto o anciano que acuden a un CSMA.

De este modo, para los pacientes se utilizan distintos cuestionarios en función del centro al que acuden y, por parte del terapeuta, se hace exactamente lo mismo con la peculiaridad de que existe el mismo cuestionario adaptado para cada una de estas franjas de edad.

A continuación se exponen los datos que se recogen y cuestionarios que se administran.

- Datos sociodemográficos, diagnósticos y tipo de intervención. Se recogen a partir de la historia clínica informatizada del paciente, así como de la entrevista realizada en la primera visita.
- Cuestionario de fortalezas y dificultades (Strengths and Difficulties Questionnaire, SDQ) de Goodman (1997). Es un cuestionario autoadministrado por el niño (> de 11 años) o el cuidador (niños > 3 años) que explora los problemas conductuales, emocionales y relacionales

entre los 4 y los 16 años de edad. Evalúa 25 ítems conductuales agrupados en 5 escalas: a) Síntomas emocionales (5 ítems); b) Problemas conductuales (5 ítems); c) Hiperactividad/falta de atención (5 ítems); d) problemas de relación entre iguales (5 ítems); y e) Comportamiento prosocial (5 ítems). Cada ítem se evalúa con una escala tipo Likert: 0 (no es cierto), 1 (un tanto cierto) y 2 (absolutamente cierto). En cada escala la puntuación puede variar entre 0 y 10. La suma de las escalas que van de 1 a 4 genera una puntuación total de dificultades del sujeto. Las escalas también se pueden subdividir en dos áreas: a) Problemas internalizantes, 10 ítems referentes a las escalas de síntomas emocionales y problemas relacionales; y b) Problemas externalizantes, 10 ítems referentes a problemas conductuales e hiperactividad. Con una duración de 5 minutos, el SDQ ha mostrado una sensibilidad igual o superior en comparación con otras escalas altamente utilizadas en la práctica clínica pero que tienen una mayor duración de administración (Goodman, 1999; Koskelainen, *et al.* 2000). También ha mostrado una sensibilidad adecuada a los cambios en seis meses (Mathai, *et al.* 2003). Se dispone de la adaptación en población de España (Gómez, 2013). El área bajo la curva ROC para la detección de casos es de 0,88.

- Escala de registro de síntomas Health of the Nation Outcome Scales for Children and Adolescents (HONOS-CA) de Gowers *et al.* (1998). Es una escala de salud general y de funcionamiento social que aplicarán los profesionales a las personas atendidas entre 4 y 18 años. La escala consta de 15 ítems. Los 13 primeros refieren diferentes síntomas/problemas divididos en: a) problemas conductuales (agresividad, hiperactividad, autolesiones y/o uso indebido de sustancias); b) disfunciones (dificultades lingüísticas y/o discapacidad física); c) problemas sintomáticos (alucinaciones, síntomas somáticos no orgánicos o síntomas emocionales y/o relacionales); y d) problemas sociales (relaciones entre iguales, autocuidado e independencia, vida familiar y/o relaciones o absentismo escolar). Dispone de 2 ítems adicionales que hacen referencia al conocimiento de las dificultades y de los servicios de ayuda. De todos ellos se determinará la presencia y se evaluará la gravedad en una escala Likert entre 0 (ningún problema) y 4 (problema grave o muy grave). La duración de administración es de entre 5-10 minutos. En estudios previos, el HONOSCA ha mostrado una adecuada fiabilidad (Gowers, *et al.*, 2002), validez y sensibilidad al cambio (Pirkis *et al.*, 2005).

Para los niños menores de 4 años se administrará el mismo cuestionario en su versión HONOSCI, cuestionario que se encuentra en proceso de traducción y validación al castellano por nuestro propio equipo.

Además de las cualidades psicométricas del SDQ y el HONOSCA y su aplicabilidad en un contexto de red pública, en estudios previos han mostrado una buena complementariedad y en conjunto permiten hacer una valoración de los síntomas percibidos por el niño, la familia y el profesional (Mathai *et al.*, 2003).

- Clinical Outcomes in Routine Evaluation-Outcome Measure (CORE-OM). Es un instrumento creado por el Core System Group para la evaluación del cambio terapéutico. Este cuestionario es aplicable a todos los pacientes mayores de edad (> 18 años). El CORE-OM es un cuestionario de 34 ítems que evalúa el malestar psicológico a partir de cuatro dimensiones: Bienestar subjetivo (4 ítems), Problemas/Síntomas (12 ítems), Funcionamiento general (12 ítems) y Riesgo (6 ítems). El valor de cada ítem puede estar entre 0 y 4, obteniendo un máximo de 136 puntos y un mínimo de 0. Se administra a población adulta y es el propio paciente quien responde a los diferentes ítems.
- Escala de Evolución Health of the Nation Outcome Scales (HONOS). Al igual que el HONOSCA, es una escala de salud general y de funcionamiento social que aplicarán los profesionales a las personas atendidas entre 19 y

> 65 años. La escala consta de 15 ítems. Los 13 primeros refieren diferentes síntomas/problemas divididos en: a) problemas conductuales (agresividad, hiperactividad, autolesiones y/o uso indebido de sustancias); b) disfunciones (dificultades lingüísticas y/o discapacidad física); c) problemas sintomáticos (alucinaciones, síntomas somáticos no orgánicos o síntomas emocionales y/o relacionales); y d) problemas sociales (relaciones entre iguales, autocuidado e independencia, vida familiar y/o relaciones o absentismo escolar). Dispone de 2 ítems adicionales que hacen referencia al conocimiento de las dificultades y de los servicios de ayuda. De todos ellos se determinará la presencia y se evaluará la gravedad en una escala Likert entre 0 (ningún problema) y 4 (problema grave o muy grave). La duración de administración es de entre 5-10 minutos.

Para las personas mayores de 65 años se administrará el mismo cuestionario en su versión +65 (HONOS+65).

4. Procedimiento

Al finalizar la primera visita con el paciente (información basal), ya sea bebé, niño, adolescente, familia o adulto, el profesional clínico deberá:

- Informar al paciente y a la familia (si procede) de los objetivos de la investigación. Se pondrá el énfasis en que la investigación está articulada en el proceso asistencial.
- Pedir el consentimiento informado: a) solo a la familia cuando el paciente sea menor de 16 años; b) a la familia y al adolescente cuando tenga más de 16 años; y c) solo al paciente cuando sea mayor de edad.
- Solicitar al paciente y a la familia (si procede) que completen el cuestionario correspondiente (SDQ en caso de menores, CORE-OM en caso de adultos).

- Completar el cuestionario HONOSCA, HONOS, HONOSCI u HONOS+65. En algunos casos puede ser necesario una segunda visita para que el profesional disponga de la información necesaria.
- Registrar la información de la evaluación basal en la base de datos del estudio.

A los seis meses de iniciar el proceso asistencial en curso o cuando se finalice el proceso antes de los seis meses de haberse iniciado (Seguimiento 1), el profesional clínico deberá, al finalizar la sesión:

- Solicitar a la familia y/o al paciente que completen el SDQ o CORE-OM.
- Evaluar el HONOSCA, HONOS, HONOSCI u HONOS+65.
- Registrar la información de la evaluación en la base de datos.

Al año de iniciado el proceso asistencial en curso o cuando se finaliza el proceso antes del año de haberse iniciado (Seguimiento 2), el clínico deberá:

- Volver a completar los instrumentos de evaluación tanto por parte del profesional como del niño/adolescente/familia/adulto.
- Integrar las bases de datos clínicos de cada centro de atención psicológica que participa y creación de una base de datos poblacional.
- Elaboración del informe de resultados del seguimiento asistencial.

Y así sucesivamente hasta que el proceso asistencial concluya, sea cual sea el motivo, aunque preferiblemente debe ser por alta clínica.

5. Los datos

Esta evaluación periódica puede orientarse a la sintomatología, la calidad de vida o a la satisfacción del paciente y la familia. Al mismo tiempo, puede estar informada por el mismo paciente (dependiendo de la edad), por su familia, por los profesores o por el profesional.

Este proceso, sin embargo, no está libre de sesgos. Es en este punto cuando vale la pena tener en cuenta los llamados datos FUPS:

- *Flamed* (provocados): datos fluidos. Se desean obtener los datos de una manera espontánea y sincera, consiguiendo que la persona quiera contestar y no obligándola a hacerlo bajo la amenaza de que si no, no se seguirá con el tratamiento. De ser unos datos «sacados a la fuerza», se puede prever que serán poco fiables y útiles. Por lo tanto, si un paciente no quiere responder los cuestionarios, antes de obligarlo a responder por el afán de aumentar la muestra es mejor que no lo haga ya que, de hacerlo, los datos nos ofrecerán unos resultados sesgados.
- *Uncertain* (inciertos): los datos que obtengamos no necesariamente son ciertos. Si preguntamos si se es feliz y obtenemos «sí» como respuesta, no lo debemos asumir como una verdad absoluta. Los datos son un instrumento más a partir del cual comenzar a discutir. En otras palabras: siempre hay que contrastar los datos obtenidos a través de los cuestionarios con la impresión clínica del terapeuta.
- *Proximate* (proximidad): no importan las respuestas que hayan dado los sujetos, aunque vayan en contra del terapeuta, del tratamiento o de él mismo. Tenemos que mostrarnos próximos y con ganas de saber qué significan para ellos aquellas respuestas. Si los terapeutas siempre pretendemos obtener unos datos que jueguen a nuestro favor como terapeutas o a favor del tratamiento, si vamos a frustrarnos continuamente o, lo que sería más preocupante, vamos a vivir este proceso de un modo persecutorio y paranoide, ello puede dirigirnos a centrar nuestras intervenciones hacia la obtención de buenos re-

sultados por parte del paciente, obviando así el principal objetivo de este proyecto: mejorar la ayuda que ofrecemos a los pacientes.

- *Sparse* (escasos): los datos nos hablan solo de una parte concreta del paciente o del tratamiento. Tenemos que conseguir hacer de esta información algo útil para cada paciente, ya que para cada uno será diferente lo que funciona y lo que lo ayuda. De hecho, este es el valor añadido de este proyecto: mientras las investigaciones clásicas se basan en recoger datos procedentes de una muestra determinada, extraer conclusiones y generalizarlas a toda la población, en este proyecto es más bien lo contrario, ya que se trata de ver, caso a caso, la evolución del paciente para, una vez se tienen los datos, poder compartirlos con él para contrastar impresiones y, si procede, acordar otro objetivo terapéutico. Será después cuando se lleven a cabo los estudios tradicionales para obtener información adicional y poder formar, o al menos advertir, a los clínicos de los aspectos que se detecten que funcionan mejor y peor para el paciente.

Análisis de la muestra obtenida

En la experiencia con menores en Reino Unido se ha observado que los datos que finalmente pueden ser usados por su valor útil para el paciente representan algo más del 1 %, como vemos en la figura 2.

Estos datos, poco alentadores, nos pueden llevar a dos conclusiones. La primera es que este tipo de estudio es complicado; obtener una muestra grande y que perdure en el tiempo es una misión prácticamente imposible. La segunda, por su parte, es que quizás el procedimiento que han utilizado los ingleses para reclutar la muestra y recoger los datos no es todo lo efectiva que podría ser. Cuando hablamos de poblaciones tan grandes (más de 96 000 pacientes en el caso anglosajón y, en nuestro caso, toda la población catalana atendida en los centros participantes), donde muchas instituciones, centros y servicios están coordinados e invo-

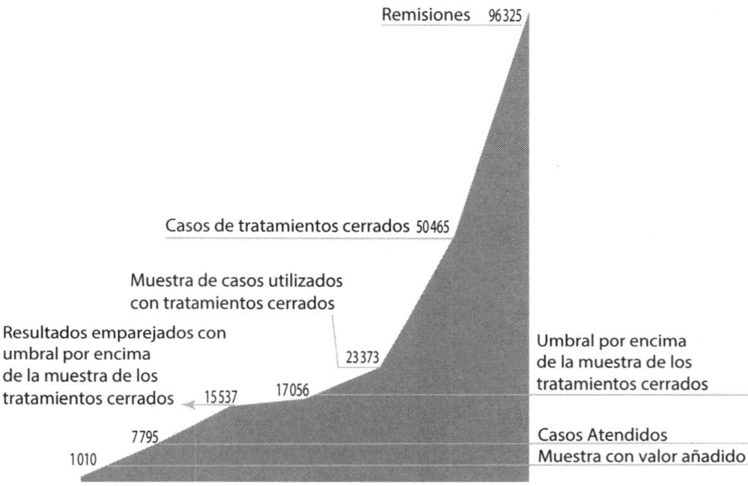

FIGURA 2

lucrados en una tarea y, además, se dispone de poco tiempo para atender a los pacientes, el procedimiento debe ser ágil tanto para el paciente como para el clínico y, a su vez, debe dar resultados útiles tanto para el proceso terapéutico como para la posterior investigación. Así, hemos creado un *software* que nos permite administrar los cuestionarios a los pacientes (a través de una tableta en la que responden al cuestionario desde la sala de espera) y a los clínicos (desde el programa de Historia Clínica Informatizada), y que automáticamente genera informes y gráficas de la evolución del paciente y almacena los datos para su posterior explotación estadística. Esto resulta altamente útil para el proceso terapéutico, ya que se puede usar como una herramienta más para trabajar con el paciente y compartir los datos, para que sean pensados, analizados o contrastados con la subjetividad del paciente. Y, a la postre, los datos almacenados sirven para realizar estudios que permitan dilucidar qué factores, variables, técnicas, orientaciones, formación de los profesionales, etc. son más eficaces y efectivos y con qué pacientes.

6. Conclusiones

Resulta difícil acordar unos criterios comunes de evaluación en muchas especialidades clínicas, así cómo diseñar las herramientas adecuadas para hacerlo posible. Además, la complejidad del trabajo en salud mental hace especialmente difícil alcanzar este objetivo. Sin embargo, pensamos que la implementación de una metodología de Evaluación Sistemática de Resultados *(Routine Outcomes Measures)* en nuestro medio genera una serie de ventajas:

- Se puede incluir fácilmente en el proceso asistencial (el coste de tiempo de aplicación es muy breve, la introducción de datos y la explotación de resultados son relativamente sencillas).
- Los instrumentos no tienen coste económico (son pruebas traducidas y validadas al catalán, castellano y a muchos otros idiomas).
- Ofrece posibilidades de desarrollo muy poderosas (diferenciar resultados por patologías, procesos utilizados, grupos étnicos, etc.).
- Es aplicable a todas las edades dentro de la asistencia primaria especializada en salud mental, y permite hacer hincapié en una determinada población en función del interés de la institución o del Plan Director de Salud Mental de la Generalitat de Cataluña.
- Promueve la innovación y la economía del conocimiento con la investigación en procesos asistenciales y modelos de gestión para la toma de decisiones clínicas. Estas permitirán objetivar mejoras estructurales en las carteras de servicios.
- Es una herramienta al servicio de la mejora de la calidad en la intervención. Puede utilizarse como *feedback* para profesionales y equipos y como revisión de los tipos de intervención.
- Aprovecha las sinergias que se derivan de hacer la investigación interinstitucional y con clínicos que desarrollan su actividad asistencial.

- Promueve el establecimiento de estudios de análisis coste-efectividad de los tratamientos y el desarrollo de estudios que aporten evidencia sobre la efectividad de los tratamientos (Medicina Basada en la Evidencia, MBE).
- Facilita las tecnologías de los datos masivos como herramienta para asimilar y estructurar datos y resultados en indicadores de salud que permitan definir las causas de la enfermedad o trastorno y establecer las mejores aproximaciones diagnósticas, terapéuticas y preventivas.
- Es independiente de la orientación teórica del profesional, equipo o institución en el que se aplique, y, por lo tanto, es una herramienta útil que se puede generalizar para todo el sistema.

Así pues, queda claro que este novedoso proyecto no solo da respuesta a las críticas que desde hace años acechan a los tratamientos psicodinámicos y psicoanalíticos, a los que se acusa de no demostrar su eficacia, sino que este proyecto va incluso un paso más lejos al intentar dilucidar los factores que influyen en los tratamientos que obtienen buenos y malos resultados. En otras palabras, no solo se obtiene información acerca de la eficacia de un determinado tratamiento para un determinado diagnóstico, sino que se obtiene información caso por caso en lo que a eficacia se refiere.

6. Eficacia y efectividad de la psicoterapia psicoanalítica

XAVIER LÓPEZ y JOSÉ A. CASTILLO

La psicoterapia es una práctica compleja en la que tiene cabida la creatividad, las emociones, la reflexión, la técnica y la ciencia. Cualquier psicoterapeuta sabe que en una sesión de psicoterapia pasan cosas difícilmente cuantificables. Pero que no sean cuantificables no implica que no puedan estudiarse de manera rigurosa y sistemática. En este capítulo abordaremos la eficacia y la efectividad de la psicoterapia psicoanalítica, y para ello nos referiremos a revisiones sistemáticas y metaanalíticas, es decir, a trabajos que tienen por misión recoger y sintetizar, con los procedimientos metodológicos más rigurosos, los estudios disponibles acerca de una cuestión. Recordemos que nos referimos a estudios de *eficacia* cuando se evalúa un tratamiento a través de un *ensayo clínico* en condiciones de alto control experimental: pacientes homogéneos por lo menos en cuanto al diagnóstico DSM y sin comorbilidad, terapeutas entrenados específicamente para el desarrollo de los tratamientos, terapias manualizadas, evaluación de cambio sintomatológico, etc. Al contrario, los estudios de *efectividad* evalúan la psicoterapia en condiciones de práctica clínica real: pacientes y terapeutas con características heterogéneas, y tratamientos que pueden variar en función de las características del paciente y de las peculiaridades del terapeuta. En los estudios de eficacia y de efectividad se tienen en cuenta las respuestas de los pacientes a cuestionarios de evaluación administrados al inicio y al final de la psicoterapia, y, a menudo, en seguimientos posteriores a la finalización del tratamiento. También se comienza a disponer de estudios sobre cambios cerebrales generados por la psicoterapia psicoanalítica (Abbass, Nowoweiski, Bernier, Tarzwell y Beutel, 2014; De Greck *et al.*, 2011).

Nos referiremos en primer lugar a los estudios sobre eficacia y efectividad de las psicoterapias psicoanalíticas de breve y larga duración realizadas con muestras de pacientes con patologías diversas; a continuación, revisaremos estudios que evalúan el resultado de la psicoterapia psicoanalítica en trastornos específicos.

1. Resultados de la psicoterapia psicoanalítica breve y de larga duración

Distintos autores han llevado a cabo en los últimos años revisiones sistemáticas y metaanálisis para sintetizar la evidencia existente sobre la eficacia y efectividad de la psicoterapia psicoanalítica y así ofrecer datos concluyentes sobre la cuestión. Leichsenring, Rabung y Leibing (2004) realizaron un metaanálisis centrado en la eficacia de la psicoterapia psicodinámica breve, para lo cual recogieron los resultados de 17 estudios centrados en trastornos diversos: depresión mayor, depresión posparto, trastorno por estrés postraumático, bulimia, anorexia, dependencia de opiáceos, dependencia de la cocaína, trastornos de personalidad del clúster C (evitativo, dependiente y obsesivo-compulsivo), trastorno límite de la personalidad, trastorno somatoforme, dispepsia funcional crónica y fobia social. Puesto que los estudios revisados estaban centrados en evaluar específicamente la *eficacia* de la psicoterapia psicoanalítica breve, todos ellos fueron realizados —como ya hemos comentado— con alto control de las variables: pacientes homogéneos y sin comorbilidad, diseños con grupo de control o comparación de tratamiento, terapias manualizadas y terapeutas con similar experiencia entrenados específicamente para desarrollar los tratamientos evaluados en el estudio.

Dado que este metaanálisis incluye específicamente estudios sobre psicoterapia psicoanalítica breve, concretaremos en primer lugar las principales características de esta modalidad de tratamiento:

- Limitación temporal: habitualmente 16-30 sesiones (promedio de 10 sesiones, rango de 7-40 en los estudios revisados). Las terapias de seis sesiones o menos se consideran ultrabreves.
- *Setting* cara a cara, con una o dos sesiones semanales.
- Los terapeutas intervienen con frecuencia en las sesiones y procuran desarrollar alianza terapéutica y transferencia positiva.
- *Foco* en conflictos o temas específicos actuales que se formulan al inicio de la terapia (véase el capítulo 1).
- Se presta atención a la adherencia al foco, a alcanzar objetivos realistas y a cuestiones relacionadas con la finalización del tratamiento.
- Respecto de la transferencia, se pone énfasis en la dimensión aquí-y-ahora, es decir, en la relación presente entre paciente y psicoterapeuta, más que en relaciones del pasado del paciente.

Como puede verse en la tabla 2, las magnitudes de cambio obtenidas a través de este metaanálisis se presentan en tres niveles: problemas objetivo, sintomatología y patrones de relación. Los resultados permiten concluir que la psicoterapia psicoanalítica breve es significativamente superior al no tratamiento y al tratamiento habitual con el que se compara *(treatment as usual)*. Además, 15 de los estudios también incluyen una comparación de la psicoterapia psicoanalítica breve con otras formas de psicoterapia, en especial cognitivo-conductuales, y en ellos no se evidencian diferencias significativas entre ambas formas de tratamiento.

Los resultados también apuntan a una cuestión muy relevante: en el seguimiento realizado a los pacientes, generalmente a los 6 o 12 meses después de finalizar la terapia, la magnitud del cambio se incrementa. El cambio, pues, se afianza y profundiza a medida que el paciente afronta experiencias personales y relacionales que le permiten desplegar lo interiorizado en el trabajo psicoterapéutico.

	Final de la psicoterapia	Seguimiento
Problemas objetivo	1.39	+0,18
Síntomas generales	0.90	+0,05
Funcionamiento social	0.80	+0,39

Tabla 2. Principales resultados del estudio de Leichsenring, Rabung y Leibing (2004)

Nota: los resultados se expresan en unidades de Tamaño del Efecto (TE), es decir, de magnitud de cambio, calculadas a partir del índice *d* (Cohen). De acuerdo con los criterios generales propuestos por Cohen, valores de tamaño del efecto de 0.20, 0.50 y 0.80, representan un valor de TE bajo, medio y alto, respectivamente

Posteriormente a este metaanálisis, Abbass *et al.* (2014) realizaron una revisión Cochrane sobre la misma cuestión: la eficacia de la psicoterapia psicoanalítica breve para el tratamiento de trastornos mentales comunes en población adulta. Realizada en este caso a partir de 33 estudios y un total de 2 173 pacientes, esta revisión concluye que la psicoterapia psicoanalítica breve, comparada con grupos de control, tiene efectos de moderados a altos en el tratamiento de una amplia gama de diagnósticos psicopatológicos: trastornos de síntomas somáticos, de ansiedad, depresivos, de personalidad, o de alimentación, entre otros.

	Tratamiento *vs.* Control	Seguimiento
Síntomas generales	0,71	+0,20
Síntomas somáticos	0,63	+1,58
Ansiedad	0,64	+0,46
Depresión	0,5	+0,5
Ajuste social	0,51	+0,07
Ajuste interpersonal	0,42	+0,06

Tabla 3. Tamaño del efecto con respecto a grupos de control a la finalización del tratamiento y durante el seguimiento. Datos a partir de Abbas *et al.* (2014)

Las distintas medidas de resultado utilizadas —síntomas somáticos, depresión, ansiedad, ajuste interpersonal y social—, muestran una mejoría generalizada a la finalización del tratamiento (tabla 3), cambio que se incrementaría en seguimientos posteriores, como ya hemos visto en la revisión anterior. Por tanto, los resultados de esta revisión muestran evidencia de que la psicoterapia psicoanalítica breve es una modalidad de tratamiento eficaz para el abordaje de una amplia gama de trastornos en población adulta.

Pero ¿es igualmente eficaz esta modalidad de psicoterapia en población infantil y adolescente? Para responder a esta cuestión, Abbass *et al.* (2013) elaboraron un metaanálisis a partir de 11 estudios y un total de 655 pacientes de estos grupos de edad con diagnósticos diversos (depresión, ansiedad, anorexia nerviosa o trastorno límite de la personalidad —este último relativo a población adolescente—). Sus resultados obtienen tamaños del efecto de moderados a altos tanto a nivel de cambio terapéutico general como en las dimensiones específicas de ansiedad, estado de ánimo, síntomas somáticos y personalidad/comportamiento (tabla 4).

	Inicio-Final	Seguimiento
Psicopatología general	1,26	+0,24
Ansiedad	0,78	+0,15
Estado de ánimo	0,7	+0,33
Síntomas somáticos	1,34	+0,6
Personalidad/Comportamiento	0,79	+0,15
Funcionamiento interpersonal	0,41	+0,02
Cambio terapéutico	1,07	+0,24

TABLA 4. Tamaño del efecto a la finalización del tratamiento y durante el seguimiento. Datos a partir de Abbass *et al.* (2013)

Estos efectos se incrementan en seguimientos posteriores, mostrando para la población infantil y adolescente lo que viene observándose también con población adulta: la psicoterapia psicoanalítica sigue generando cambio más allá de su finalización. La revisión proporciona datos preliminares que indican que la psicoterapia psicoanalítica breve puede ser efectiva en una variedad de trastornos mentales en niños y adolescentes, aunque como apuntan los propios autores, dado el limitado número de estudios incluidos en la revisión y la heterogeneidad de los resultados, estos deben ser interpretados con cautela (véase capítulo 7).

Hasta ahora hemos visto cuál es la eficacia de las psicoterapias psicoanalíticas breves. Veamos ahora los resultados que se observan en las modalidades de psicoterapia psicoanalítica de larga duración. Maat *et al.* (2009) llevaron a cabo una revisión sistemática sobre la efectividad de la psicoterapia psicoanalítica de larga duración (más de 50 sesiones) en pacientes adultos con diagnósticos DSM diversos. Con un total de 27 estudios empíricos incluidos (5 063 pacientes), el estudio concluye que esta modalidad psicoterapéutica es eficaz, con efectos altos tanto en la reducción de síntomas como en la generación de cambio en aspectos de personalidad. Como puede verse en la tabla 5, este cambio terapéutico se mantiene en los años posteriores a la finalización del tratamiento.

	Inicio-Final	Seguimiento
Cambio terapéutico	0,78	+0,16
Reducción de síntomas	1,03	-
Cambio en aspectos de personalidad	0,54	-

TABLA 5. Tamaño del efecto a la finalización del tratamiento y durante el seguimiento. Datos a partir de Maat *et al.* (2009)

Los resultados muestran cómo los efectos de la psicoterapia psicoanalítica son más intensos en la reducción de síntomas que en los cambios en la personalidad, lo que concuerda con la idea de que el cambio de personalidad es más difícil de lograr y conlleva mayor tiempo de trabajo terapéutico.

Por su parte, Leichsenring y Rabung (2008), con el mismo objetivo de conocer la efectividad de la psicoterapia psicoanalítica de larga duración, pero en este caso en pacientes con trastornos mentales complejos (trastornos de personalidad, trastornos mentales crónicos o múltiples o trastornos depresivos y de ansiedad complejos), realizaron una revisión metaanalítica sobre 23 estudios (y un total de 1 053 pacientes). Sus resultados muestran tamaños del efecto altos tanto en la efectividad general como en todas las áreas específicas evaluadas: cambio en problemas objetivo, en sintomatología, en características de personalidad y en funcionamiento social (véase la tabla 6). En todas las áreas se observan incrementos de los tamaños del efecto en las evaluaciones de seguimiento.

Los resultados son igualmente significativos al ser comparados con formas de psicoterapia más breves utilizadas como grupo de control en algunos de los estudios de la revisión (terapia cognitivo-conductual, terapia cognitivo-analítica, terapia familiar, de apoyo, dialéctico-conductual, breve psicoanalítica o tratamiento psiquiátrico al uso). Dada la considerable proporción de pacientes con trastornos mentales crónicos o de personalidad que no se benefician suficientemente de la psicoterapia a corto plazo, estos resultados son especialmente interesantes, pues muestran que los efectos de la psicoterapia de larga duración serían superiores a ellas, y, en consecuencia, una forma de psicoterapia adecuada para el tratamiento de pacientes con trastornos graves.

	Inicio-Final	Seguimiento
Efectividad global	1,03	+0,22
Problemas objetivo	1,54	+0,44
Síntomas psiquiátricos	0,91	+0,15
Características de personalidad	0,78	+0,24
Funcionamiento social	0,81	+0,10

Tabla 6. Tamaño del efecto a la finalización del tratamiento y durante el seguimiento. Datos a partir de Leichsenring y Rabung (2008)

Ante la crítica de algunos autores a Leichsenring y Rabung por incluir en su metaanálisis poblaciones de pacientes y condiciones de comparación heterogéneas, estos actualizaron en 2011 dicho metaanálisis, partiendo en este caso de 10 estudios que evaluaban la psicoterapia psicoanalítica realizada a un total de 971 pacientes. Con una variedad de trastornos mentales complejos (trastorno depresivo o de ansiedad de larga duración, trastornos de personalidad clúster C, trastorno de personalidad límite, trastornos de la alimentación), los grupos psicoterapéuticos de comparación incluyeron terapia cognitivo-conductual, terapia cognitivo-analítica, terapia dialéctico-conductual, terapia breve psicodinámica, terapia focalizada en soluciones, terapia familiar y tratamiento psiquiátrico al uso. Sus resultados sugieren que la psicoterapia psicoanalítica de larga duración es superior frente a formas de psicoterapia menos intensas, en la misma línea ya apuntada en su anterior revisión (tabla 7).

	Terapia psicoanalítica *vs.* otros tratamientos
Efectividad global	0,54
Problemas objetivo	0,49
Síntomas psiquiátricos	0,44
Características de personalidad	0,68
Funcionamiento social	0,62

TABLA 7. Tamaño del efecto de la psicoterapia psicoanalítica en relación con otros tratamientos. Datos a partir de Leichsenring y Rabung (2011)

En cuanto a la eficacia de las psicoterapias psicoanalíticas de larga duración, Smit *et al.* (2012) revisaron 11 ensayos clínicos aleatorizados o cuasi aleatorizados, no observando diferencias respecto de grupos de pacientes tratados con otras formas de psicoterapia, ni en eficacia global ni en los distintos dominios evaluados específicamente: problemas objetivo, síntomas psicopatológicos, características de personalidad y funcionamiento social. Ello apuntaría a que la psicoterapia psicoanalítica de larga duración es tan eficaz como otras formas de terapia a largo plazo.

En otro sentido, cabe señalar el metaanálisis elaborado por Town *et al.* (2012), quienes se preguntaron si los procedimientos utilizados en las investigaciones (grabación de las sesiones, tratamientos manualizados o comprobación del grado en que las terapias se ajustan a ese manual) afectan al resultado de las psicoterapias psicoanalíticas. A partir de su revisión, realizada sobre 46 estudios, concluyeron que no existen diferencias significativas entre los estudios que utilizan determinados métodos de investigación y los que no lo hacen, evidenciando, asimismo, amplios tamaños del efecto entre el inicio y la finalización de la terapia (véase la tabla 8). Además, en la línea de lo ya observado anteriormente, en el seguimiento realizado a 1 615 pacientes incluidos en la revisión se observaron mejoras en los resultados del tratamiento.

	Inicio-Final	Seguimiento
Todas las medidas de resultado	1,01	+ 0,18
Depresión	1,20	+ 0,24
Ansiedad	0,87	+ 0,50
Personalidad	0,75	+ 0,25
Síntomas generales	1,07	+ 0,22

Tabla 8. Tamaño del efecto a la finalización y durante el seguimiento de la psicoterapia psicoanalítica. Datos a partir de Town *et al.* (2012)

2. Resultados de la psicoterapia psicoanalítica en trastornos específicos

La creciente producción científica sobre eficacia y efectividad de la psicoterapia psicoanalítica ha permitido empezar a disponer de estudios de revisión metaanalítica focalizados en la evaluación de trastornos psicopatológicos específicos. Driessen *et al.* (2015) elaboraron un metaanálisis sobre eficacia de la psicoterapia psicoanalítica breve en el tratamiento de la depresión a partir de un conjunto de 54 estudios y un total de 3 946 pacientes. La conclusión general que obtuvieron sus autores fue que la psicoterapia psicoanalítica breve es un tratamiento eficaz en el abordaje de la depresión: se reduce significativamente la sintomatología depresiva, ansiosa y general de los pacientes, y mejoran las relaciones interpersonales y la calidad de vida. Estos cambios se muestran igualmente significativos al ser comparados con grupos de control sin tratamiento. En la tabla 9 pueden observarse en detalle las magnitudes del efecto.

	Inicio-Final	Seguimiento	Tratam. *vs.* control
Depresión	1,15	+0,13	0,61
Ansiedad	0,79	+1,04	0,48
Síntomas generales	1,18	+0,2	0,69
Funcionamiento interpersonal	0,74	+0,31	-
Calidad de vida	0,57	+0,28	0,49

TABLA 9. Tamaño del efecto a la finalización del tratamiento, durante el seguimiento y en comparación con grupos de control. Datos a partir de Driessen *et al.* (2015)

Por lo que respecta a la comparación con otras formas de tratamiento, la psicoterapia psicoanalítica breve se muestra menos eficaz que el resto a la finalización de la terapia, diferencia que desaparece en seguimientos posteriores. Los datos apuntan de nuevo a que la terapia psicoanalítica sigue facilitando cambios más allá de su final. En síntesis, la revisión de Driessen confirma que la psicoterapia psicoanalítica breve cuenta con validez empírica para el tratamiento de la depresión.

Keefe *et al.* (2014), por su parte, realizaron una revisión metaanalítica sobre la eficacia de la psicoterapia psicoanalítica en trastornos de ansiedad. A partir de 14 ensayos clínicos aleatorizados, incluyendo a un total de 1 073 pacientes con diagnósticos de ansiedad social o fóbica, ansiedad generalizada, o trastorno de pánico, principalmente, evidenciaron que la psicoterapia psicoanalítica obtiene un tamaño del efecto alto entre el inicio y la finalización del tratamiento, lo que implica un cambio significativo entre ambos momentos de evaluación. De igual modo, de la comparación de los grupos de pacientes que realizaron esta modalidad terapéutica con grupos de control también observaron diferencias significativas a favor de los grupos tratados, en este caso con un efecto moderado-alto (véase la tabla 10). No se observaron diferencias significativas, sin embargo, cuando la psicoterapia psicoanalítica se comparó con otras formas de tratamiento para este tipo de trastornos.

	Inicio-Final	Tratam. *vs.* control	Tratam. *vs.* otros tratamientos
Cambio terapéutico	1,06	+0,64	0,02

Tabla 10. Tamaño del efecto a la finalización del tratamiento respecto de grupos de control y a otros tratamientos. Datos a partir de Keefe *et al.* (2014)

Por último, respecto de los trastornos de la personalidad, Leichsenring y Leibing (2003) realizaron un metaanálisis dirigido a comparar la efectividad de la psicoterapia psicoanalítica y la terapia cognitivo-conductual en el tratamiento de este tipo de trastornos. De los 14 estudios incluidos, en siete la terapia se evaluaba en condiciones de práctica clínica real (estudios *naturalísticos*), y los siete restantes eran ensayos clínicos aleatorios, máxima expresión de calidad metodológica. Las terapias se realizaron con pacientes diagnosticados mayoritariamente con formas graves de trastorno de la personalidad (clúster A y B). Como puede observarse en la tabla 11, los resultados de la comparación muestran datos de efectividad equiparables, con sutiles diferencias en función de quién y de con qué instrumento se evalúa el resultado de ambos tratamientos.

	Terapia psicoanalítica	Terapia cognitivo-conductual
MEJORÍA		
Global	1.46	1.0
Auto-informe	1.08	1.20
Valoración observador	1.79	0.87

Tabla 11. Principales resultados del estudio de Leichsenring y Leibing (2003)

Tanto los tratamientos psicoanalíticos como los cognitivo-conductuales se muestran efectivos en el tratamiento de los trastornos de la personalidad, aunque, como ya apuntan sus autores, el limitado número de estudios incluidos en la revisión obliga a tomar los resultados con cautela.

3. Síntesis

Los estudios comentados en páginas anteriores, así como otras revisiones (Dekker *et al.*, 2014; Haskayne, Hirschfeld y Larkin, 2014; Leichsenring, 2009; Leichsenring y Leibing, 2007) ponen en evidencia que diferentes formas de psicoterapia psicoanalítica, tanto breve como de mayor duración, son eficaces y efectivas para trastornos diversos, incluyendo trastornos de la alimentación, por consumo de sustancias o trastornos de la personalidad, entre otros (véase la tabla 12). Finalmente cabe señalar que la psicoterapia psicoanalítica está presente en las guías clínicas y en documentos de síntesis de las cuatro principales asociaciones profesionales del mundo, la APA (División de Psicología Clínica); el National Institute for Health and Care Excellence (NICE, Reino Unido); Cochrane collaboration; y la Australian Psychological Society (APS, 2018; Moriana, Gálvez y Corpas, 2017).

Los datos recopilados hasta la fecha reflejan resultados promedio, aspecto importante a tener en cuenta porque la variabilidad de resultados de las psicoterapias (no únicamente las psicoanalíticas) es muy amplio, y con los conocimientos de que disponemos a día de hoy no podemos asegurar si la heterogeneidad de resultados se debe a diferencias de los pacientes, de los terapeutas o de la interacción entre ambos (Sandell, 2012).

Si bien, como vemos, diferentes formas de psicoterapia psicoanalítica cuentan con suficientes estudios que avalan su eficacia y efectividad, continúa siendo necesaria más investigación, especialmente de procesos. En palabras de Alejandro Ávila (2006):

Qué sucede en un proceso terapéutico solo puede ser observado indirectamente, por sus componentes aquí y ahora, y por sus consecuencias, a medio y largo plazo. Luego las diferencias no pueden ser apriorísticas, ni depender de criterios teóricos; esta fue una de las grandes aportaciones de la investigación de procesos, que solo podemos conocer —y parcialmente— sobre la dinámica del caso singular, y que su generalización es una estrategia de la teoría o de la técnica, no un derivado de la evidencia (p. 4).

Trastornos de ansiedad y relacionados con traumas • Fobia social • Trastorno de ansiedad generalizada • Trastorno de ansiedad social • Trastorno de pánico • Trastorno de estrés postraumático • Duelo
Trastornos depresivos • Distimia • Trastorno depresivo mayor
Trastornos alimentarios • Anorexia nerviosa • Bulimia nerviosa
Trastornos relacionados con sustancias • Dependencia del alcohol • Dependencia de opiáceos
Trastornos de la personalidad • Trastorno de personalidad evitativa • Trastorno clúster C de la personalidad: – dependiente – evitativa – obsesivo-compulsiva • Trastorno límite de la personalidad
Trastornos psicóticos
Trastorno de conducta (12-19 años)

Tabla 12. Trastornos psicopatológicos para los que se dispone de estudios de eficacia y/o efectividad de la psicoterapia psicoanalítica breve y/o de larga duración (Castillo, J.A, 2012)

En última instancia, la psicoterapia también contiene elementos artesanales, y la particularidad de cada paciente, de cada terapeuta y de la interacción entre ambos hacen que cada tratamiento represente una experiencia única.

7. Psicoterapia psicoanalítica de niños, adolescentes y familias. La investigación que une teoría y práctica

EULÀLIA ARIAS-PUJOL

¿Cómo hacer investigación que conecte la teoría con la práctica clínica? En todas las disciplinas existe el riesgo de que los hallazgos de los investigadores queden en revistas altamente especializadas y que los profesionales expertos no tengan tiempo de leerlos ni de escribir todo aquello que han descubierto en su vida laboral. ¿Son, en el fondo, dos lenguajes distintos que transcurren como ríos paralelos? ¿Habrá manera de que se vayan entrecruzando?

Con el propósito de animar al lector a investigar, en este capítulo nombramos algunas de las dificultades propias del ámbito de la psicoterapia psicoanalítica (PPA) de niños, adolescentes y familias, así como experiencias exitosas de equipos de investigación.

La PPA de niños, adolescentes y familias es un ámbito difícil de delimitar. Ya de entrada se hace necesario diferenciar lo que mayoritariamente se entiende por PPA en la práctica privada y en la asistencia pública. En los despachos privados se desarrollan tratamientos de alta frecuencia semanal durante años que pueden seguir los cánones «indiscutiblemente psicoanalíticos». En las instituciones públicas ya hace tiempo que no es así (si es que lo ha sido alguna vez). El tipo de demanda y otras casuísticas han llevado a los equipos a desarrollar intervenciones desde la orientación psicoanalítica que resulten válidas y viables para todos: usuarios, profesionales y administraciones públicas.

¿Y dónde queda el investigador de la práctica psicoanalítica? La función investigadora ha quedado durante mucho tiempo en la mente del psicoanalista cuando observa, comprende y ofrece una interpretación a su paciente. Freud descubrió el psicoanálisis a la vez que descubría esta brillante metodología de trabajo. En la actualidad, el investigador de PPA sigue el llamado «método científico», es decir, plantea unos objetivos y hace un diseño que le permita obtener datos y a continuación analizarlos. Los análisis matemáticos arrojan unos resultados. La «interpretación» que realiza el investigador es la de los resultados que discute a partir de su marco teórico de referencia. De esta manera, la investigación intenta abrirse camino en el ámbito de la asistencia pública.

A día de hoy, van quedando atrás aquellos tiempos en los que los psicoanalistas podían trabajar en solitario en su despacho. La mayoría de ellos desarrolla su actividad profesional como psicoterapeutas psicoanalíticos en el ámbito público de salud. Allí se encuentran con la presión que ejercen las autoridades para disponer de estudios sobre la efectividad y la eficacia de los tratamientos. La tensión entre el coste y el beneficio es primordial para la administración pública y para el gestor de la institución. Y ello tiene, a menudo, un difícil encaje con la curiosidad intelectual propia del investigador.

Una de las dificultades para la investigación es el conflicto que vive el propio centro de salud tensado por cuatro agentes con cuatro motivaciones distintas. Las nombramos a continuación: 1) el motor del investigador es la curiosidad intelectual y esta es de difícil encaje con; 2) la motivación del gerente, que quiere reducir costes y aumentar beneficios; 3) la del terapeuta, que busca el cambio del niño y de su familia; y 4) la de estos últimos que acuden en busca de ayuda para disminuir su sufrimiento y aumentar su calidad de vida. Frente a este panorama es fácil pensar que, a menudo, la investigación haya quedado expulsada del sistema o relegada a la generosidad de voluntarios, estudiantes y profesionales con mentes inquietas.

En las últimas décadas, en nuestro entorno, la mayoría de las instituciones que atienden niños, adolescentes y familias han potenciado más la docencia que la investigación. Sin embargo, en los últimos años se ha apostado por remunerar algunas horas para que algún miembro del equipo impulse la investigación en la institución. Gerentes y profesionales de la salud ven la necesidad de objetivar el valor de las intervenciones que llevan a cabo, de adaptar instrumentos y de realizar prevención. Les son de gran ayuda los estudiantes que realizan su tesis doctoral, trabajos de final de máster o de grado.

En este capítulo se intentan ofrecer pistas que ayuden a imaginar caminos para que estas cuatro voces, con ritmos y tesituras diversas, puedan convivir en armonía, como en un coro, en el que un grupo de personas canta melodías distintas que, a su vez, forman parte de una misma pieza musical.

A continuación se exponen los principales hitos y evoluciones que a lo largo de 25 años ha realizado el Centro Anna Freud de Londres (Anna Freud National Centre for Children and Families, AFNC). Se presentan dibujando un itinerario histórico con la finalidad de ayudar, al lector interesado, a leer el presente de su institución a la luz de la evolución que ha realizado el Centro Anna Freud para investigar intervenciones psicoanalíticas. A lo largo de los años se vislumbra su empeño por superar dificultades y prejuicios y plantearse retos hasta llegar a realizar publicaciones de altísimo nivel científico. Paralelamente, en el capítulo se incluyen algunos estudios e iniciativas relevantes realizadas en nuestro entorno.

Los psicoanalistas sabemos que los orígenes son importantes. En el AFNC, desde su fundación, tras la Segunda Guerra Mundial (con el nombre Hampstead Child Therapy Course and Clinic), empezaron una tradición de documentación rutinaria. La recogida sistemática de los datos les permitió realizar estudios retrospectivos. Sin embargo, hacia el año 2000 el impulso de Fonagy para integrar el psicoanálisis tradicional con el desarrollo de la teoría del apego y el estudio empírico de la mentalización fue decisivo para la conversión del AFNC en un centro pionero y de referencia. Recientemente, Target (Target, 2018) ha publicado un artículo en el que expone la trayectoria del grupo de investigación del AFNC, dirigido por el profesor Fonagy y ella misma, sobre la eficacia y la efectividad de la psicoterapia psicoanalítica para niños y jóvenes. Es interesante ver cómo nombra los obstáculos con los que se encontraron (muchos de ellos extrapolables a nuestro entorno) y qué estrategias usaron para afrontarlos. Los resumimos seguidamente.

1. Los obstáculos en la investigación

Se distinguen los obstáculos comunes en toda investigación de los específicos de la etapa infantil y de los propios de la orientación psicoanalítica (Target, 2018):

- Las dificultades comunes a toda investigación: obtener financiación, un número suficiente de participantes, un buen diseño y la aprobación del comité de ética.
- Las dificultades inherentes a la etapa infanto-juvenil son que el niño esté en constante desarrollo y la contribución, a favor o en contra de su desarrollo, de los contextos familiares y educativos. Otra especificidad es la obtención de un doble consentimiento informado: de los niños y de los padres.
- Entre las dificultades propias de la psicoterapia psicoanalítica se apuntan:
    - Aspectos de naturaleza técnica: es una intervención relativamente larga e intensiva, que ha sido clásicamente abierta y no estructurada.
    - Que la supervisión se base más en las notas de los terapeutas que en las grabaciones.
    - Que el objetivo de la terapia sea modificar los procesos inconscientes como las defensas contra la ansiedad y las representaciones inconscientes, especialmente las relaciones de objeto internas en lugar de reducir los síntomas.
    - También añade las dificultades de los profesionales. En el AFNC se encontraron con actitudes de indiferencia y de no cooperación con la investigación empírica que fueron cambiando con el tiempo. A continuación exponemos las razones y creencias de sus compañeros:
        - > los procesos y cambios inconscientes no pueden medirse con instrumentos estandarizados;

> los síntomas o medidas diagnósticas habituales no serían sensibles al nivel en el que se produciría el cambio;
> la PPA se fundamenta en conceptos y principios que no producen una técnica estándar y no pueden ser manualizados, y en consecuencia evaluados como adecuados o inadecuados por cualquier medida de proceso;
> se cree que el material de las sesiones es demasiado confidencial y delicado para permitir grabarlo (a veces puede existir la ansiedad de que esto pueda avergonzar al terapeuta); y
> también se cree que el tratamiento puede verse afectado negativamente por intrusiones externas como cuestionarios de resultados o entrevistas.

2. Superando obstáculos y estableciendo retos

A pesar de las dificultades, al encontrarse con un registro detallado y fiable de las historias clínicas en el AFNC decidieron empezar una investigación retrospectiva y establecer seis prioridades de futuro (Target, 2018). El reto era llegar a ser reconocidos por la comunidad científica como un centro que une teoría y práctica y evalúa e investiga la eficacia de los tratamientos psicoanalíticos.

Primer reto: ganar confianza dentro de la profesión clínica

Se propusieron dos acciones:

1. Formarse en los dilemas éticos de la investigación clínica.
2. Empezar con una metodología poco invasiva: un estudio retrospectivo y otro de seguimiento.

a) Para el estudio retrospectivo revisaron 800 historias clínicas de los últimos 40 años (763 de los cuales cumplieron el criterio de inclusión de suficiente documentación) con el objetivo de identificar predictores de resultados. Crearon un sistema de codificación manual, la Medida de adaptación infantil de Hampstead (HCAM: Target, Fonagy, Schneider, Ensink y Janes, 2000); también usaron la escala de evaluación global de niños (CGAS: Shaffer *et al.*, 1983).

Obtuvieron resultados interesantes en relación con el número de sesiones y de edades en las que se consigue mayor provecho de la psicoterapia (Fonagy y Target, 1994, 1996; Target y Fonagy, 1994a, 1994b):

> Los niños más pequeños se beneficiaron más (en adaptación y sintomatología) del tratamiento.

> Los niños con trastorno de ansiedad son los que más mejoraron, inclusive si presentaban comorbilidad con trastornos disruptivos o primarios.

> La duración y la intensidad del tratamiento predecían independientemente un mejor resultado.

> La terapia intensiva (4-5 sesiones por semana) mostró mejores resultados en niños con sintomatología compleja que no habían mostrado mejoría significativa con intervenciones de 1-2 veces a la semana. Los niños con psicopatología menos compleja se beneficiaban de tratamientos de sesiones de menos frecuencia (en adaptación y sintomatología; los cambios de mundo interno no se evaluaron hasta años después). El beneficio del tratamiento era mayor si a mayor número de sesiones los niños eran menores de 6 años en comparación con los niños o adolescentes en edad escolar. Las intervenciones con niños con TEA mostraron poca evolución con la técnica clásica y mayor evolución con la técnica de ayuda al desarrollo en relación con el funcionamiento adaptativo.

En nuestro entorno, el equipo de la Fundació Sant Pere Claver realizó un estudio similar obteniendo algunos resultados parecidos. De un total de 49 casos de psicoterapia psicoanalítica, las que obtuvieron mejores resultados fueron las que se realizaron con pacientes de menor edad y en pacientes con trastorno de ansiedad; también fueron mejor valoradas las intervenciones de más de 50 sesiones. Aunque los resultados no eran estadísticamente significativos, mostraban unas tendencias (Montserrat *et al.*, 2009). En un estudio posterior, el mismo equipo revisó 287 casos de la misma unidad y obtuvo una relación estadísticamente significativa entre el beneficio del tratamiento y tener menos de 10 años y completar el tratamiento de 50 sesiones (que equivale a una frecuencia semanal durante un año). Esta vez solo apareció como tendencia que las patologías con predominio de angustia obtenían mejores valoraciones al terminar la intervención. También estudiaron la motivación del paciente y de la familia, así como la dinámica familiar (creando un instrumento *ad hoc* que denominaron AFRI). Encontraron que las dinámicas familiares alteradas correlacionaban con un mal resultado y ello los llevó a indicar el trabajo paralelo con los progenitores de manera firme. También hallaron una relación positiva entre beneficiarse del tratamiento y haberlo iniciado con una mayor motivación de la familia y del paciente (Montserrat *et al.*, 2015).

Segundo reto: estudio de seguimiento. El apego seguro, la resiliencia y la capacidad de mentalizar (Schachter y Target, 2009; Target y Fonagy, 2003 en Target, 2018)

Animados por los buenos resultados que el estudio retrospectivo había mostrado en los tratamientos a largo plazo, el objetivo siguiente del centro Anna Freud fue mostrar si los beneficios obtenidos en la infancia se mantenían a largo plazo con un estudio de seguimiento. El grupo de investigación ya había estado trabajando con la idea de que a través del apego seguro se obtenía mayor resiliencia y capacidad de mentalizar (Fonagy, Steele, Steele, Higgitt, y Target, 1994; Fonagy y Target, 1997, 1998 en Target, 2018). El estudio de seguimiento se propuso mostrar si haber recibido psicoterapia se asociaba con una mayor resistencia al estrés y mejores resultados en términos de relaciones y bienestar emocional en la adultez. De los participantes del estudio retrospectivo crearon cuatro grupos: 1) los tratados en el AFNC en la infancia que se beneficiaron de la psicoterapia; 2) el hermano que no recibió psicoterapia más próximo al niño del primer grupo; 3) pacientes remitidos en el AFNC pero que no llegaron a recibir tratamiento; y 4) pacientes tratados pero que no se beneficiaron del tratamiento.

Se contactó con los adultos y se obtuvieron datos a partir de una entrevista en profundidad y autoinformes de psicopatología (SCL-90), salud física, cociente intelectual, personalidad, etc. La entrevista de apego en adultos (AAI) obtuvo medidas psicodinámicas de apego y representaciones internas. A pesar de que los grupos de participantes fueron muy desiguales y los resultados mostraron más tendencias que relaciones estadísticamente significativas, consideramos de interés para el lector nombrar algunos de ellos (Schachter y Target, 2009, en Target, 2018):

- Los adultos que habían sido tratados de niños tenían más estrategias de afrontamiento que los que no habían recibido tratamiento.
- Estos últimos tenían unas puntuaciones similares a los que habían hecho tratamiento sin mejoras relevantes.
- Los que se habían beneficiado de la psicoterapia tenían resultados tan buenos como los hermanos vistos como «no psicóticos» en la infancia. En relación al apego, la clasificación de «apego seguro» era mayoritaria entre los tratados con buenos resultados y sus hermanos. Los que no fueron tratados con éxito presentaban un «apego preocupado». Una diferencia interesante que se vio en las entrevistas es que los que habían sido tratados recordaban las circunstancias adversas de su in-

fancia e incluso posteriores (como la separación de los padres en la adolescencia, hospitalizaciones, etc.) mientras que sus hermanos hacían un relato de «infancia feliz» muy idealizado y no recordaban las situaciones adversas. En relación con la construcción del recuerdo y el olvido, recogemos que Target (2018) subraya lo sorprendente que fue cuando dieron las entrevistas a unos codificadores ciegos y estos no consiguieron identificar a los que eran hermanos, ya que no encontraban indicios de infancia compartida. Ello los llevó a pensar que la capacidad de mentalizar, es decir, de dar sentido y tener un espacio mental para las dificultades de la vida y no tener que eliminarlas era un recurso que tenían los adultos que habían sido tratados en la infancia y no sus hermanos.

Reflexionando sobre estos estudios, Target (2018) refiere tres ideas a modo de conclusión de esta primera etapa:

- El esfuerzo enorme que hicieron los ayudó a sentar las bases para escribir un manual y encontrar financiación para un ensayo controlado aleatorizado (ECA).[12]
- Desde el punto de vista metodológico, el estudio de seguimiento les mostró las limitaciones de trabajar solo con datos cuantitativos. En las entrevistas vieron cómo párrafos de gran riqueza quedaban reducidos a una macrocategoría.
- En los últimos 25 años ha cambiado la actitud de los psicoterapeutas infantiles del sector público (no del privado). Los beneficios de la investigación han reemplazado las resistencias y numerosos profesionales participan con confianza, interés y optimismo en investigaciones empíricas.

12 Un ECA es el método más estricto de evaluación del resultado terapéutico requerido por las guías basadas en la evidencia.

En la segunda etapa centraron su empeño en cuatro líneas: la medición de resultados de los tratamientos, la redacción de manuales que especificasen la técnica, la evaluación del proceso de la psicoterapia y el diseño de un ECA. Lo hicieron en colaboración con un equipo de investigación dirigido por Karin Ensink, actualmente profesora de la universidad de Laval (Quebec, Canadá).

Tercer reto: la medición de resultados

En el AFNC hay una arraigada tradición de uso, creación y validación de instrumentos de medida. Ello les facilita realizar investigaciones con metodología selectiva *test-retest*. Destacamos una realizada en colaboración con la Universidad de Laval. Los participantes fueron 80 niños de entre 6 y 11 años que fueron comparados con un grupo control. Los resultados mostraron diferencias significativas. Pensando en la posible replicación del estudio y en captar la perspectiva psicoanalítica de los terapeutas, combinaron los test estandarizados como el CBCL (de Achenbach y Edelbrock, 1981) o el K-SADS (de Chambers *et al.*, 1985) con adaptaciones que realizaron ellos mismos (Target, 2018).

Desde la orientación psicoanalítica también se trabaja con instrumentos psicométricos, conjuntamente con los proyectivos, la observación y la entrevista clínica. En el AFNC adaptaron los instrumentos siguientes (Target, 2018):

- Evaluación del desarrollo: Children's FACE. A Comprehensive Developmentally-tailored Rating System for Children and Adolescents (Barber, Target, Fonagy, Katsavdakis y Clifford, 2001), adaptación de la HCAM (Target *et al.*, 2000).
- Evaluación del mundo interno y las representaciones mentales: adaptación, ampliación y manualización de una versión de la batería MacArthur Story Stem (MSSB) (Oppenheim, Nir, Emde y Warren, 1997), desarrollada

por Jill Hodges y su equipo (Hodges, Steele, Hillman, Henderson y Kaniuk, 2003) para niños de entre 6 y 11 años.

- Vínculo entre padres e hijos: The Child Attachment Interview (Target, Fonagy y Shmueli, 2003), validada (Shmueli, Target, Fonagy y Datta, 2008).
- Atribución y comprensión emocional en niños de primaria: adaptación The Affect Task para niños de esta edad (Steele, Steele, y Croft, 2008) y de las Happé Strange Stories (Happé, 1994), una tarea de teoría de la mente, y las historias de Fischer Mean-and-Nice (Fischer, Bullock, Rotenberg y Raya, 1993), para observar la mentalización cognitiva y la comprensión moral.

En el grupo de investigación de pareja y familia (GRPF) de la Universidad Ramon Llull (URL) en los últimos años se han realizado algunas tesis doctorales sobre instrumentos estandarizados. Destacamos dos: la primera, en 2012, crea el LISMEN (listado de ítems en salud mental), un cuestionario para la detección de factores de riesgo en la infancia (Artigue, Tizón, Salamero, 2016). Los factores de riesgo son circunstancias adversas que pueden interferir la vinculación y el desarrollo emocional (Artigue y Tizón, 2014). Este instrumento determina precozmente el grado y el valor de los factores de riesgo que, agrupados, puedan actuar como indicadores de la posibilidad de sufrir un trastorno, con la finalidad de que pueda iniciarse un tratamiento preventivo. El autor se formó en el Instituto de Psicoanálisis de Barcelona, y desarrolló su investigación en el Instituto Catalán de la Salud.

La segunda tesis adapta y valida al catalán y al castellano la Parent Development Interview-Revised (PDI-R). La PDI-R es una entrevista semiestructurada con un gran valor clínico que mide la mentalización parental, es decir, la representación mental del progenitor sobre su propia historia de apego y sobre el vínculo con su hijo. Para ello se tiene en cuenta cómo experiencias relacionales recientes impactan sobre la imagen que el padre y la madre tienen de sí mismos como personas y como progenitores (Golanó, 2015; Golanó, Pérez y Salamero, 2018). Su autora se formó en el Anna Freud National Centre for Children and Families y sigue la investigación con muestra clínica durante la primera infancia.

Menos frecuentes son las tesis que utilizan instrumentos proyectivos. Destacamos la investigación, en 2009, del diseño preliminar y posterior validación del Registro de Evaluación de las Relaciones Triangulares (RERT) a través del test proyectivo Pata Negra o Patte Noire (PN) de Corman, a partir de una muestra de 100 participantes con edades comprendidas entre 5 y 18 años (Ballús, 2009; Ballús, Casas, Virgili y Pérez, 2015). Los resultados muestran que el RERT posee propiedades psicométricas adecuadas que lo convierten en una herramienta apropiada para evaluar las relaciones triangulares de un modo cuantitativo y complementario al análisis cualitativo del PN, lo que añade objetividad y fiabilidad al test. Recientemente, Ballús y el equipo del GRPF de la URL han desarrollado y validado el instrumento proyectivo Attachment Pictures Story (APS), en una muestra de 77 adolescentes escolarizados en centros de España (Ballús, Casas, Urrutia y Loizaga, 2019). El instrumento está formado por la selección de siete láminas del PN y busca evaluar las representaciones internas de apego en adolescentes. Los resultados obtenidos muestran que el análisis factorial exploratorio confirma las cinco categorías preestablecidas a partir de la teoría seguro, inseguro evitativo, inseguro temeroso, inseguro resistente y no resuelto. El APS parece ser un instrumento adecuado a nivel psicométrico para evaluar los patrones de apego en la adolescencia de un modo cuantitativo y cualitativo.

Cabe señalar que en los últimos años están aumentando los estudios con técnicas proyectivas que incorporan medidas cuantitativas con propiedades psicométricas a las pruebas de evaluación diagnóstica (Ballús y Pérez, 2017; Bustamente y Ballús, 2017; Ochoa, 2014; Maganto y Garaigordobil, 2009).

En Cataluña ha crecido la necesidad de obtener medidas para evaluar tratamientos, como se explica en los capítulos 5 y 6 de este libro. En abril de 2018 se fundó la asociación para la medida sistemática de resultados (ARSISAM, por sus siglas en catalán). En los estatutos la ARSISAM se define como «una entidad sin ánimo de lucro que tiene como objetivo el estudio, puesta en marcha y seguimiento de las medidas de evaluación de resultados que se consideran útiles para una mejor calidad de la asistencia pública en salud mental en Cataluña». Para conseguir este objetivo «la asociación usará aquellos instrumentos suficientemente validados por la comunidad científica que resulten adecuados en nuestro medio y a la vez faciliten la autoevaluación de los propios equipos asistenciales». En la actualidad agrupa distintos centros clínicos de orientación psicoanalítica, muchos de ellos del ámbito infanto-juvenil de la red pública (CSMIJ, CDIAP y otros centros especializados, como Carrilet en la evaluación y tratamiento de los trastornos del espectro autista). Durante el curso 2018-2019 han trabajado en una plataforma informática conjunta y en la realización de una prueba piloto. ARSISAM es miembro asociado del Child Outcomes Research Consortium (CORC) del AFNC, del que reciben soporte metodológico y técnico. Empezarán la implementación de este sistema administrando el Cuestionario de cualidades y dificultades (SDQ, por su nombre en inglés) y las escalas HONOSCA (Health of the Nation Outcome Scales for Children and Adolescents) y HONOSCI, recientemente validada para edades más tempranas.

Ambos test, conjuntamente con medidas amplias de calidad de vida que ayudan a sistematizar la subjetividad del niño, ya fueron sugeridos por Fonagy con el objetivo de ir más allá de la mejoría sintomática e intentar capturar el cambio estructural (Fonagy, 2003). El mismo autor refiere que el SDQ o escalas de funcionamiento global validadas son muy útiles para monitorizar los resultados a pesar de que generalmente sean considerados por los clínicos de escasa utilidad (Fonagy, Matthews y Pilling, 2004, citado en Fonagy *et al.*, 2016).

En la actualidad, el reto de medir de manera rutinaria el cambio clínico individual se afronta combinando instrumentos estandarizados con medidas idiográficas relacionadas con los objetivos individuales de los pacientes (Wolpert *et al.*, 2012), a las que últimamente se añaden, recomendadas por los sistemas de salud a nivel internacional, medidas subjetivas de resultados (PROM) (Fullerton *et al.*, 2018).

Cuarto reto: manualizar los tratamientos

En el AFNC, para llevar a cabo estudios de eficacia, vieron que era necesario escribir manuales de psicoterapia en los que se especificase y se describiese con mucha claridad la técnica del psicoterapeuta. Empezaron con las terapias basadas en la mentalización para adultos y posteriormente desarrollaron para adolescentes el proyecto AMBIT (Adaptive Mentalization-Based Integrative Treatment; véase el capítulo 10). En 2016 vio la luz un manual para tratar la depresión en adolescentes con psicoterapia psicoanalítica breve y un año después se publicó un libro que describe la terapia basada en la mentalización para niños (MBT-C). Este último ha sido traducido al castellano en 2019. Se presenta como una guía clínica de soporte al tratamiento, sin estudios de evidencia clínica. A continuación nos referimos brevemente a ambos libros e introducimos una experiencia manualizada más próxima, la psicoterapia basada en la parentalidad (PCP).

El programa MBT-C es focal y de tiempo limitado; se dirige a niños de entre 5 y 12 años con problemas emocionales y de comportamiento, como ansiedad, depresión y dificultades relacionales. El objetivo de la terapia es favorecer la mentalización y la resiliencia, desarrollando la capacidad de regulación emocional en los niños y ofreciendo estrategias a los progenitores para que atiendan mejor las necesidades emocionales de sus hijos. La técnica del terapeuta integra las aportaciones de la teoría del apego y de los estudios empíricos de la mentalización con los principios del psicoanálisis tradicional y de otros enfoques basados en la evidencia. El terapeuta ofrece al niño una estructura y un marco de trabajo estable, transparente y predecible que le generan seguridad y posibilidad de explorar. La intervención oscila entre 9 y 12 sesiones, a las que se añaden 3-4 sesiones previas de evaluación. En las sesiones previas se evalúa la capacidad de mentalización del niño y de la familia (con el PDI). Si se concluye que se pueden beneficiar del tratamiento, la familia, conjuntamente con los terapeutas, hace una declaración de prioridades. Habitualmente intervienen dos terapeutas; uno trabaja con el niño y el otro con los padres de manera paralela, coincidiendo en días y horas. La intervención tiene una fase inicial (sesiones 1-3), una intermedia (sesiones 4-8) y una final (sesiones 9-12). En la sesión 8 se realiza un encuentro conjunto entre los dos terapeutas y los progenitores en el que se valora el progreso del tratamiento y se encuadra el final. Posteriormente, entre 3 y 12 meses después de la despedida, se realiza una sesión de verificación o consolidación (Midgley, Ensink, Lindqvist, Malberg y Muller, 2017).

El manual para tratar la depresión en adolescentes es fruto del esfuerzo de unir la tradición kleiniana de la clínica Tavistock con la del AFNC sobre psicoterapia psicoanalítica a corto plazo (STPP). El abordaje se fundamenta en las nociones de conflicto, defensas y relaciones de objeto. Se plantea un tratamiento para la depresión moderada o severa, de 28 sesiones (que incluyen las 3 primeras de evaluación), más otras 7 con los progenitores (Cregeen, Hughes, Midgley, Rhode y Rustin, 2016). Es un abordaje diseñado para realizarse en un sistema público de salud mental, que, por ahora, se ha aplicado en algunos CAMHS de Inglaterra. Este manual ha permitido una investigación de gran envergadura, la realización de un ECA sobre el tratamiento de la depresión en adolescentes en Reino Unido y el proyecto Improoving Mood with Psychoanalytic and Cognitive Therapies (IMPACT, por sus siglas en inglés) al que nos referiremos próximamente.

La preocupación por la salud mental perinatal y su posterior repercusión en el desarrollo de los hijos centra la actividad investigadora del centro Bruc Salut en Barcelona. Replicando la experiencia de la Escuela de Ginebra-Hospitales Universitarios de Ginebra se está realizando una intervención en psicoterapia manualizada centrada en la parentalidad (PCP) (Nanzer, 2015) en una población con graves dificultades sociodemográficas. A lo largo de dos años se han recogido indicadores de riesgo, de depresión y ansiedad y datos sociodemográficos de 190 embarazadas que consultaron en el Centro de Atención Primaria Roquetes-Canteras (Barcelona). La detección de sintomatología depresivo-ansiosa en las mujeres ha facilitado la realización de un trabajo preventivo, la PCP, de seis sesiones —tres antes del parto y otras tres después del nacimiento— y hasta los 8 meses del bebé. Los niveles de depresión y de ansiedad de las madres con riesgo que realizan la intervención PCP disminuyen significativamente, corroborando los resultados de la escuela de Ginebra. En la actualidad se está realizando un seguimiento de esta cohorte, evaluando el desarrollo con el test Ages and Stages Questionnaire (ASQ) de los niños de 2 años de edad. Los primeros resultados (N=60) indican que los niños cuyas madres presentaban riesgo de depresión y ansiedad en el embarazo y realizaron el tratamiento tenían niveles más elevados de comunicación y de resolución de problemas en comparación con los niños cuyas madres no formaban parte del grupo de intervención PCP. A nivel de la relación entre madres e hijos, la evaluación con la escala Parent-Infant Relationship Global Assessment Scale (PIR-GAS) por un examinador ajeno a la intervención denota también mejores niveles de relación madres-hijos entre el grupo de intervención PCP. Esta investigación, liderada por las psicoanalistas Llairó y Gomá, cuenta con el apoyo del GRPF de la URL.

Quinto reto: estudios de proceso para saber en qué medida se estaba aplicando la técnica descrita en el manual

Tan importante es tener manualizado un tratamiento como poder mostrar que se aplica la técnica descrita en el libro y que, además, resulta beneficiosa. Estudiar la aplicación de la técnica se lleva a cabo con estudios de proceso.

Los estudios de proceso a menudo requieren de metodologías más flexibles como los *mixed methods.* En 1997, en el AFNC, realizaron un estudio observacional en el que registraron las sesiones de terapia en vídeo y diseñaron una escala *ad hoc* para cuantificar de manera detallada la psicoterapia psicoanalítica con niños (Fonagy y Target, 1997b). Target (2018) refiere que esta metodología los ayudó a identificar qué tipo de tratamiento era más beneficioso para cada caso. En el capítulo 12 se presentan ejemplos de estudios observacionales de tratamientos psicoanalíticos realizados en Barcelona (concretamente en un CSMIJ de la Fundación Eulàlia Torras de Beà y en el Centro Educativo y Terapéutico Carrilet).

En el AFNC, en los últimos años, han desarrollado escalas que obtienen medidas sobre el nivel de aplicación de la técnica por parte del terapeuta. Una de ellas, la escala Comparative Psychotherapy Process Scale (CPPS) (Hilsenroth, Blagys, Ackerman, Bonge y Blais, 2005), evalúa el grado en que un terapeuta usa técnicas propias de su orientación durante una sesión de psicoterapia y distingue entre psicodinámica breve (STPP), interpersonal y/o cognitivo-conductual (CBT). En el estudio IMPACT, aplicando la escala CPPS, encontraron una fidelidad muy alta: del 80 % en STPP y del 74 % en CBT. En un análisis más profundo identificaron que el 20 % restante se podía atribuir a la flexibilidad necesaria en el trabajo con adolescentes, ya que los terapeutas psicoanalíticos se centraron en el aquí-y-ahora de la sesión y ni preguntaron por el pasado ni los CBT pidieron tareas para casa (Midgley *et al.*, 2018).

Recientemente han validado el instrumento Adolescent Psychotherapy Q-set (APQ). En la investigación encontraron que el APQ no solo describía el proceso del tratamiento individual de los adolescentes, sino que también identificaba diferencias y similitudes entre el enfoque terapéutico STPP y el CBT (Calderon, Schneider, Target y Midgley, 2017). Ambas escalas podrían adaptarse a nuestro entorno y ser de gran utilidad para estudios de proceso centrados en la técnica de los terapeutas y para identificar factores comunes y específicos entre profesionales de orientaciones distintas.

Sexto reto: investigar con un diseño de ensayo clínico aleatorizado (ECA)

Un diseño de ensayo clínico aleatorizado permite objetivar el impacto de la intervención psicoterapéutica y evidenciar los beneficios del tratamiento.

El empeño del AFNC para objetivar el valor de la psicoterapia psicoanalítica de niños, adolescentes y familias los llevó a diseñar un protocolo para un ECA en el período 1997-2000. Lo hicieron en colaboración con un equipo de investigadores dirigido por la doctora Ensink, y se propusieron comparar tres grupos: uno tratado con psicoterapia psicoanalítica infantil, otro con terapia cognitivo-conductual y un grupo control que consistiría en un seguimiento con la familia a corto plazo. No lo pudieron realizar porque los posibles financiadores no se mostraron interesados en ello. El problema no era el rigor del diseño, como en ocasiones anteriores, sino la relación coste-efectividad de los tratamientos largos (Target, 2018). La autora reflexiona cómo esta nueva frustración los llevó a concluir que el interés de los financiadores en la actualidad se centra en los tratamientos cortos. Por esta razón, en el AFNC se han centrado en (Target, 2018):

- Desarrollar tratamientos focalizados y a corto plazo;
- La teoría del desarrollo y la clínica de la mentalización;
- Investigar para mostrar la evidencia de los tratamientos y crecer en credibilidad.

El objetivo actual del centro es mostrar que el tratamiento psicoanalítico es una alternativa a la terapia cognitivo conductual y a los medicamentos. Para ello, en los últimos años, han puesto su empeño en:

- Ocupar cargos directivos en el sistema nacional de salud pública de Reino Unido. En esta línea, destaca el nombramiento de Peter Fonagy como presidente del NICE sobre la depresión en los jóvenes (NICE, 2005, 2015).
- Desarrollar nuevos modelos de tratamiento eficaces, breves y coherentes con la teoría psicoanalítica, los que conocemos como tratamientos basados en la mentalización (MBT).
- Realizar, de manera sistemática, estudios científicos en los que se compara qué resultados se obtienen en los distintos abordajes: *What Works for Whom?*

Hace más de 20 años, bajo el mismo título —*What Works for Whom?*— redactaron un capítulo sobre prevalencia de los trastornos, tratamientos, metaanálisis de resultados y evidencia de terapias dirigidas a la infancia y a la adolescencia (Target y Fonagy, 1996). Diez años después publicaban un libro en el que dedicaban un capítulo a cada trastorno y a su abordaje desde distintas orientaciones, subrayando la necesidad urgente de hacer investigación empírica sobre ello (Fonagy, Target, Cottrell, Phillips y Kurtz, 2002). Recientemente, y siguiendo con el mismo título, han publicado una segunda edición de la revisión sobre tratamientos de niños y adolescentes. Han incorporado nuevos trastornos: los de la conducta en adolescentes, el consumo de sustancias, el maltrato infantil y los cambios del DSM-5. Con un lenguaje muy llano y en relación a la efectividad de los tratamientos, al final del libro resumen «lo que se sabe» y «lo que no se sabe o no estamos seguros de ello» de todos los abordajes publicados en revistas científicas. La psicoterapia psicodinámica (PPA) en niños y adolescentes aparece en los trastornos de la ansiedad, depresión y de conducta. De «lo que se sabe» dicen que cuando la PPA se ofrece conjuntamente a los progenitores y al niño con ansiedad en lugar de individualmente, esta puede ser efectiva, especialmente cuando se trata de maltrato o trauma familiar. La PPA individual puede ser útil para niños más pequeños con un trastorno de ansiedad como diagnóstico preliminar o comórbido. Lo «que no se sabe o no estamos seguros de ello» es si la PPA es efectiva para niños y adolescentes con trastorno de ansiedad. En cuanto a la depresión, escriben que la PPA puede ser mejor que no tratar a los jóvenes, pero que se necesita más investigación, y añaden que han encontrado que no es efectiva en niños con problemas conductuales (Fonagy, Cottrell, Phillips, Bevington, Glaser y Allison, 2016).

Las revisiones sistemáticas y los metaanálisis también señalan que crece el número de investigaciones de evidencia de la PPA con niños y adolescentes, pero que se necesita investigación de alta calidad para comprender mejor la efectividad de los tratamientos en trastornos y edades específicas. Una revisión de

2011 identificó 35 estudios (Midgley y Kennedy, 2011); un metaanálisis de 2013 analizó 665 pacientes de 11 estudios que incluían pacientes con depresión, ansiedad, anorexia y trastorno de la personalidad límite (Abbas *et al.*, 2013); y una revisión reciente publicada en 2017 suma 58 estudios (Midgley *et al.*, 2017). Estas revisiones sugieren que la PPA podría ser efectiva para tratar niños y adolescentes.

A continuación, destacamos los proyectos IMPACT e IMPACT-ME como dos investigaciones de alta calidad relevantes para avanzar en la credibilidad de los tratamientos psicoanalíticos.

El proyecto IMPACT es un ensayo controlado aleatorizado sobre tratamientos para la depresión en los adolescentes. El planteamiento del ensayo clínico fue impulsado en 2005 por la guía NICE, bajo la batuta de Fonagy, con el objetivo de identificar tratamientos psicológicos que tuvieran beneficios a largo plazo y redujesen las recaídas depresivas de los adolescentes. Se creó el proyecto IMPACT implicando a diversos actores: 15 centros de salud mental de la red pública de tres regiones con población distinta de Inglaterra, cinco universidades de Reino Unido (University of Cambridge, Reading University, King's College London, Manchester University, University College London) y los centros clínicos AFNC y Tavistock. Los participantes, 470 adolescentes con depresión entre moderada y grave, de entre 11 y 17 años de edad, fueron asignados aleatoriamente a tres tipos de intervención diferente. Los resultados han mostrado que no hay evidencia de superioridad entre recibir terapia cognitivo-conductual o terapia breve psicoanalítica en comparación con la intervención psicosocial breve, tanto en la evaluación al final del tratamiento como en el seguimiento al año después de finalizar la terapia (los jóvenes tenían, de promedio, una reducción del 50 % en los síntomas y el 77 % estaba en remisión). Las tres intervenciones tenían el mismo coste económico (Goodyer *et al.*, 2016 y 2017). Este resultado representa un gran beneficio en credibilidad científica para el abordaje psicoanalítico.

A partir del proyecto IMPACT se está desarrollando el proyecto IMPACT-ME *(My experience)* liderado por Midgley con la intención de completar los datos cuantitativos del ECA con datos cualitativos, relacionados con las vivencias de los adolescentes, expresadas en entrevistas semiestructuradas que se registran en audio (Midgley *et al.*, 2014). Incorporar la voz de los participantes y familiares expresando su experiencia, sus esperanzas y temores ante el tratamiento, el diagnóstico de depresión, etc., enriquece indudablemente los resultados del estudio. Hemos encontrado artículos muy interesantes con metodología cualitativa sobre la experiencia de la depresión (Midgley *et al.*, 2015), la experiencia de participar en un ECA (Midgley *et al.*, 2016), las creencias de las causas de la depresión (Midgley *et al.*, 2017) y, también, en como los padres manejan la crisis de la depresión de su hijo adolescente (Stapley, *et al.*, 2017).

Estos dos proyectos muestran cómo un diseño ECA se puede complementar con estudios de metodología cualitativa y *mixed methods.*

En este capítulo nos hemos servido de la experiencia del Centro Anna Freud para hablar de los escollos y la superación de los obstáculos en investigación con la intención de ofrecer ideas que puedan estimular lecturas e iniciativas en nuestro entorno. Sin embargo, la influencia del AFNC ya hace tiempo que está presente entre los profesionales de instituciones próximas. Son ejemplo de ello la creación del ARSISAM, citada anteriormente, y el incremento de ofertas de espacios de formación y supervisión con miembros acreditados del AFNC en instituciones como EDAI u otras del ámbito infanto-juvenil. En ocasiones, la formación ha ido de la mano de la implantación de recursos terapéuticos como el Kidstime o el Equipo Clínico de Intervención a domicilio (ECID). El Grupo Kidstime Barcelona es una organización formada por cuatro instituciones: Fundació Orienta, Parc Sanitari Sant Joan de Déu, Benito Menni CASM y el Hospital Sant Joan de Déu, que tiene como objetivo prevenir el trastorno mental en niños y jóvenes vulnerables. Basándose en el modelo AMBIT del AFNC, el ECID es una nueva manera de atender, desde la red pública, a adolescentes en riesgo psicopatológico y social, es decir, absentistas del instituto y del centro de salud mental infanto-juvenil. Actualmente la Fundació Vidal i Barraquer implementa estos servicios en Badalona y Santa Coloma de Gramanet.

Estos nuevos formatos ofrecen ayuda adaptándose a las vulnerabilidades de los usuarios, familias y entorno. Casi siempre actúan fuera del despacho convencional del terapeuta —con frecuencia lo hacen en el domicilio—. Se prioriza que el adolescente establezca un vínculo de confianza con un profesional, independientemente de su rol. Se plantean desde un modelo basado en la mentalización e incorporan una recogida sistemática de datos (Routine Outcome Measurement in Mental Health, avalado por el AFNC) que facilita la posterior evaluación del recurso.

Cuando se habla de investigación se suele pensar en proyectos y en futuro. En este capítulo se han mostrado experiencias, retos y desafíos con los que nos podemos identificar y que pueden inspirar nuestro trabajo como terapeutas e investigadores. Ganar confianza dentro de la profesión, realizar estudios retrospectivos y de seguimiento, medir los resultados, manualizar los tratamientos, estudiar el detalle de la aplicación de la técnica en estudios de proceso, llegar a realizar un ECA que sitúe la PPA como un abordaje tan válido como otros y mostrar que la PPA tiene afectos a largo plazo, lo que nosotros nombramos «cambio estructural», que va más allá de la mejora sintomática, y que es, a mi entender, la fortaleza de la orientación psicoanalítica, son objetivos a perseguir en los actuales centros de salud mental que atienden a niños, adolescentes y familias.

8. Psicoterapia psicoanalítica de pareja y familia. Una revisión

JOSEP MERCADAL y CARLES PÉREZ TESTOR

La investigación científica sobre terapia de pareja y terapia familiar siempre han ido de la mano. Aunque la investigación empírica en tratamientos de pareja va tomando importancia en las revistas especializadas, es poca la bibliografía científica disponible al respecto, más aún si hablamos de la terapia psicoanalítica de pareja. Es relativamente fácil encontrar bibliografía que hable de la eficacia de la terapia familiar, pero resulta más costoso encontrar artículos que hablen de ellas por separado.

1. Breve historia de la terapia de pareja y familia

Durante parte del siglo XX, una mayoría de psiquiatras y psicólogos evitaban mantener relación con la familia del paciente. Desde los años 1970-1980 hemos aprendido que no podemos permitirnos el lujo de prescindir de la familia. Tanto desde los paradigmas sistémicos como de los cognitivos, y de aquellos que desarrollaron aplicaciones del psicoanálisis en el ámbito de la pareja y de la familia, todos coincidimos en la importancia de integrar a la familia en el diagnóstico y tratamiento de los pacientes graves.

Históricamente, esta ha desempeñado un papel diferente dependiendo de cómo ha sido percibida en la génesis y tratamiento de los trastornos mentales severos (Ribé, Pérez y Valero, 2011). En una primera fase, que denominamos *era manicomial,* se ingresaba al paciente de por vida y la familia estaba completamente desvinculada. En una segunda fase predominaba el recelo por parte de los profesionales de atender a la familia, dada la percepción de que esta era la gran responsable de la patología. En cambio, ahora podríamos decir que estamos en una tercera fase. En efecto, la familia ha adquirido un papel fundamental para incluirla como agente terapéutico en el tratamiento multidisciplinar de los trastornos graves.

Con la desinstitucionalización se ha pasado de hospitalizaciones únicas y de por vida a múltiples hospitalizaciones parciales, cuando son requeridas. Por eso se necesita la participación de las familias en el tratamiento de las personas con trastorno mental grave (Pérez *et al.*, 2014).

De entre los primeros investigadores que comenzaron a tratar a la familia destacaría el colectivo de pioneros que empezó a desarrollar un modelo en la Clínica Tavistock: el Family Discussion Bureau, con Michael Balint, Enid Balint, Isabel Menzies Lyth, Kathleen Bannister, Lily Pincus, etc. Sin duda, sus aportaciones fueron claves para acercar el psicoanálisis a la familia.

Otro autor importante fue John Bowlby con su aportación *The study and reduction of group tensions in the family* (1949). A propósito del caso de Henry, de 13 años, con dificultades académicas y de conducta, con constantes enfrentamientos con su madre y con su hermana menor, de 8 años, paciente al que hoy, con el DSM-5, se diagnosticaría de «negativista desafiante», Bowlby muestra cómo el problema manifiesto que se presenta en la clínica en la persona de un niño no es el verdadero problema. Para Bowlby, el problema que por regla general debemos resolver es la tensión entre todos los miembros de la familia. Por lo tanto, la orientación terapéutica no se ha de centrar solo en el niño, sino en la estructura familiar de este. Bowlby trabajó durante dos años con Henry con una sesión semanal sin obtener resultados. Decidió entonces hacer una entrevista familiar; a partir de esa entrevista el tratamiento pudo obtener los resultados esperados. Desde ese momento, en la Clínica Tavistock se incorporaron las entrevistas familiares en la mayoría de tratamientos con niños y adolescentes.

Por su parte, Henry Richardson describió, en 1948, el papel que ejercía la asistencia familiar en la recuperación de los problemas de salud tanto físicos como mentales (Richardson, 1948). Su trabajo pionero, titulado «Los pacientes tienen familia» influyó a un grupo de psiquiatras de Palo Alto (California) en la década de 1950 y 1960 y constituyó el fundamento para la evaluación y diseño sistemático de las diferentes formas de intervención familiar.

Por contra, estos psiquiatras psicoanalistas postularon que la influencia de la familia no era el elemento clave de la recuperación de estos pacientes, sino un factor etiológico en las enfermedades mentales graves (Falloon, 2003). De ahí que, durante décadas, se considerase que el sistema familiar era la base de cualquier trastorno, conflicto o problema, a través de diferentes mecanismos sutiles y perversos de comunicación como la ocultación, el doble vínculo o la desviación de información. Sin embargo, estos profesionales pasaron largos períodos con las familias y los ayudaron a corregir estos patrones relacionales patológicos, muy probablemente inconscientes.

Falloon (2003) relata que en el National Institute of Health (NIH) de Bethesda se creó una unidad especial en la que residían familiares, parejas e, incluso, familias enteras durante períodos de tiempo que podían llegar hasta los dos años, donde realizaban reuniones regularmente para evaluar sus patrones de funcionamiento, de relación, comunicación, etc., en la resolución de problemas de su día a día. Pudieron observar cómo el simple hecho de hacer reuniones y facilitar un espacio para que las familias pudieran hablar de sus conflictos más cotidianos, para que expresaran sus preocupaciones e intentaran todos juntos encontrar respuestas o soluciones, inducía un efecto terapéutico considerable.

Paralelamente, un grupo de psicólogos y psiquiatras sociales británicos empezó un estudio sobre los resultados del paso de los enfermos mentales crónicos residentes en hospitales al contexto familiar. En este proyecto, dirigido por George Brown y John Wing, se observó que uno de los factores predictivos del buen resultado de estos cambios era el ambiente interpersonal existente en las casas en las que residían los enfermos. Del mismo modo, los peores resultados se observaron en los casos en los que los pacientes vivían en albergues, donde recibían poco apoyo y afecto. El dato curioso e impactante es que la segunda peor situación correspondía a las casas en las que los pacientes vivían con familiares próximos, lo que nos lleva a pensar que los factores familiares representan un parámetro clave para conseguir una recuperación estable en los pacientes con enfermedades mentales graves (Wing y Brown, 1970).

En esta misma línea, y casi 70 años después, Heatherington, Friedlander, Diamond, Escudero y Pinsof (2014), en un metaanálisis que recopilaba 25 años de terapia de pareja y de familia, afirman que este tipo de terapia es eficaz para una amplia variedad de problemas en comparación con los pacientes que están en lista de espera o en grupos control, además de ser más eficaz que los tratamientos individuales en ciertos tipos de pacientes. Estos autores observan que, en los 25 años analizados, se ha dado un considerable progreso en la terapia familiar, no solo en el desarrollo de tratamientos, sino en su eficacia y en la metodología para estudiarlos. Así, en el caso de la esquizofrenia, por ejemplo, el tratamiento farmacológico óptimo sigue siendo la clave para el abordaje clínico en trastornos psicóticos, al menos durante los períodos posteriores al episodio psicótico agudo (Falloon, 2003). Sin embargo, el mismo autor apunta que se han obtenido importantes efectos beneficiosos cuando la medicación se integra con la terapia familiar, reduciendo el impacto del estrés generado por el ambiente sobre los individuos con vulnerabilidad biológica, a la vez que facilitan el buen funcionamiento social.

2. Efectividad de la terapia de pareja y de familia

Si nos disponemos a hacer un repaso a la bibliografía de los últimos 15 años vemos que los estudios y trabajos publicados presentan una gran variedad de variables analizadas. Desde un enfoque más global cabe destacar que la terapia de pareja y de familia es eficaz tanto en tratamiento único como combinado, es decir, unida a otro tratamiento de tipo farmacológico, individual, social o educativo (Bischoff y Bessero, 2009).

Ahora bien, si nos adentramos puramente en la terapia psicoanalítica de pareja y familia apreciamos que en los últimos años ha pasado de ser una forma de tratamiento con relevancia marginal a un método efectivo ampliamente aceptado dentro de la comunidad psicoanalítica, aunque no se vea reflejado en la bibliografía científica (Günther, 2018). A pesar de que diversos autores han descrito la dificultad de integrar psicoterapia de pareja y familia e investigación (Winter, 2000 y Anderson, 2000) y de que tradicionalmente el psicoanálisis prestara poca atención a la evaluación de la efectividad de los tratamientos, nos parece necesario incorporar este tándem en nuestra práctica clínica. De esta manera, en la revisión sistemática de Wright, Sabourin, Mondor, McDuff y Mamodhoussen (2007) se hallaron 50 estudios, la mayoría de los cuales correspondía a terapias cognitivo-conductuales de pareja. La terapia de pareja centrada en las emociones (basada en el apego) y la terapia psicoanalítica también cuentan con cierto apoyo empírico (Snyder y Wills, 1989; Snyder, Wills y Grady, 1991; Pérez, Salamero, Castillo y Davins, 2009).

En cuanto a la bibliografía científica sobre la efectividad de la terapia de pareja, durante la década de 1990 numerosos estudios y revisiones (Pinsof y Wynne, 1995) han mostrado claras evidencias de su efectividad. No obstante, hay dos elementos que nos deben hacer replantear dichos resultados: en primer lugar, los estudios de seguimiento muestran un declive de los resultados con el tiempo y, en segundo, la dificultad en definir qué se va a considerar «éxito» en una terapia de pareja. La terapia de pareja centrada en las emociones (EFT) ha sido la más estudiada. La EFT se centra en expandir las respuestas emocionales restringidas de la pareja, modificar los ciclos interactivos y promover vínculos de apego seguro combinando técnicas experienciales-expresivas y estructurales sistémicas. La EFT ha probado ser efectiva en el tratamiento de parejas. En un metaanálisis hecho por Johnson en 1999 encontró un tamaño del efecto de 1,31. Otros estudios han encontrado que cerca del 70 % de las parejas había mejorado después de entre 8 y 12 sesiones, con poca evidencia de deterioro a los dos años de seguimiento. En estudios comparativos, la EFT fue más efectiva que las terapias centradas en la conducta (Johnson y Greenberg, 1985). Por su parte, la terapia de pareja cognitivo-conductual (BCT) combina el entrenamiento en herramientas de comunicación y de resolución de problemas con un contrato terapéutico. Los terapeutas de pareja conductuales han agregado elementos cognitivos a sus intervenciones donde enseñan alternativas atribucionales a conductas negativas y examinan las expectativas y modelos que cada miembro de la pareja tiene en una relación sana. Shadish *et al.* (1993), mostraron un tamaño del efecto de 0,95. Baucom *et al.*, en 1998 encontraron que el 42 % de las parejas que recibió un tratamiento combinado cognitivo-conductual experimentó una mejoría en la relación. Como dijimos anteriormente, hay numerosos trabajos que apoyan el efecto de las intervenciones en el cambio de las parejas; no obstante, hay voces más críticas con respecto a los resultados. Así, en el análisis de los trabajos hechos por Gottman se estima que la terapia de pareja es efectiva en alrededor de un 35 % de los casos y que esta recae al segundo año un 30-50 %. Si le preguntamos a las parejas si les sirvió la terapia de pareja cuando les damos el alta, aproximadamente el 80 % responderá que sí, pero los resultados efectivos y medibles son solo de un 35 %. Holtzworth y Meehan (2004) condujeron un estudio de seguimiento de dos años y dividieron a las parejas en dos grupos, el grupo que mantenía los cambios (mantenedores) y el que hacía recaídas. El 80 % de los mantenedores y el 100 % de los que recaían habían manifestado su satisfacción con el resultado de la terapia (lo cual indica lo poco confiable que son los estudios de *consumer reports*); solo el 6 % manifestó que la terapia no había sido útil. Es necesario conocer entonces cómo mejorar los rendimientos en terapia de pareja y una idea concreta es recurrir a las fuentes. Hay un material de información privilegiado que consiste en averiguar qué hacen las parejas que están felices y estables y qué hacen aquellas que se separan. Con este objetivo se han realizado varias investigaciones prospectivas que comenzaron en la década de 1980. Algunas llevan más de 25 años de seguimiento.

En estudios más recientes, como el de Byrne, Carr y Clark (2004), se han revisado 20 estudios de resultados del tratamiento, 13 de los cuales evaluaron la BCT y siete la EFT, lo que condujo a las siguientes conclusiones: la BCT promueve beneficios a corto y largo plazo para las parejas con conflictos que van de moderados a severos. A largo plazo, la BCT no ha demostrado tener potencia para producir los mismos resultados. Las terapias de pareja integradas y la EFT pueden ser más efectivas que la BCT, pero los estudios que respaldan esta conclusión requieren una replicación. La EFT conduce a beneficios a corto y largo plazo en las parejas con conflictos que van de leve a moderado. La adición de un componente de terapia cognitiva a EFT no mejora su eficacia. Por otro lado, Roesler (2015) afirma que si bien los estudios científicos han confirmado empíricamente la eficacia de los enfoques de la terapia de pareja (conductual, sistémico y psicodinámico), su análisis más detallado de la eficacia clínica revela que esto es extremadamente limitado. Solo el 40 % de las parejas logra una mejora notable de su situación, y a largo plazo hay tasas de recaída del 30 al 60 %. De esta manera, para este autor lo importante no es trabajar en conflictos o estilos de comunicación, sino la restauración de un vínculo emocional resiliente entre los miembros de la pareja que haga que la regulación mutua de las emociones sea una propuesta viable. Los nuevos métodos de terapia de pareja, especialmente la terapia centrada en las emociones (EPT), han integrado estos hallazgos de investigación en su desarrollo conceptual desde el principio y logran tasas de eficacia de más del 80 %. En Estados Unidos, la EFT es uno de los enfoques más utilizados para la terapia de pareja, mientras que en Alemania es casi desconocido.

En cuanto a la terapia de familia, desde 1980 se han publicado 50 ensayos clínicos controlados con una buena metodología de investigación. En 18 de estos estudios se comparó qué efecto tenía añadir una intervención familiar de control del estrés al tratamiento individual farmacológico: en 14 de esos estudios se observó un efecto beneficioso, en dos las ventajas fueron importantes y en otros dos no se observaron diferencias.

Por otro lado, los efectos beneficiosos de las estrategias familiares para reducir psicopatología residual fueron evaluados en 13 estudios. En nueve de ellos se observó una tendencia global a la remisión completa de la esquizofrenia. Finalmente, en otros cuatro estudios se evaluó la mejoría del funcionamiento familiar y la reducción de la sobrecarga y se pudo concluir una reducción media del 34 % del estrés que sufrían las personas que atendían a los pacientes. Este porcentaje solo fue del 9 % en los casos en los que únicamente se administraba tratamiento farmacológico.

Respecto de la eficacia sobre diferentes patologías, Barbato y D'Avanzo (2008) hicieron un estudio sobre la efectividad de la terapia de pareja en pacientes con depresión. En este indicaron que los datos de los ensayos clínicos de la terapia de pareja para la depresión nunca han sido sometidos a análisis sistemáticos. Con ello realizaron un metaanálisis de ocho ensayos controlados con 567 sujetos. No se encontraron diferencias en los síntomas depresivos entre la terapia de pareja y la psicoterapia individual. El malestar en la relación se redujo significativamente en el grupo de terapia de pareja. De esta manera, estos autores concluyen que la terapia de pareja es eficaz como tratamiento para la depresión, y añaden que la evidencia de mejora en las relaciones de pareja puede favorecer la elección de la terapia de pareja cuando el malestar relacional es un problema importante. Por su parte, Bodenmann y Randall (2013) también evaluaron estos temas y concluyeron que la depresión afecta a ambos integrantes de una relación y que el tratamiento, incluyendo al miembro de la pareja no diagnosticado, es beneficioso para el paciente deprimido. Estos autores mantienen que la terapia de pareja ha demostrado ser efectiva para aliviar la sintomatología depresiva. Por lo tanto, lo recomiendan como una opción de buen criterio de indicación para tratar la depresión. Finalmente, Clupta *et al.* (2003) indican que los enfoques actuales para el tratamiento de la depresión son bastante prometedores para algunas parejas, pero tienen un amplio margen de mejora, tanto en términos de eficacia como de aplicabilidad y aceptabilidad para una población más amplia. Aunque se ha demostrado que los enfoques conjuntos son eficaces para reducir la angustia de la pareja y son posiblemente eficaces para aliviar la depresión que ocurre conjuntamente con la angustia de la pareja, los problemas metodológicos dificultan la generalización a partir de los hallazgos publicados. Por lo tanto, según estos autores, no está claro que la mayoría de las personas deprimidas puedan beneficiarse de los formatos conjuntos disponibles en la actualidad. Básicamente, a menudo puede haber obstáculos que impidan o retrasen la participación de la pareja, destacando la necesidad de tratamientos que puedan mejorar el funcionamiento de la relación sin depender de un formato conjunto. Desarrollar opciones más flexibles para implementar el tratamiento centrado en la pareja, así como reconsiderar las suposiciones dominantes sobre la depresión, puede ser esencial para extender la viabilidad de la terapia de pareja para dicho trastorno.

En cuanto al trastorno de estrés postraumático (TEPT), Fredman *et al.* (2016) han demostrado que los síntomas del TEPT están asociados positivamente con la psicopatología del paciente, la pareja (si la hay) y la familia, y asociada negativamente con el paciente y la satisfacción en la relación sentimental. Así, estos autores analizaron a 39 pacientes con TEPT y a sus parejas. Los resultados apuntaban a que los pacientes que habían realizado terapia de pareja para la resolución del estrés postraumático habían reducido significativamente los síntomas con respecto a aquellos que estaban en lista de espera (grupo control) y a aquellos que estaban bajo tratamiento individual. Sin embargo, los resultados fueron bastante similares entre aquellos pacientes que realizaban un tratamiento individual combinado con medicación.

En relación con el trastorno de pánico con agorafobia (PDA), Byrne, Carr y Clark (2004) realizaron una revisión sistemática en la que concluyeron que el trastorno de pánico con agorafobia a veces está asociado con problemas de pareja y de familia. Estos autores afirman que la terapia de familia es incluso más efectiva que los tratamientos individuales para PDA. Involucrar a las parejas y a las familias de pacientes con este trastorno en la terapia puede ser apropiado en aquellos casos en los que hay dificultades matrimoniales. Las intervenciones centradas en la pareja y en la familia potencian los beneficios del tratamiento porque refuerzan la capacidad de afrontamiento de las personas con trastorno de pánico y agorafobia. Los pacientes que tienen buenas relaciones de pareja muestran una mejor respuesta tanto a los programas de tratamiento individuales como a los de pareja. En la mayoría de casos, según estos autores, el tratamiento efectivo basado en la pareja y en la familia conduce a una mejora en el ajuste conyugal, así como en la sintomatología del PDA.

Por otro lado, Wang *et al.* (2017) realizaron un metaanálisis con el objetivo de investigar los efectos de las intervenciones de pareja y de familia en la calidad de vida de los pacientes con cáncer. Para hacerlo se incluyeron 12 ensayos controlados aleatorizados. Como resultado se observó que en comparación con los grupos de control, las diferencias de medias ponderadas de depresión y ansiedad mejoraron significativamente en los grupos de intervención. Sin embargo, las mejoras en las mediciones de salud física y desesperanza no fueron significativas, de modo que concluyeron que las intervenciones basadas en la pareja y en la familia pueden mejorar la ansiedad y la depresión entre los pacientes con cáncer y sus cónyuges, y las intervenciones psicoeducativas pueden ser un enfoque eficaz.

3. ¿Por qué no se trabaja más con terapia de pareja y familia?

Con estos resultados, y a modo de conclusión, nos podríamos preguntar por qué no se trabaja más en terapia de pareja y de familia. Intentar responder a esta pregunta, dados los datos que ofrece la bibliografía, se nos antoja fundamental. La respuesta no es fácil dada la complejidad de los motivos y las evidentes causas externas, como, por ejemplo, las restricciones económicas que ha vivido la sanidad pública en estos últimos años.

Seguramente podríamos citar motivos personales del propio terapeuta, como la falta de interés que genera una falta de formación y, en consecuencia, una falta de conocimiento.

¿Cuántas facultades de Psicología tienen la terapia de pareja y de familia en su currículo de grado? ¿Y cuántas ofrecen un máster de terapia de pareja y familia? Seguramente, un estudio sobre este tema arrojaría datos interesantes. Pero si este estudio lo hiciéramos en las facultades de Medicina o en la misma formación de los especialistas en Psiquiatría, los datos serían mucho peores. Por lo tanto, no es solo un problema personal, sino de política formativa y educativa.

Y otro gran grupo de motivos serían institucionales y de política sanitaria. En efecto, en una sesión científica organizada por la sección de médicos psiquiatras del Colegio de Médicos de Barcelona, un buen número de psiquiatras se quejaba de las dificultades que las direcciones médicas o gerenciales de sus instituciones ponían al trabajo con parejas y familias. A la luz de nuestra revisión, no trabajar con parejas o con familias, ¿podría ser considerado como una mala praxis?

Como ya se ha comentado, este capítulo pretendía dar una visión general de las aportaciones que se han hecho en el marco de la terapia de pareja y de familia, y su eficacia en diferentes ámbitos. Hemos procurado recoger los estudios más significativos y amplios con el objetivo de que todo terapeuta pueda extraer sus propias conclusiones y siga interesado en el tema.

De este modo, hemos podido comprobar cómo las terapias de pareja y de familia pueden ser efectivas tanto como tratamiento único como en coterapia en casos graves: trastornos psicóticos, trastornos de la alimentación, trastornos de personalidad, trastorno de abuso de substancias, etc.

De la misma manera, pensamos que una buena base familiar y de pareja por parte de los padres es clave para el desarrollo de cualquier niño, de ahí que enfaticemos este aspecto, entre otras cosas para dar a entender que no se precisa de un trastorno para acudir a un terapeuta de pareja o de familia. Además, la terapia de pareja puede ayudar a parejas que tienen un funcionamiento saludable a mejorar y a resolver algunos aspectos y conflictos que no alteran sustancialmente el día a día, pero que pueden ayudar a conocer mejor las dinámicas diádicas y enriquecer a toda la familia con herramientas que les permitan afrontar situaciones adversas en buenas condiciones.

Es necesario invertir y prestar más atención a las parejas y a las familias de los pacientes y a la salud mental comunitaria por parte de las autoridades sanitarias y de las administraciones públicas, dando más solidez a los dispositivos y programas que existen, pero que pueden ser inconsistentes por la falta de recursos.

9. Investigación en psicoterapia psicoanalítica grupal: tendencias y diseños metodológicos actuales

José Miguel Ribé

En la actualidad la psicoterapia de grupo está adquiriendo un mayor protagonismo en la asistencia pública. Más allá de las ventajas clínicas que ofrece el abordaje grupal, es reconocida por las autoridades sanitarias como una intervención terapéutica coste-efectiva. Este reconocimiento y validación se ve justificado principalmente a través de los trabajos de investigación y evaluación de las intervenciones en psicoterapia grupal.

Además de existir un compromiso ético y profesional con los usuarios, se dispone de unos recursos económicos sanitarios que requieren de cierta responsabilidad en su buen uso. Una de las formas para poder garantizarlo es la investigación. Desde hace años, y cada vez más, las instituciones y los psicoterapeutas son requeridos por las aseguradoras, gobiernos, la comunidad científica e incluso por los propios usuarios, para presentar documentación relacionada con la efectividad de los tratamientos que realizan. Obtener y analizar datos clínicos está comenzando a formar parte de la habitual práctica profesional. A pesar de ello, muchos profesionales no tienen formación en la recogida y evaluación sistemática de sus intervenciones, y muchos no se sienten entusiasmados con la idea de investigar.

El paradigma predominante en la investigación grupal sigue siendo el estudio de los resultados, verificando a través de ellos la eficacia de las intervenciones terapéuticas. A veces, dicha tendencia puede ser vivida por muchos psicoterapeutas de forma persecutoria al sentirse interpelados y cuestionados en sus prácticas clínicas, bajo el agravante de la elevada presión asistencial, que deja poco margen para la investigación. Otros, además, o no se muestran cómodos con las metodologías basadas principalmente en la medicina basada en la evidencia (MBE) o sienten que les aportan poco los resultados en el ejercicio clínico de su quehacer diario.

La hegemonía de la MBE puede ocasionar cierta división entre clínicos e investigadores. Desde hace años, tratando de salvar esta segmentación, hay nuevos modelos de investigación que se centran más en los procesos, en el *cómo* y *por qué* funcionan las psicoterapias. Estas líneas de trabajo atraen más a los «clínicos» porque les reporta riqueza y conocimiento en su práctica diaria, y salva esa pequeña brecha con los investigadores «puros».

Aproximadamente menos de un tercio de las publicaciones en psicoterapia de grupo poseen cierto fundamento empírico, ya sea cuantitativo o cualitativo. De estas, pocas son las que presentan una metodológica aceptable (escalas validadas psicométricamente y que sean comprensibles, tamaños muestrales significativos, homogeneidad en la composición muestral y en la técnica utilizada...). A pesar de ello, y cada vez más, nuevos desarrollos metodológicos, la inversión en docencia del análisis sistematizado de las prácticas clínicas y la introducción de la cultura de la evaluación en la asistencia sanitaria están aportando más rigurosidad en las investigaciones que se llevan a cabo.

1. El dominio del paradigma de la eficacia, sus controversias y consecuencias

Durante mucho tiempo, la investigación en psicoterapia de grupo ha estado más centrada en demostrar la eficacia de unas modalidades o intervenciones grupales frente a otras o a grupos control (Greene, 2000). Para su estudio, los investigadores debían seguir, predominante e inexcusablemente, la metodología de los estudios controlados y aleatorizados (ECA). Dicha estrategia, intrínsecamente ligada a la MBE y a criterios epistemológicamente positivistas, era de las pocas reconocidas como el *gold standard* de la investigación por la comunidad científica.

Tal era su respeto que las guías clínicas internacionales y las autoridades sanitarias solo daban por «válidas» y «evidentes» aquellas técnicas psicoterapéuticas que habían resultado efectivas desde la perspectiva del método científico.

Esta metodología, tradicionalmente originaria del mundo biomédico, aplicada en el campo de la psicoterapia, no resultaba ser la más adecuada dada la naturaleza del tratamiento psicoterapéutico grupal (irrepetible, interaccional y multidimensional) (Ruiz *et al.*, 2010) y la complejidad de la subjetividad humana. Surgieron entonces ciertas controversias que cuestionaban y criticaban su empleo.

Con frecuencia, los ECA incluyen la comparación entre el tipo particular de terapia grupal y otras formas de terapia o grupos control (uso del placebo). De entrada, la asignación aleatoria no puede garantizar la equivalencia entre el grupo control y el experimental. El uso del placebo en el grupo control presenta por sí mismo grandes dificultades, pues no está claro qué intervención neutra, comparable en varios aspectos a la psicoterapia, pudiera ser adecuada. El doble ciego, típico de este método, es imposible desde el momento en que el terapeuta sabe qué intervención psicoterapéutica está realizando y los pacientes que la están recibiendo. Además, el sesgo propio del efecto de lealtad del investigador (el efecto Rosenthal o Pigmalión) (Luborsky *et al.*, 1999), que se produce en favor de unos mejores resultados en el tratamiento que lidera el investigador, es difícil de sortear (un mayor entusiasmo o expectativas en el grupo en tratamiento, que aportaría un cierto halo de efecto positivo). Por otro lado, en toda psicoterapia, pero en particular la grupal, es fácil alcanzar el requerimiento de realizar un estudio idéntico al experimental. Respecto de la replicabilidad y generalización de resultados en terapia de grupo, tampoco se puede llevar a cabo debido a múltiples variables de confusión que, siendo difícilmente controlables, varían en cada grupo psicoterapéutico (Ioannidis, 2005 y Nuzzo, 2015). Por mucho que el tratamiento siga la misma guía del manual, con participantes con el mismo trastorno mental o diagnóstico, parámetros estructurales similares e incluso realizado por el mismo terapeuta, el grupo puede tener trayectorias muy dispares. Eso es debido a que el grupo forma, de modo impredecible, sus propias culturas, mitologías, ecologías e historias, dando diversas formas a los eventos posteriores.

No obstante, más allá de las críticas de corte metodológico, también había prejuicios y cierto escepticismo acerca de la aplicabilidad y relevancia de los hallazgos obtenidos que, dándose en unas circunstancias asépticas, podían no producirse en encuadres reales de la clínica. Por otro lado, con el objetivo de eliminar variables o sesgos de confusión, muchos psicoterapeutas temían que, en los objetivos de las investigaciones, se desestimaran ingredientes terapéuticos tan fundamentales como son la personalidad del terapeuta, su tacto, el *timing*, la capacidad de contención...

En la actualidad, ha cambiado poco el escenario de la investigación en psicoterapia grupal. Los objetivos siguen centrados en los resultados aportados a través de la MBE. Aun habiéndose refinado las técnicas metodológicas, se sigue lejos del *gold standard* de los ECA (Burlingame *et al.*, 2013). Además, en relación con la validez de los estudios, desde hace años la MBE ya no recibe únicamente el amparo de la mayoría de investigadores de la comunidad científica, sino que sobre todo tiene el respaldo y exigencia de diversas fuerzas económicas y sociopolíticas. Para bien o para mal, el empirismo sigue vigente y es sostenido por instituciones tan relevantes como la Asociación Americana de Psicología y la Colaboración Cochrane, entre otras. Estas poseen sus propios criterios a la hora de evaluar la potencia empírica de las investigaciones en psicoterapia, en general, y configuran las guías clínicas internacionales a partir de aquellos estudios que consideran aceptables. De este modo se dejan fuera muchos estudios cuantitativos que no reúnen los requisitos metodológicos propios de la medicina clínica experimental y aquellas investigaciones cualitativas que enfocan sus trabajos al estudio de patrones o relaciones causales dentro de los procesos psicoterapéuticos.

Las exigencias metodológicas con sus múltiples controversias, las presiones económicas de los políticos de gestión sanitaria y el distanciamiento de muchos psicoterapeutas de la investigación han generado una serie de consecuencias tanto en la aplicación clínica de las intervenciones grupales como en las directrices actuales de la investigación en psicoterapia grupal.

De entrada, la mayoría de estudios que se realizan se basan en intervenciones psicoterapéuticas de orientación cognitivo-conductual. Es el enfoque que acumula más «pruebas científicas». La terapia cognitivo-conductual (TCC) acostumbra a estar vinculada al método científico, pues puede estructurarse más y emplea variables más simples, entendidas estas como manejables u operativas. Existen, a diferencia de las terapias psicodinámicas, menos ambigüedades conceptuales, facilitando así la concretización del *core* teórico de la TCC. Por otro lado, el incremento en la elevada valoración del poder estadístico en las investigaciones (la capacidad para detectar diferencias cuando las hay) y la consiguiente necesidad de contar con muestras amplias implica realizar psicoterapias grupales de corta duración y manualizadas, como son las de orientación cognitivo-conductual, interpersonal y, de forma escasa, las del modelo psicodinámico (psicoterapia focal).

También, el estudio de la eficacia se ha visto influido por presiones económicas que buscan terapias eficaces económicamente, que atiendan a más cantidad de usuarios. Nuevamente, ello supone terapias de corta duración y limitadas en el tiempo.

Ante la prevalencia del paradigma de la eficacia han surgido críticas y alternativas, ocasionando, incluso, un incipiente cisma entre investigadores y clínicos (Barlow, 2015 y Greene, 2016). Ante el empuje de la metodología positivista, por encima de otras alternativas, en vez de buscar nuevas argumentaciones muchos terapeutas han decidido quedarse en discursos en los que lo suyo no es mensurable, reducible a los parámetros de la ciencia (Tizón, 2002). Algunos psicoterapeutas han sentido que el estudio de los resultados basados en la práctica de la evidencia no les resultaba relevante para su realidad clínica diaria y han dejado de interesarse por la investigación. También, ante tanta presión metodológica como conceptual, muchos investigadores se han visto desanimados en la tarea de sacar adelante sus proyectos. Y finalmente, otros, cada vez más, tratan de investigar los procesos y matices grupales que explican cómo funciona la psicoterapia grupal.

2. De los resultados a la investigación de los procesos grupales

Algunos autores remarcan que en estudios comparativos de resultados no se hace referencia a cómo se ha ayudado a los pacientes. Los estudios de eficacia dejan fuera de sus mediciones la comprensión del proceso del cambio en psicoterapia. Lo que el investigador considera que es «ruido» en su recogida y análisis de datos, para el clínico son los ingredientes que más le interesa conocer. En un plano descriptivo, muchos de los trabajos empíricos no ofrecen información sobre la naturaleza de las dinámicas y procesos interaccionales dentro del grupo y eso impide que los clínicos empaticen o participen de los trabajos.

La bibliografía científica comienza a apuntar necesarios cambios en el paradigma actual de la investigación. Los diseños ECA están algo deslustrados por las críticas conceptuales, clínicas y metodológicas anteriormente reflejadas. Otra cosa es que desde las instituciones gestoras de recursos económicos se siga pensando, cada vez más, en términos de eficacia, en evaluaciones de los resultados obtenidos y, además, a bajo coste.

Para seguir construyendo nuevos constructos teóricos se considera necesario un cambio en la manera de realizar investigación en psicoterapia de grupo. Así, investigadores en psicoterapia tan relevantes como Shedler (2015) y otros (Slife *et al.*, 2005; Wendt y Slife, 2007 y Wachtel, 2010) argumentan que, desde una perspectiva filosófica de la ciencia, el monopolio del conocimiento por parte de las aproximaciones puramente empíricas es empobrecedor, parcial y extemporáneo para la presente comunidad científica.

Ante el desencanto de muchos clínicos respecto de los resultados de la MBE, surge una grieta entre clínicos e investigadores que muchos autores tratan de paliar (Russell *et al.*, 2014;

Silberschatz, 2017) mediante la perspectiva investigadora de los procesos en psicoterapia.

En los últimos años la investigación centrada en los procesos está siendo cada vez más sofisticada a nivel metodológico y conceptual, moviéndose desde modelos estáticos o simples del funcionamiento grupal a dinámicos y multidimensionales (Tasca *et. al.*, 2009). Se están refinando técnicas estadísticas que permiten abarcar las complejidades y matices grupales, satisfaciendo así la necesidad de conocimiento de muchos clínicos. Sin embargo, la investigación de los procesos es mucho más compleja y laboriosa, especialmente cuando se emplea metodología cualitativa.

3. Cuestiones metodológicas

Las mediciones cuantitativas y cualitativas en terapia grupal

Las *mediciones cuantitativas* se utilizan para determinar la fuerza de asociación o correlación entre variables, la generalización y objetivación de los resultados a través de una muestra. En las investigaciones cuantitativas, tras el estudio de la asociación o correlación se pretende, a su vez, hacer inferencia causal que explique por qué las cosas suceden o no de una forma determinada (Pita y Pértega, 2002).

Las *mediciones cualitativas* tratan de identificar la naturaleza profunda de las realidades, su sistema de relaciones, su estructura dinámica. Su lenguaje es básicamente conceptual y metafórico. Su procedimiento es más inductivo (desde las observaciones específicas a generalizaciones) que deductivo (desde lo más general o teórico a lo específico, al experimento). Su modo de captar la información es más flexible y sus bases epistemológicas son la fenomenología, el interaccionismo simbólico, la sociología crítica y la hermenéutica (De Andrea, 2010).

Tradicionalmente se ha vinculado la metodología cuantitativa con la ciencia, ya que entre otras cosas tiene sus bases epistemológicas en el positivismo. También se ha vinculado con el estudio de resultados. Dichas asociaciones han podido trazar, incluso, una división entre investigaciones ligadas a la MBE con publicaciones en revistas con factor de impacto, y una falsa dicotomía entre las medidas cualitativas y cuantitativas. Sin embargo, la ciencia no se reduce a la «investigación cuantitativa». Esta se ocupa de conocer el mundo objetivo con toda su riqueza y complejidad, y para ello emplea todos los enfoques, diseños y métodos necesarios (Díaz, 2014). En investigación existe un *continuum* que transcurre desde la utilización de los métodos cualitativos, para la elaboración de escalas y cuestionarios en los inicios del proceso de estudio, al natural relevo de estos por los cuantitativos, pues del «descubrimiento» hay que pasar a la descripción de lo descubierto, que suele realizarse con la estricta medición de las características del objeto estudiado.

Aunque la mayoría de los estudios y teorías dentro de la investigación en psicoterapia de grupo están vinculados a lo cuantitativo (aunque desde la metodología cualitativa también se pueden categorizar registros y ponderarlos) cada vez más la metodología cualitativa, con el desarrollo en paralelo de unos programas computacionales de análisis de datos más sofisticados, como es el ATLAS (Muñoz y Sahagún, 2011), está adquiriendo un mayor protagonismo. En esencia, además de que la metodología cualitativa comparte el constructo teórico, por el cual se considera al grupo no como la suma de las partes (variables) sino como el todo, observando el escenario y a las personas desde una perspectiva holística en continua interacción, muchos de los instrumentos que emplea en la recogida de datos se fundamentan en técnicas grupales. Así, por ejemplo, es básico tener nociones en dinámica de grupos si se emplea la técnica de «grupo de discusión».

De nuevo, el estudio de los procesos en psicoterapia grupal (que se pueden abordar desde ambas metodologías) puede aunar ambas perspectivas de estudio en lo que en la década de 1980 se llamaron «métodos mixtos» y favorecer la complementariedad.

Principales diseños o estudios centrados en los procesos grupales. Algunos ejemplos

A continuación, más allá de los estudios centrados en los resultados y procurando trazar un puente entre el incremento del conocimiento y la práctica clínica, se muestran diversos diseños de investigación. De uno u otro modo se centran en los procesos de psicoterapia grupal: cómo, por qué, cuando y a quién le beneficia la terapia. Simultáneamente, siendo el horizonte que se debe alcanzar, algunos aúnan resultados con procesos. Tras la descripción de cada diseño se aportan referencias bibliográficas de investigaciones tipo (otros ejemplos).

- *Estudios de análisis de la moderación.* Se refiere al análisis sobre cuándo o en qué situaciones se produce el efecto. Una variable moderadora es la que modifica la relación entre la variable independiente (causa) y dependiente (efecto), de modo que el signo y la fuerza de la relación entre ambas variables depende de la influencia de la variable moderadora (Igartua, 2006). En un estudio comparativo de resultados realizado por Lorentzen *et al.* (2015), una terapia de larga duración se comparó con una corta. Ambas modalidades obtuvieron resultados similares a través de cuestionarios de síntomas, como el SCL-90-R, el IIP-C (evalúa un amplio espectro de problemas interpersonales) y el funcionamiento psicosocial mediante el GAF. Sin embargo, mediante el análisis de moderación, que exploraba la interacción de la variable experimental (por ejemplo, duración de terapia larga *versus* corta) con la presencia o ausencia de un trastorno de la personalidad, se produjo una significación clínica. Aquellos pacientes sin trastorno mostraron la misma mejoría con ambos tratamientos. Sin embargo, aquellos con trastorno de personalidad presentaron una diferencia significativa en su respuesta, dependiendo de la modalidad. Mejoraban más en aquella de larga duración. Este hallazgo provee una serie de conclusiones más allá de los resultados, en el sentido de ofrecer una relevancia práctica acerca de ajustar más los tratamientos de forma personalizada según la presencia o no de algún tipo de caracteropatía. Otro ejemplo puede verse en Gallagher *et al.*, 2014.

- *Análisis de la mediación*. En el contexto de la investigación científica, el análisis de la mediación se centra en tratar de explicar cómo o por qué (procesos, mecanismos) se produce un determinado efecto (es decir, cómo se explica la relación entre una variable independiente y una variable dependiente). Una variable mediadora puede ser cualquier variable relacionada con un estado psicológico, un proceso cognitivo, afectivo, un cambio biológico, etc. relacionado con la variable independiente y la variable dependiente. Este tipo de análisis es importante porque permite buscar explicaciones (teóricas) que ayuden a entender los procesos que operan en la realidad e influyen en los resultados obtenidos en los estudios (Igartua, 2006). Complementa al *qué* pasa con el *por qué* o el *cómo.* Es importante apreciar cómo los resultados de los estudios ECA no permiten inferir sobre qué ingrediente activo de la terapia ha hecho que se obtengan unos resultados. Solo se puede concluir que «algo» en un tipo de intervención ha marcado la diferencia en comparación con otra. A menudo, el análisis de mediación revela variables de cambio que, siendo intuidas a nivel teórico por el investigador, no son confirmadas a través de las pruebas empíricas. Esto permite estimular al investigador y al clínico y repensar los mecanismos de cambio en vez de mantener una fe ciega en los mecanismos que operan en las psicoterapias que dirigen. Véase, por ejemplo, Greene, 2012.

Combinando los análisis de moderación y mediación se pueden realizar exploraciones teóricas mucho más complejas *(análisis de la mediación moderada).* Este tipo de análisis permite descubrir si un efecto mediador se produce de manera diferente en los distintos niveles (valores) de la variable moderadora. Por tanto, supone pensar que los mecanismos que explican los efectos de una variable independiente sobre una dependiente pueden ser diferentes en función de ciertas variables (moderadoras). El análisis de la «mediación moderada» pertenece a la categoría de lo que Hayes (2013) llama «análisis de los procesos condicionales». Para ilustrar, digamos que en un análisis de mediación se observa cómo un incremento de la capacidad de empatía es la base para determinar unos resultados positivos en la terapia psicodinámica grupal. En un análisis de moderación y mediación combinado se puede examinar si esta variable mediadora es universalmente cierta para todos los pacientes o solo es aplicable a una pequeña parte de la muestra como, por ejemplo, en pacientes con y sin el diagnóstico de trastorno narcisístico. Con el análisis de moderación y mediación se puede explorar qué variables podrían ser responsables del efecto de moderación. El hallazgo de un cierto nivel de relaciones objetales «modera» el resultado general de la psicoterapia grupal, de tal forma que aquellos pacientes con unas adecuadas relaciones objetales mejoran más que aquellos con relaciones objetales pobres (Piper *et al.*, 2011). En un análisis de mediación y moderación se puede explorar qué variables —quizá ansiedad, tolerancia— pueden «mediar» en la capacidad de respuesta. Este tipo de análisis combinados captan de forma más precisa la complejidad de los procesos grupales y resultan más interesantes para los clínicos.

- *Análisis de secuencia.* Son diseños que estudian aquellos cambios en los patrones de diversas variables, como pueden ser las dinámicas interaccionales, a lo largo del proceso psicoterapéutico y su relación con los resultados de la terapia de grupo. Para llevarlos a cabo se emplean análisis estadísticos muy sofisticados, especialmente de metodología cualitativa, que registran e identifican relaciones cíclicas en variables del proceso y que posteriormente son relacionadas con los resultados. Existe un estudio de Gold *et al.* (2014) que observó una mayor respuesta al tratamiento en aquellos participantes de un grupo que tendían a presentar ciclos de exploración interpersonal seguidos de repliegues hacia la seguridad personal. Son escasos los estudios de este tipo, pues requieren de una considerable pero intrusiva recogida de datos dentro del propio grupo que, por sí misma, puede modificar el proceso. También existen métodos de audio o grabaciones que posteriormente hay que transcribir y analizar de forma sistematizada.

- *Estudio de los procesos esenciales de cambio en grupo.* Para simplificar, hace referencia a aquellos factores que a un nivel macro y cognitivo-afectivo sintetizan las variables implicadas en el proceso de mejora o cambio grupal. Principalmente destacan los estudios sobre la *cohesividad grupal* y el análisis empírico de los *factores terapéuticos grupales* de Yalom. Respecto del constructo de cohesión, Hornsey *et al.* (2009) consideran que debería dejarse de estudiar la cohesividad en las investigaciones al valorarlo como un factor general poco específico. Proponen utilizar constructos más específicos como la «homogeneidad», la «identificación» o la «interdependencia». El propio Hornsey, después de aconsejar a la comunidad el cese del estudio empírico de la cohesión, desarrolló otro instrumento para evaluarla (Hornsey *et al.*, 2012). Se requieren más trabajos empíricos y teóricos que no estén destinados a añadir nuevas herramientas de estudio sobre la cohesión, sino que traten de deconstruir el concepto en diversos componentes más fácilmente comprensibles y sistemáticamente analizables. A pesar de ello, el concepto en sí mismo ha alcanzado la condición de factor esencial «basado en la evidencia» en el trabajo de grupo (Burlingame *et al.*, 2011). Hay, además, cierto consenso clínico: los psicoterapeutas de grupo entienden que el desarrollo temprano de la cohesividad grupal es una condición *sine qua non* para la obtención de unos resultados satisfactorios (Bernhard *et al.*, 2008). Sin embargo, todavía

> queda mucho que aprender tanto a nivel teórico como clínico. Sería interesante entender cuándo y por qué un exceso de cohesión puede significar un obstáculo para el crecimiento psicológico y la indiferenciación, o delimitar a nivel conceptual los diferentes matices de la cohesión si nos referimos a un contexto de terapia grupal hospitalaria o ambulatoria. En el primero sería una cohesión «más fusional» o simbiótica derivada de mecanismos primarios de identificación masiva, que sirve para mantener y preservar el grupo, mientras que la segunda sería «más madura» (Rico y Sunyer, 2001).

Similares críticas se observan en las investigaciones de los factores terapéuticos grupales de Yalom. Hay cierta distinción conceptual y empírica de los diversos factores terapéuticos (Kaplan y Sadock, 1998) que imposibilita su análisis y comprensión. La mayoría de investigaciones de los factores terapéuticos grupales se han realizado con metodologías cualitativas y mediante observaciones clínicas subjetivas e indirectas de los investigadores. De entre los investigadores en psicoterapia de grupo que han desarrollado instrumentos de evaluación, el cuestionario Yalom es considerado uno de los más aceptables (Vlastelica *et al.*, 2003). A pesar de que el *Q-sort* evalúa los factores terapéuticos grupales de forma más comprensible que otros instrumentos, tiene varias limitaciones, principalmente la falta de validación psicométrica, la dificultad en su administración y su incongruencia estructural con la formulación teórica original de Yalom (Lese y MacNair, 2000). El propio Yalom ha admitido que algunos de los factores terapéuticos se solapan entre sí y otros son difícilmente distinguibles desde el punto de vista conceptual (Almenta *et al.*, 1994). Ante estos inconvenientes, en el año 2000 se elaboró el Therapeutic Factors Inventory (TFI) (Lese y MacNair, 2000) para determinar la presencia o ausencia de los FTG de forma empírica con 11 escalas fieles al *core* teórico original de Yalom. A pesar de la consistencia psicométrica de dicha escala, los propios autores concluyeron que una escala obtuvo baja fiabilidad en el *test-retest* y que eran necesarias nuevas validaciones. Aunque hay trabajos en los que se ha empleado el test de Yalom, realizando adaptaciones en el contenido para adaptarlo al medio o en el puntaje de cada ítem, en la actualidad no hay una escala en lengua castellana que haya sido validada. Esto puede suponer que, en el análisis de diversos estudios, aun incluyendo muestras parecidas, se observen rangos jerárquicos disonantes en la elección de los factores terapéuticos y se vea dificultada su comparación. A pesar de ello, en España destacan varios trabajos actuales que han empleado adaptaciones del cuestionario de Yalom en encuadres y poblaciones clínicas distintas. Mediante análisis cuantitativo se señala cómo la cohesión, la instilación de esperanza y la expresión de sentimientos son ingredientes primordiales para pacientes diagnosticados de esquizofrenia en unidades de hospitalización psiquiátrica (García *et al.*, 2011). A nivel ambulatorio, la cohesión, la catarsis y la universalidad son los más valorados en un trabajo de Ribé *et al.* (2018). En este trabajo se estudian los factores grupales en una muestra heterogénea de pacientes, valorando la percepción a nivel jerárquico de aquellos que más los han ayudado, desde la perspectiva como participantes y desde la de sus conductores. Es interesante un estudio cualitativo con el *software* de análisis de datos ATLAS.ti (Sánchez *et al.*, 2016) que, analizando las narrativas terapéuticas en pacientes con adicciones en una unidad de ingreso, obtiene que la cohesión, la esperanza y la verbalización de emociones son aquellos ingredientes esenciales en el adecuado devenir de la psicoterapia. Otro ejemplo de estudio de los elementos que pueden influir en el proceso de cambio de los participantes es el de la atmósfera grupal (Sunyer, 2011).

- *Estudio o análisis de caso.* Siendo, a la vez, un método y un diseño de la investigación cualitativa, la observación que se realiza en un caso ofrece una pequeña porción de evidencia. Sin embargo, la observación de patrones relacionales a través de una serie de casos puede ofrecer un medio de construir una base de datos de evidencia, donde la clínica y la teoría pueden crecer juntas. Esa es, sin duda, la esencia que se esconde detrás de la investigación (Tasca *et al.*, 2011).

- *Efectos de la formación en psicoterapia.* Este tipo de estudio surge en el contexto del incremento en el interés de atender a los usuarios en formato grupal. Cada vez hay más especialidades diferentes a la psicología o disciplinas que, presumiblemente, no formadas en psicoterapia de grupo, realizan «psicoterapia grupal». Esta situación genera, en muchos psicoterapeutas de grupo, cierto menosprecio y falta de reconocimiento a la formación realizada en terapia de grupo (Fuhriman y Burlingame, 2001). Es importante delinear qué competencias y habilidades son requeridas en la práctica de una efectiva psicoterapia de grupo (Barlow, 2012). Para saber qué conocimientos se hacen imprescindibles, el análisis empírico de resultados unido a aquellos elementos formativos puede ayudar a demostrar la necesidad de una formación reglada en psicoterapia (Kivlighan y Kivlighan, 2009; Kivlighan y Tibbits, 2012).
- *Efectos propios del terapeuta.* Más allá del entrenamiento recibido, hay otros atributos propios del terapeuta que pueden marcar la diferencia en términos del proceso y los resultados obtenidos en psicoterapia. Diferentes personalidades, estilos cognitivos, configuraciones defensivas, humor, etc. pueden hacer que los participantes difieran en cómo perciben e internalizan la situación terapéutica y al terapeuta de grupo. Asimismo, hay atributos que podrían ser dignos de estudio. La capacidad de contención, de crear un espacio reflexivo, el manejo de las reacciones contratransferenciales, el narcisismo saludable del terapeuta frente al carisma son dimensiones de difícil mesura y conceptualización teórica (Hayes *et al.*, 2015). Por el momento, el escaso bagaje teórico y la falta en la sistematización de recogida de información respecto de la identificación de las capacidades y cualidades personales de los terapeutas no permite la realización de trabajos que analicen dichas varia-

bles en relación con los resultados (Lorentzen *et al.*, 2012; Blatt *et al.*, 1996)

Algunas particularidades de las investigaciones en psicoterapia grupal

Desde hace tiempo se aboga por investigaciones que abarquen el modelo multidimensional, es decir, que se amplíe la mirada investigadora más allá de los síntomas, factores etiológicos y de funcionamiento del propio paciente. El funcionamiento grupal, que trasciende las dinámicas intrapsíquicas individuales a través de las dinámicas interpersonales y con el propio grupo, complejiza aún más el modelo multidimensional. Así, desde la concepción lewiniana del grupo como un todo, se plantean infinidad de variables a estudiar que no se encuentran en la psicoterapia individual.

Cada vez más, muchos psicoterapeutas grupales trabajan en coterapia. Más allá de las ventajas técnicas, como el desdoblamiento de las funciones terapéuticas y el reparto de las identificaciones proyectivas, con el facilitamiento de una mayor tolerancia a las ansiedades grupales (Ribé, 2017), esta permite dar continuidad al espacio terapéutico. Problemas tan habituales en nuestra práctica, como son los cambios de citas, vacaciones o bajas médicas de los conductores, pueden salvarse gracias a la coterapia. Esta misma continuidad terapéutica, permite asegurar la investigación de los grupos psicoterapéuticos, no perdiendo, entre otras cosas, la muestra a estudiar.

En la asistencia pública, contexto donde la presión asistencial desencadena toda clase de interferencias en contra del pensamiento (por extensión, de la investigación), las capacidades de contención y los *settings* psicoterapéuticos, es donde se llevan a cabo la mayoría de trabajos de investigación. La psicoterapia grupal es (en opinión del autor), en la actualidad, la que más posibilidades puede tener a la hora de preservar el encuadre psicoterapéutico, la periodicidad de las sesiones, asegurar una mayor homogeneidad en las muestras y la duración de la terapia. Estos elementos anteriores reúnen las condiciones idóneas para obtener una «muestra» aceptable, subsidiaria de ser objeto de investigación.

La atención de varias personas a la vez, posibilitada por la psicoterapia grupal, también permite la evaluación de todos los participantes a la vez en el mismo espacio grupal. Así, las investigaciones en psicoterapia grupal pueden considerarse eficaces a nivel coste-efectividad, ya que se puede auto/heteroadministrar, en una sola vez, más escalas o cuestionarios a más participantes. Esto asegura, en poco tiempo, la obtención de mayores muestras.

4. Consideraciones finales

Como se ha visto en este capítulo, actualmente parece que existen dos escenarios para los investigadores: aquel que se interesa más por los resultados de las intervenciones, si son efectivas, y otro más centrado en identificar los procesos terapéuticos, el *por qué* o *cómo* funciona la psicoterapia. El primero, pese a mantener la misma sistemática metodológica «evalúa» más que investiga. Realiza un juicio de valor sobre un objeto o materia (por ejemplo, un programa de intervención) con el fin de valorar su eficacia. En este sentido, no crea o amplía el conocimiento sobre el objeto que estudia. En cambio, los estudios centrados en los procesos permiten avanzar en el desarrollo de la comprensión y en la elaboración de los constructos clínico-teóricos de la psicoterapia de grupo.

Ambas líneas de investigación son imprescindibles para la supervivencia de la psicoterapia grupal en la «arena» de los tratamientos en salud mental. Una para satisfacer la *zeitgeist* de los planes socioeconómicos en sanidad y su «evidencia». La otra para seguir consolidando y robusteciendo el *core* teórico, clarificando a nivel técnico y conceptual. La unión de los «procesos» con los «resultados» es el puente que los investigadores deben trazar para salvar lo que algunos autores mencionan como «cisma» entre clínicos e investigadores.

Para acabar, puede que cause tristeza, pero es una realidad que si no se evalúa o investiga la psicoterapia grupal se está fuera de la cartera de servicios públicos. La psicoterapia psicoanalítica grupal, más difícil de conceptualizar y operativizar a la hora de ser investigada, corre el riesgo de verse debilitada en su modelo si no se esfuerza en la tarea de investigación. Pese a reticencias varias, como que la investigación empírica desvirtúa la práctica grupal psicodinámica, el método científico ha demostrado ser bueno para generar y validar conocimientos (Mitjavila, 2013).

10. Investigación con adolescentes en riesgo psicopatológico y de exclusión social

Jordi Artigue y Mark Dangerfield

El Equipo clínico de Intervención a Domicilio (ECID) es un servicio que trabaja con adolescentes de entre 12 y 18 años que presentan alto riesgo psicopatológico y alto riesgo de exclusión social. Este riesgo se define por la doble condición de ser absentistas en el sistema educativo y por presentar trastornos mentales de los cuales no se tratan. Por lo general han vivido experiencias relacionales adversas de negligencia emocional, cuando no de abusos y malos tratos. En una buena parte de los casos estas experiencias relacionales adversas también fueron sufridas por los progenitores en su propia infancia, poniéndose de manifiesto la transmisión transgeneracional del trauma relacional. En estas familias se ponen de manifiesto dinámicas relacionales en las que predominan estilos de vínculo desorganizado e inseguro que tienen relación con las dificultades de mentalización y con los trastornos psicopatológicos que presentan los menores. Las familias sufren, se desbordan y participan en la generación de ciclos en los que se inhibe la mentalización más que favorecer la contención del malestar. Se establecen dinámicas relacionales alteradas en las que se estimula la falta de sintonía, la falta de curiosidad por el otro y se dan respuestas contrarias a lo que el otro realmente necesita, algo que da lugar al rechazo, la hostilidad, la negligencia, los castigos inútiles, etc. Por todo ello, los jóvenes no toleran el contacto con sus necesidades emocionales porque las sienten como amenazadoras para su sistema de supervivencia al no tolerar la dependencia por la falta de confianza en el adulto.

Actualmente, la Fundació Vidal i Barraquer impulsa dos ECID, uno en Badalona y otro en Santa Coloma de Gramanet.

Este segundo equipo es financiado por la Fundació Nous Cims. Son proyectos piloto únicos en España al ser los primeros servicios de salud mental concertados con la red pública de salud para atender este perfil de jóvenes que tienen dificultades de vinculación con los servicios asistenciales ordinarios. El objetivo de los ECID es ofrecer asistencia en salud mental a los adolescentes y a sus familias a domicilio, en la calle, en el instituto o donde el adolescente y su familia acepten, con un foco explícito en construir relaciones de confianza entre los adolescentes y los profesionales del equipo, basándonos en el proyecto AMBIT del Anna Freud National Centre for Children and Families de Londres.

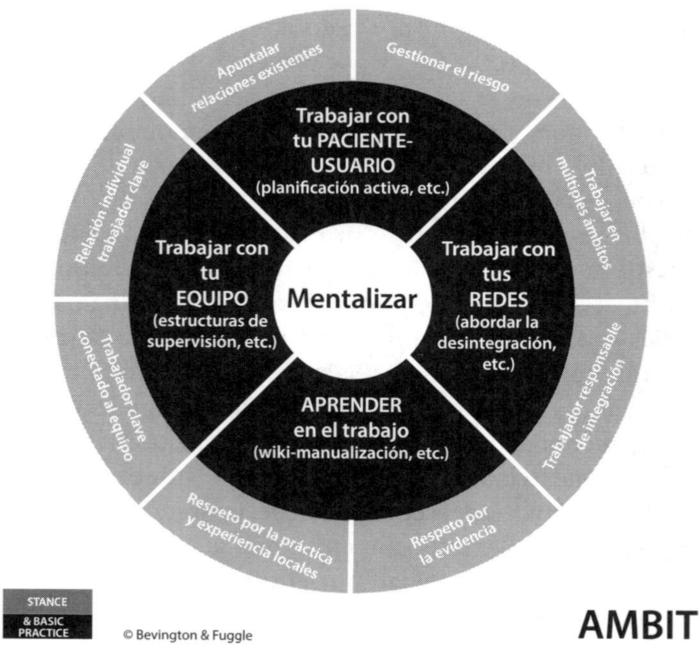

FIGURA 3

AMBIT *(Adaptive Mentalization Based Integrative Treatment)* (Bevington *et al.*, 2012, 2015 y 2017) es un proyecto asistencial que nace del tratamiento basado en la mentalización (Bateman y Fonagy, 2004 y 2016), para equipos que trabajan con jóvenes de alto riesgo que presentan múltiples y complejas dificultades. AMBIT es una aproximación innovadora que integra las intervenciones de salud mental, educación y servicios sociales para ofrecer ayuda directa a estos jóvenes de alto riesgo (véase la figura 3). En 2012 AMBIT recibió el premio Innovation Nation a la innovación en colaboración, otorgado por The Guardian y Virgin Business Media en Reino Unido. En octubre de 2014 Dickon Bevington, director del proyecto AMBIT, fue nombrado uno de los 50 mejores innovadores en salud en Reino Unido por su labor al frente del proyecto AMBIT.

En el ECID trabajamos con menores que han vivido muy aislados emocionalmente en situaciones de intenso sufrimiento, algo que configura un mundo interno lleno de dolor sin palabras. Esto tiene implicaciones importantes a nivel asistencial, puesto que son adolescentes que, muy a menudo, no piden ayuda, sino que, más bien, la pueden rechazar activamente al vivir profundamente desconfiados y desesperanzados frente a lo que las relaciones humanas pueden ofrecer. En estos casos puede ser frecuente que el equipo asistencial trate de encontrar la manera de introducir algún cambio en esta forma de pensar o de sentirse del joven, cuando desde la intervención centrada en el proyecto AMBIT lo primero que deberíamos preguntarnos es: ¿qué debemos cambiar en nuestra propia mente, en nuestro propio equipo, servicio y en la red asistencial para poder llegar a este joven que no espera nada bueno de una relación con un adulto, y todavía menos si es un adulto que trabaja en un equipo de salud mental? AMBIT propone implementar una intervención que se adapte a las características de estos jóvenes, con modificaciones técnicas considerables de la forma en la que están organizados los equipos asistenciales ordinarios en la red pública de salud mental en nuestro país.

La propuesta de AMBIT se centra en el trabajo de vinculación a través de adaptar nuestra mente, nuestro servicio y nuestra red para poder llegar al joven o la joven[13] que no pide ayuda,

13 A partir de ahora utilizaremos el término joven, chico o usuario, en sus formas singular y plural, para referirnos tanto a las personas de género masculino como femenino sin ninguna voluntad de realizar discriminación por razones de género.

que no espera nada bueno de una relación con el adulto, dando prioridad a la relación del menor con un solo profesional, aquel que tenga mejor vinculación con él. El modelo de trabajo es de asistencia a domicilio desde una óptica multidisciplinar. El servicio dispone de profesionales de psiquiatría, psicología, trabajo social, enfermería y educación social. Existe un referente de cada caso, independientemente de su rol de profesional, dado que se prioriza la relación o vínculo de confianza que se pueda establecer con el joven. Se trabaja a domicilio a partir de la petición de ayuda que puede realizar cualquier profesional de las redes de atención a la población del sector, ya sea de salud, salud mental, educación, servicios sociales, protección a la infancia, etc. La petición se valora previa consulta al Centro de Salud Mental Infanto-Juvenil (CSMIJ) de referencia y previa información con el último centro educativo donde estuvo o está matriculado. En el primero se trata de asegurarnos de que realmente no se ha podido establecer un abordaje terapéutico y, en el segundo, de explorar cómo se ha producido la condición de absentista escolar.

En nuestro trabajo, la investigación es una herramienta que nos ayuda a conocer mejor y evaluar nuestro proceso asistencial. Su implementación requiere de recursos y disponibilidad del servicio y del investigador. A continuación se exponen diferentes líneas de trabajo que caracterizan el servicio ECID y que pueden ser susceptibles de observación e investigación.

1. El adolescente en riego de exclusión social

La adolescencia se define como un tiempo de transición entre la infancia y la vida adulta, donde el niño redefine su identidad para integrarse en esta nueva etapa (Feduchi, 1977). Los púberes y los adolescentes que se atienden en el ECID se caracterizan por acumular experiencias relacionales adversas[14] en su vida

14 Consideramos más adecuado hablar de experiencias relacionales adversas (Dangerfield, 2019) y no de victimización o de trauma relacional. Este término se asemeja al de factores de riesgo utilizado en el protocolo del

que interfieren gravemente en sus procesos mentales. La Organización Mundial de la Salud (OMS), en 2014, alertaba sobre los malos tratos en la infancia informando que, según sus estudios, este hecho afecta al 30 % de los menores de edad en Europa.

Actualmente se sabe que la presencia, en los primeros meses de vida, de acontecimientos relacionales adversos altera dichos procesos, dificulta la elaboración de las emociones y afecta a las experiencias relacionales básicas de apego y vinculación, necesarias para el crecimiento del niño y el desarrollo de la capacidad de mentalización (Seligman, 1999). También hay evidencia sobre el hecho de que las experiencias adversas en la infancia relacionadas con el maltrato son el principal factor de riesgo prevenible de los trastornos mentales y del abuso de sustancias (Teicher *et al.*, 2016). El estudio de los factores ambientales ha permitido identificar estresores psicosociales que provocan cambios relacionales, cambios inmunitarios y endocrinos y cambios no directamente visibles, pero sí objetivables con procedimientos adecuados en estructuras cerebrales implicadas en el neurodesarrollo (Sonkoff y Garner, 2012; Teicher *et al.*, 2016). La investigación evidencia la existencia de traumas previos a la aparición de un trastorno mental grave (Bendall, Jackson, Hulbert y McGorry, 2008; Varese *et al.*, 2012; Dangerfield, 2012, 2017 y 2019; Artigue y Tizón, 2014) e incluso la transmisión transgeneracional de los traumas y de sus repercusiones (Dangerfield, 2012 y 2016).

Hay posibles líneas de investigación que pueden aportar datos y ayudar a esclarecer las circunstancias adversas que han dificultado la estructuración del aparato mental en estos jóvenes desde que fueron niños:

- Detección de las experiencias relacionales adversas vividas: análisis cuantitativo y cualitativo de los factores de riesgo presentes en la psicobiografía de los usuarios y sus familias (Artigue, Tizón y Salamero, 2016).

Nen Sá en pediatría (Tizón *et al.*, 2008). En lengua inglesa se conocen como *adverse childhood experiences*, aunque creemos que sería más pertinente hablar de *adverse relational experiences*.

- Estudio de la relación entre la presencia de experiencias relacionales adversas acumulativas y un mayor riesgo de psicosis (Dangerfield, 2019).
- Estudio del tipo de exclusión social: siguiendo propuestas de variables utilizadas en otros informes o estudios como, por ejemplo, analizando el ámbito o los ámbitos de la exclusión social: económico, laboral, formativo, residencial, relacional, sociosanitarios y de ciudadanía (Subirats, 2004), o generando nuevas variables.

2. La familia de los adolescentes

El método de trabajo del ECID se caracteriza por entrar en contacto directo con la familia, sea esta del tipo que sea. Como sugiere Guillermo Salvador (2009), al compararla con el teatro, en la intervención a domicilio no solo entramos en contacto con los actores, sino que conocemos también el escenario por dentro y asistimos a la representación de las relaciones familiares desde su interior. El domicilio es un lugar privilegiado para escuchar y entender el sufrimiento emocional de estas personas.

Trabajando en centros de salud mental, en los despachos, tan solo podíamos asistir a la representación familiar que se había preparado para el día de la consulta. En el domicilio o en los paseos con los usuarios en la calle o en el bar, a través del lenguaje verbal y, sobre todo, del no verbal, a través de la observación del escenario, captamos emociones que nos hacen sentir vida, tristeza, sufrimiento, negligencia, tensión, agresividad, etc.

Desde el sufrimiento, la generosidad de las familias es enorme. Nos dejan entrar en aquello que es más intimo para ellas, aquello que los hace sufrir, el hijo que no quiere salir de la habitación, el chico que no se levanta por las mañanas y que ellas y ellos son incapaces de motivar para que se levante. Asistimos al drama de cada día desde dentro. Reflexionando y pensando en los espacios comunes del equipo, en especial en las supervisiones, comentamos que se nos permite la entrada por dos variables: porque sufren y porque nos viven como alguien que viene a ayudar, no a separar la familia.

Así nos lo transmitía C., una chica de 17 años que llevaba dos años sin ir al instituto. Vivía con su madre, su padre se separó, pero controlaba los gastos y movimientos de la familia y su madre ocultaba al padre el absentismo escolar. Su tiempo lo ocupaba jugando en internet. En la cuarta visita a domicilio, uno de nosotros le propuso dar una vuelta por el barrio. Ella accedió; durante el paseo la llamó la madre para ver cómo estaba. Cuando cuelga dijo: «Bueno, tú no vives en mi mundo, en mi mundo esto es normal. Ya sabes que no me deja estar sola, ni me quiere enseñar a cocinar...».

Las adversidades y los conflictos entre los padres generan situaciones conflictivas que se extienden hacia los hijos e hijas. Es frecuente que ellos funcionen como *pacientes designados,* es decir, que sean las personas señaladas como necesitadas de ayuda cuando en realidad son el exponente de dinámicas alteradas. Cómo señala C., se crean «mundos paralelos», realidades que permanecen ocultas ya que, de entrada, no producen «alarma social».

En los domicilios podemos ver los *escenarios* de estos mundos paralelos, del sufrimiento emocional, empezamos a detectar elementos significativos en torno al funcionamiento emocional de la familia. Por ejemplo, es relativamente frecuente que no haya un espacio para realizar alguna comida en común (mesa del comedor arrinconada o inutilizada), sabiendo que las comidas son una oportunidad para relacionarnos con las personas con las que convivimos. La decoración puede ser una aglomeración de objetos sin aparente relación o decoraciones a base de objetos anclados en el tiempo, en un tiempo pasado en el que existió *vida emocional.* En las habitaciones, algunos chicos tienen todo lo que necesitan para vivir: ordenador, consolas de juegos, pantallas, sillón de competición, música, lugar donde dormir, donde comer y cualquier objeto que consideren necesario para ellos. A veces, encerrados físicamente, incluso con pestillos en las puertas, que solo abren para realizar sus necesidades fisiológicas. O, en el otro extremo, *encerrados en la calle* porque no tienen habitación, porque su habitación es el sofá.

Ante estos escenarios, la pregunta que nos hacemos frecuentemente es: ¿cuándo y por qué los adultos y sus hijos dejaron de comer juntos, de decorar sus vidas, de desconectar el *wifi* para vivir juntos? ¿Cuándo y por qué aquello que hoy los adultos consideran patológico y para lo que piden ayuda, pensaron que era normal? ¿Cuándo empezaron a pensar que ya cambiarían con el tiempo?

Sabemos que la pubertad es un momento clave para estas cuestiones. En este período se precipitan conflictos preexistentes y no detectados. También aparecen los conflictos de identidad en contextos alterados. Intervenir aquí es prevenir la génesis de trastornos mentales graves o de alteraciones graves de conducta. Entendemos que estos son la única forma que tienen algunos chicos para resolver el conflicto emocional cuando están rodeados de adultos en los que no pueden confiar.

En este ámbito, si podemos detener este deterioro de las relaciones familiares, del escenario familiar, estamos realizando prevención secundaria. En algunos casos estamos actuando sobre lo que se denominan «estados mentales de alto riesgo» (EMAR) (Artigue, 2018) para la psicosis, aunque sea de forma muy incipiente.

La investigación en estas intervenciones familiares se puede vertebrar en relación con diferentes ámbitos:

- Estilo de relaciones de apego, del usuario con la familia, del usuario con el o los profesionales (Quijada *et al.*, 2012). Los estilos de apego nos dan información sobre cómo se vinculan las personas entre sí y si tienen un alto poder predictivo en la evolución de los tratamientos (Debbané *et al.*, 2016).
- Estudio de la relación entre la presencia de experiencias relacionales adversas en los jóvenes atendidos y el hecho de que sus padres sufrieran experiencias relacionales adversas en su propia infancia, o estudio de la transmisión transgeneracional del trauma relacional (Dangerfield, 2019).

- Tipología familiar o tipos de *escenarios* familiares. Sería interesante describir algunas características externas que observamos en las familias. De estas podríamos inferir una tipología familiar en relación con los hábitos cotidianos. Nuestra observación directa nos hace pensar que hay detalles de la organización familiar que coinciden con situaciones psicopatológicas en el paciente designado y que valoramos como especialmente difíciles. Por ejemplo, la presencia de habitaciones con pestillo, ausencia de mesa para comer juntos, pantallas en cada dormitorio, etc.
- Estudios de tipo cualitativo, de base observacional, sobre el funcionamiento mental de las familias. Realizados a través de la observación directa y que se sistematizarían a través de técnicas similares a la observación terapéutica en la primera infancia (salvando, evidentemente, las distancias propias de la edad) y de técnicas utilizadas en los estudios de campo antropológicos.
- Estudios, desde la teoría de la mentalización, del tipo de pensamiento y de comunicación predominante que existe en la familia. También sería de base observacional.

3. Los adolescentes que viven en internet

Es habitual que los profesionales nos preguntemos: ¿cómo viven los adolescentes los conflictos familiares, las situaciones de incomprensión, las discusiones con los iguales?

Los adolescentes que atendemos se caracterizan por haber perdido la confianza en los iguales y en los adultos. A partir de situaciones de negligencia, de abandono emocional, de maltrato o de conflictos continuados en los cuales no se han sentido ayudados se aíslan. Fruto de estas adversidades se van cerrando en su mundo, se hacen inaccesibles a los que lo rodean. A veces logran quedarse en su habitación incluso a la hora de comer; casi no salen ni se duchan. Son muy sensibles a las palabras, a las expresiones que denotan incomprensión. Se instala en sus vidas la desconfianza epistémica hacia todo aquello que sienten como una amenaza, incluidos los profesionales que quieren ayudarlos.

En muchos casos se abre otro mundo: mientras se cierra el de las relaciones *en vivo* se abre el de las relaciones virtuales. Los jóvenes sienten, tienen emociones, aman, odian, se frustran, ríen, explican intimidades, quedan, hacen parejas. Buscan reconocimiento y éxitos, acosan y son acosados, compran, intercambian y venden objetos. Todo a través de las pantallas, en chats, juegos, YouTube, utilizando internet en general. Desde el mundo adulto esto se califica de adicción. Pero la dependencia y adicción se fundamenta en que satisface necesidades básicas que no pueden cubrir en las relaciones no virtuales. Al igual que en otras adicciones, la ansiedad no se suprime, se evita parcialmente, pero permanece en el fondo de la psique y se suele acumular peligrosa y silenciosamente porque el sujeto no tiene conciencia de ello y no pide o no puede pedir ayuda.

Algunos adultos criados y educados sin internet pueden caer en la banalización de que suprimiendo internet se suprime el problema. Es evidente que no es así y que ahí construyen su refugio del cual no podrán salir si no los ayudamos a trabajar sus conflictos más básicos (autoestima, tolerancia a la frustración, empatía, etc.), esos que otros adolescentes resuelven a través del deporte, las actividades en grupo o los intereses profesionales.

Que un adolescente te deje entrar en una de estas habitaciones y te hable o te mire ya es entrar en su mundo, más si te explica a qué juega. Descubrimos sus emociones en estado puro. Hemos visto a campeones nacionales de un juego de móvil, a chicos diagnosticados de fobia social reír, hablar y discutir con otros chicos. A jóvenes con fracaso escolar planificar estrategias de juego, memorizar datos, vencer en batallas. Fue interesante ver el estilo de comunicación en el caso de un púber, con diagnóstico de TEA, que nos dejó observar cómo jugaba, escuchar y ver la pantalla en silencio mientras él *actuaba*. En ese espacio, en esa habitación, su sistema de comunicación no era el propio del diagnóstico, sacaba sus mejores capacidades, esas que según el diagnóstico no tenía. De ahí la importancia de entrar en el *escenario* del chico, de no evaluarlo solo según nuestro *escenario profesional.*

Existe un momento clave, entre el final de la pubertad y el inicio de la adolescencia, en el cual el niño corre el riesgo de cerrarse en ese mundo virtual. En muchos casos coincide con el cambio escolar de la primaria a la secundaria. Además, suelen ser personas a las cuales en su infancia no se les ha favorecido la expresión de las emociones, no han tenido la oportunidad de encontrar adultos empáticos y no se les han facilitado herramientas para tolerar, afrontar y superar o elaborar las frustraciones.

Esa es la base del tratamiento que se intenta implementar en el ECID: diferentes modalidades terapéuticas que tienen en común la utilización de la empatía, la comunicación verbal y no verbal y la capacidad de mentalizar, con el usuario, las familias y los profesionales que trabajan con ellos. No se trata de separar y clasificar síntomas, sino de reconstruir relaciones de confianza deterioradas, internas y externas. Algo que han desarrollado autores como Bateman y Fonagy (2004 y 2016) o Bevington *et al.* (2012, 2015 y 2017) a través de la teoría de la mentalización.

Así, en el nivel individual, la investigación nos puede ayudar a explorar y conocer cómo el adolescente vive su mundo y sus relaciones con el mundo del adulto:

- *Autopercepción de calidad de vida y del funcionamiento social.* Este es un ámbito de estudio interesante en las personas que atendemos. Al igual que en otras investigaciones sobre la vida de los pacientes en estados mentales de riesgo es probable que la autopercepción no se manifieste alterada a pesar de un funcionamiento social para nosotros incapacitado, lo cual pone de manifiesto la importancia de considerar en los tratamientos no solo la mejora de los síntomas psicopatológicos, sino incidir en las funciones y calidad de vida (Morales *et al.*, 2012).
- *Autopercepción del estado de salud mental.* Existen diferentes cuestionarios que permiten a la persona valorar su conciencia y percepción de los problemas de salud

mental que padece. Además, uno de ellos, el cuestionario SDQ de fortalezas y dificultades (SDQ, de su nombre en inglés, *Strengths and Difficulties Questionnaire)*, (Goodman, 1997) es ampliamente utilizado en el ámbito infantil y forma parte del estudio ROM *(Routine Outcome Measurement)*. Otro instrumento, el cuestionario GHQ de Goldberg (GHQ de su nombre en inglés, *General Health Questionnaire)*, utilizado tanto en el ámbito infantil como en el de adultos, ha sido validado en población española (Lobo *et al.*, 1986) y algunos de nosotros lo hemos utilizado en estudios de prevención en salud mental (Artigue *et al.*, 2013).

- Percepción de los profesionales del estado de salud mental de los usuarios. Se pueden utilizar diversos instrumentos, uno de ellos, el HONOSCA (HONOSCA, de su nombre en inglés, *Health of the Nation Outcome Scale of Children and Adolescents)* (Gowers *et al.*, 1999), valora los cambios en la sintomatología de los pacientes. Es una escala reconocida e implementada en los servicios de salud mental, forma parte del estudio ROM y recientemente se han vuelto a realizar estudios de validación en catalán y castellano (Ballesteros *et al.*, 2018). Otro es la Escala Integradora de AMBIT (AIM - AMBIT *Integrative Measure)* adaptada por Bevington y Fuggle (2009), que valora la percepción del joven de los problemas que está viviendo en los diferentes ámbitos de su vida. Es un instrumento similar a las cartas AIM, que facilitan la expresión a personas con dificultades para poner palabras a sus emociones.

4. Estudios de investigación

En los apartados anteriores se han ido citando características personales, familiares y contextuales que pueden dar lugar a diversos estudios de investigación. Es probable que al lector ya se le hayan ocurrido diferentes formas de agrupar o comparar dichas variables. Seguramente, esa es una de las bases más eficaces para el inicio de una investigación, la motivación personal por adquirir conocimiento en algo que nos llama la atención.

Nuestro trabajo a domicilio con usuarios y sus familias también nos estimula a ampliar nuestros conocimientos sobre las diferencias de funcionamiento observadas. Por ejemplo, hay una serie de preguntas que podríamos convertir en hipótesis en futuras investigaciones. En general son temas de los que ya existen investigaciones y bibliografía científica, pero no por ello deja de ser interesante y motivador replicar estudios o innovar en alguno de ellos:

- La exclusión social ¿se transmite transgeneracionalmente?
- Los factores de riesgo en la primera infancia ¿predicen la aparición de un trastorno en la adolescencia?
- ¿Qué factores pueden determinar el mayor riesgo de exclusión social? Por ejemplo, el género, el nivel socioeconómico, el tipo de familia, la psicopatología del usuario, la edad, el fracaso escolar u otras variables pueden ser objeto de estudio para responder a esta pregunta.
- ¿La utilización masiva de internet aumenta el nivel de psicopatología del adolescente?
- ¿El tipo de vínculo que establece el paciente, condiciona el tratamiento?
- ¿Qué significa *estar bien* para este tipo de adolescentes?
- La utilización de las pantallas ¿genera un nuevo modelo de comunicación en las familias?
- ¿Es rentable, para la sociedad, atender a domicilio a este tipo de adolescentes? O, dicho de otra forma, ¿la exclusión social así atendida, consume menos recursos comunitarios?

A modo de conclusión, este es un *escenario* abierto. Al lector le pueden surgir intereses en relación con lo aquí expuesto que a los autores no se les hayan ocurrido o pensado. Al igual que las familias nos dejan penetrar en sus *escenarios mentales*, el servicio ECID también pretende que la investigación y los investigadores puedan penetrar en la mejora de la comprensión de las personas atendidas, en los *escenarios* de la intervención comunitaria.

PARTE III

INVESTIGAR EN PSICOTERAPIA PSICOANALÍTICA: FUNDAMENTOS METODOLÓGICOS Y ESTADÍSTICOS

11. Investigación en psicoterapia psicoanalítica: metodología cuantitativa

JOSEP MERCADAL

Este apartado tiene como objetivo ofrecer una síntesis sobre cómo realizar una investigación fundamentalmente desde la perspectiva cuantitativa (ya que el siguiente capítulo lo hará desde la cualitativa), partiendo de los conceptos básicos, el planteamiento de la pregunta, el tipo de diseño, la recogida de datos, las estadísticas a aplicar, etc.

1. Elaboración de un proyecto de investigación

Resulta imprescindible para cualquier estudio elaborar un proyecto antes de empezar a trabajar. Dicho de otra manera, el primer trabajo (aunque previo) de cualquier investigación debe ser la elaboración del proyecto que se va a llevar a cabo. A continuación ofrecemos dos esquemas que pueden ayudar a elaborar el proyecto de investigación: el primero, de Hulley, y el segundo del autor de este capítulo (véanse las figuras 4 y 5).

Título

Pregunta a investigar *(Es recomendable hacer una hoja para cada pregunta si la investigación es compleja)*

Antecedentes y relevancia

3 cosas que se saben	3 cosas que aportará esta investigación
1)	1)
2)	2)
3)	3)

(continuación)

Tipo de diseño

Sujetos
Criterios de inclusión/exclusión
Población, muestra y procedimiento

Variables

	Variable teórica	Indicador medible
Predictores		
Criterio		
Confusión		

Intervención o tratamiento *(si lo hay)*

Análisis estadístico
Hipótesis a contrastar
Método de análisis estadístico
Potencia del diseño
α: β: *effect size:* N:

FIGURA 4. Esquema de Hulley para la elaboración de un proyecto de investigación

Título

Identificación del proyecto
Breve descripción del proyecto

Antecedentes y estado actual del tema

Bibliografía más relevante

Objetivos concretos del estudio e hipótesis
Objetivos e hipótesis principales
Objetivos e hipótesis secundarias

Aplicabilidad y utilidad práctica de los resultados previsibles

Método
Participantes
Instrumentos
Procedimiento

Limitaciones del diseño

Implicaciones éticas

Previsión de la difusión de resultados

Etapas y calendario

Viabilidad del proyecto

FIGURA 5. Esquema de Mercadal para la elaboración de un proyecto de investigación

Siguiendo un esquema como los descritos y elaborando un proyecto de investigación, se delimita la magnitud del estudio y no se deja espacio para la improvisación. Es ampliamente conocida la poca viabilidad de los estudios que empiezan cuando ya se tiene una muestra, unos datos o unos cuestionarios administrados y se quiere «sacar provecho» de ellos. Estos casos, en los que la improvisación, imaginación o creatividad toman el mando, suelen acabar con resultados poco fiables, con un método poco efectivo, un diseño con poca potencia y, por lo tanto, con poco recorrido para el artículo resultante.

Por ello creemos que es de vital importancia tener claro qué se ha escrito y qué ofrece la bibliografía sobre lo que estamos interesados en investigar, tener unos objetivos e hipótesis claros, cómo vamos a obtener los datos y qué impacto o utilidad van a tener luego en la sociedad o en otros profesionales. De esta manera nos aseguramos de que nuestro tiempo y esfuerzo valga la pena y que no va a ser en vano si *a posteriori* descubrimos que alguien ya hizo esa investigación o que no es factible hacerla en nuestro entorno por falta de muestra o instrumentos validados y fiables, o por el motivo que sea.

En este punto, y no más adelante, pensamos que es importante hablar de cómo se empieza una investigación. Pues bien, para realizar una investigación es imprescindible hacernos una pregunta. Una vez se ha establecido la pregunta y se pretende elaborar un proyecto de investigación, esa pregunta pasa a denominarse hipótesis. Pero ¿cómo surge una pregunta? ¿Cómo sabemos si una pregunta es buena o si su respuesta va a generar interés? Estos interrogantes no son fáciles de resolver, pero hay una serie de pistas que nos pueden ayudar. Respecto de lo primero, podríamos decir que una pregunta debe surgir de nuestro interés en la práctica clínica que ejercemos. Pensamos que es muy difícil ser un buen investigador si uno no sabe de primera mano lo que está investigando. Por lo tanto, las preguntas surgen de observaciones que hacemos en nuestra práctica clínica, de las cuales no tenemos respuesta. Se trata de «vacíos» que solo se pueden detectar con la práctica. Por ello resulta tan interesante (e indicado) que los clínicos también se interesen por la investigación y los investigadores por la clínica, ya que sin eso nos quedamos sin preguntas, o aún más, sin buenas preguntas. Esto nos lleva al segundo interrogante. Una pregunta es buena desde el momento en que el clínico-investigador está interesado en resolverla. Es muy difícil que una investigación sobre una pregunta que no nos interesa coseche buenos resultados. Aunque esta no es la única pista que debemos seguir. Para saber si una pregunta es buena no solo a nivel personal o institucional, debemos recurrir a la bibliografía existente y percatarnos de lo que ya se ha escrito sobre el tema en nuestro entorno e internacionalmente. Seguramente ya se habrá escrito algo, no nos desanimemos. Como veremos más adelante, no debemos pretender realizar una investigación que explique una realidad muy amplia y compleja, sino tratar de explicar una parte pequeñita de la misma. He aquí la utilidad de revisar la bibliografía existente: por un lado, no repetir cosas que ya se han hecho (a no ser que se trate de un estudio de replicación, lo cual conlleva su propia metodología), y por la otra, afinar nuestra pregunta dotándola de matices que puedan resultar interesantes en nuestro entorno laboral y/o social.

2. Conceptos básicos

Antes de indagar en aspectos metodológicos, debemos tener claros algunos conceptos básicos: los datos.

Los datos pueden adoptar muchas formas distintas. Necesitamos saber qué forma adopta cada variable antes de poder tomar una decisión respecto del método estadístico más adecuado a utilizar. Cada variable y los datos resultantes serán de uno de los dos siguientes tipos:

- Datos categóricos o cualitativos: cuando cada individuo solo pueda pertenecer a una de las diferentes categorías de la variable.
  - Datos nominales: las categorías no están ordenadas, simplemente tienen un nombre (por ejemplo, grupo sanguíneo, estado civil, etc.).

- Datos ordinales: las categorías están ordenadas de algún modo (por ejemplo, estados de la enfermedad —avanzado, moderado, leve, ninguno—; grado de dolor —severo, moderado, leve, ninguno).

Una variable categórica es binaria o dicotómica cuando solo hay dos categorías posibles (por ejemplo, sí/no, vivo/muerto, con enfermedad/sin enfermedad, etc.).

- Datos numéricos o cuantitativos: cuando la variable toma un valor numérico.
  - Datos discretos: cuando la variable solo puede tener cierto valor numérico (número de visitas al psicólogo en un año, número de episodios psicóticos de un individuo los últimos seis meses, etc.). Se trata de números enteros, sin decimales.
  - Datos continuos: cuando no hay limitación en los valores que la variable puede tomar (por ejemplo, altura, peso, etc.). Se trata de números que pueden incluir decimales.

Además, hay otro tipo de datos como los porcentajes, ratios o cocientes, tarifas y decenas, aunque estos son menos frecuentes.

En cuanto a las variables, las principales en cualquier investigación son la dependiente y la independiente. La independiente es la que cambia o es controlada para estudiar sus efectos en la variable dependiente. Por lo tanto, la dependiente es la variable que se investiga y se mide.

A su vez, es importante que una vez se hayan introducido los datos en el programa estadístico se haga una comprobación de los errores que se hayan podido cometer y de los valores atípicos. En un estudio siempre van a existir errores. Es imposible realizar un estudio sin errores. Lo conveniente es que se pueda lograr que el error sea lo más pequeño posible. Hay diferentes tipos de errores en los datos:

- Errores de mecanografía: se trata de los errores de escritura al entrar datos; son los más frecuentes.
- Comprobación de errores:
  - Datos categóricos o cualitativos: es fácil comprobar estos errores, ya que las respuestas para cada variable solo pueden tomar un número; por lo tanto, los valores que no son admitidos deben ser errores.
  - Datos numéricos o cuantitativos: son los más propensos a errores. Lo que se puede hacer es especificar un límite superior e inferior. De este modo, si algún valor sobrepasa dicho límite estaremos ante un error.

¿Qué hacer cuando nos faltan datos? Si los datos que faltan tienden a agruparse en una determinada variable y/o en un particular subgrupo de individuos, entonces puede indicar que la variable no es aplicable o que nunca se ha medido para ese grupo de personas. Si este es el caso, puede ser necesario excluir esa variable o grupo de individuos del análisis. Siempre hay una posibilidad de que algunos datos se pierdan. Si se pierden datos en gran cantidad, los resultados serán poco fiables.

Por su parte, otro aspecto importante en los datos son los valores atípicos. Se trata de observaciones que son distintas respecto del grosor principal e incompatible con el resto de los datos. Estos valores pueden ser fruto de individuos con niveles muy extremos en la variable. Es importante detectar si hay valores atípicos en los datos y establecer cómo pueden afectar en los resultados del análisis. Un método sencillo para hacerlo es imprimir los datos y comprobar visualmente. Es importante no eliminar a un individuo de un análisis simplemente porque sus valores son mayores o menores de lo esperado.

Por otra parte, una de las primeras cosas que podemos desear hacer cuando ya hemos introducido los datos en el ordenador es resumirlos de alguna manera para obtener una «sensación» general. Esto se puede hacer mediante diagramas, tablas o estadísticas de resumen. Los diagramas son potentes herramientas para transmitir información acerca de los datos, para proporcionar cuadros de resumen sencillos y para la detección de valores atípicos y tendencias antes de llevar a cabo los análisis formales. Para hacerlo necesitamos saber la distribución de frecuencia empírica de cada variable, que no es otra cosa que la relación con cada posible observación, clase de observaciones o categorías (como proceda), a su frecuencia de ocurrencia observada. Si reemplazamos cada frecuencia por una relativa podemos comprobar las distribuciones de frecuencia en dos o más grupos de individuos. Una vez que las frecuencias se han obtenido para datos categóricos (cualitativos) o numéricos (cuantitativos) discretos, estos se puedes visualizar de las siguientes maneras:

- «Bar» o gráfico de barras: se dibuja una barra horizontal o vertical separada para cada categoría. Las barras están separadas por huecos para indicar que los datos son categóricos o discretos.
- Gráfico circular: se divide un «pastel» circular en sectores, uno para cada categoría.

Y para datos numéricos continuos, podemos utilizar:

- Histograma: similar a un gráfico de barras, pero sin huecos entre ellas.
- Gráfico de puntos: cada observación está representada con un punto en una línea horizontal o vertical. También puede ser usado para datos discretos.
- Diagrama de «tallo y hojas»: se trata de una mezcla de un diagrama y una tabla. Por lo general, se dibuja con un tallo vertical donde constan los primeros dígitos de los valores en orden.
- Diagrama de caja: rectángulo horizontal o vertical, con los extremos correspondientes al cuartil superior e inferior de los valores. Una línea trazada a través del rectángulo corresponde al valor de la mediana.

La «forma» de la distribución de frecuencias es importante, ya que de ello dependerá la elección del método estadístico más adecuado. La distribución de los datos es a menudo unimodal, con un solo pico. También puede ser bimodal (dos picos) o uniforme (cada valor es igualmente probable y no hay picos). Cuando la distribución es unimodal el objetivo principal es ver dónde se encuentra la mayoría de los valores con respecto a los valores máximos y mínimos. Es importante saber si la distribución es:

- *Simétrica:* en torno a algún punto medio, con un lado siendo la imagen-espejo del otro.
- *Sesgada hacia la derecha (sesgo positivo):* una larga cola a la derecha con uno o unos pocos valores bajos.
- *Sesgada hacia la izquierda (sesgo negativo):* una larga cola a la izquierda con uno o unos pocos valores altos.

En caso de ser simétrica se utilizarán estadísticos paramétricos; en caso contrario se deberán utilizar estadísticos no paramétricos.

El promedio: Es muy difícil tener una idea global sobre un conjunto de datos, pero podemos resumirlos de manera significativa. Un diagrama puede ser útil. También podemos condensar la información a través de medidas que describan las características importantes de los datos.

- *La media aritmética:* a menudo llamada simplemente «media», de un conjunto de valores se calcula mediante la suma de todos los valores y dividiendo esta suma por el número de valores en su conjunto.
- *La mediana:* si ponemos nuestros datos ordenados de mayor a menor, entonces la mediana es el valor que queda justo en el medio. La mediana divide los valores ordenados en dos mitades, con un número igual de valores por encima y por debajo de ella. Si N es par, estrictamente no hay mediana.
- *La moda:* es el valor que se reproduce o repite con mayor frecuencia en un conjunto de datos. Si los datos son continuos se suelen agrupar y se calcula la moda en el grupo.

- *La media geométrica:* la media aritmética es una medida de resumen inadecuada si nuestros datos son asimétricos. Si los datos son asimétricos a la derecha podemos producir una distribución que es más simétrica si cogemos el logaritmo de cada valor de la variable en este conjunto de datos.
- *La media ponderada:* la utilizamos cuando ciertos valores de la variable de interés son más importantes que otros. Adjuntamos un peso a cada uno de los valores en nuestra muestra para reflejar esta importancia.

La propagación o dispersión: si somos capaces de proporcionar dos medidas de resumen de una variable continua, una que da una indicación del valor «promedio» y otra que describe la «propagación» o «dispersión», entonces tenemos condensados los datos de una manera significativa.

- *El rango:* es la diferencia entre el valor más alto y el más bajo del conjunto de los datos. El rango proporciona una información engañosa en caso de haber valores atípicos.
- *Rangos derivados de percentiles:* ¿qué son los percentiles? Supongamos que ordenamos nuestros datos en orden de magnitud, a partir del valor más pequeño de la variable «x» y terminando con los más grandes. Los valores de «x» que engloban el 1 % de las observaciones en el conjunto de datos ordenados, se llama primer percentil (el 99 % de las observaciones restantes se extiende por encima de ella). El valor o los valores de «x» que engloban el 2 % de las observaciones que se encuentran por debajo, se llama segundo percentil. Y así sucesivamente. Si el conjunto de los datos se divide de diez en diez (10 %) en lugar de uno a uno (1 %), se llaman deciles. Si es en 25 %, 50 %, 75 % se llaman cuartiles. Finalmente, el percentil 50 % se llama mediana.

  Podemos obtener una medida de la extensión que no está influenciada por valores atípicos, excluyendo los valores extremos del conjunto de la muestra, y determinando después el rango de las observaciones restantes. El rango intercuartil es la diferencia entre el primer y el tercer cuartil, es decir, entre el percentil 25 y el 75. Los rangos interdeciles contienen las observaciones centrales (80 %), mientras que solo queda fuera el 10 % por encima y por debajo. A menudo se utiliza el rango que contiene el 95 % central de las observaciones. Se llama el intervalo de confianza.

- *La varianza:* una forma de medir la dispersión de los datos es determinando el grado en que cada observación se desvía de la media. Evidentemente, cuanto más grande sea la dispersión, mayor será la variabilidad. Sin embargo, no podemos utilizar la media de estas desviaciones como medida de dispersión debido a que las diferencias positivas anulan a las negativas. Podemos resolver este problema elevando al cuadrado cada desviación y efectuando la media de estas desviaciones al cuadrado. Esto se llama «varianza».
- *La desviación estándar* es la raíz cuadrada de la varianza. Podemos pensar en la desviación estándar como una especie de media de las desviaciones de las observaciones de la media. Si dividimos la desviación estándar por la media y expresamos el coeficiente como un porcentaje se obtiene el coeficiente de variación. Esta es una medida de dispersión que es independiente de la unidad de medida, pero tiene desventajas teóricas y no es favorable para la estadística.

Probabilidades y distribuciones: la probabilidad es un número que tiene un valor de 0 a 1. Si es igual a 0, entonces no puede ocurrir el evento. Si es igual a 1 debe producirse sin excepción. Podemos calcular una probabilidad utilizando diversos enfoques:

- *Subjetivo:* nuestro grado personal de creencia de que ocurra.

- *Frecuencia:* la proporción de veces que el evento tendría lugar si se repite el experimento un gran número de veces.
- *A priori:* requiere el conocimiento del modelo teórico, llamado «distribución de probabilidad», que describe las probabilidades de todos los resultados posibles del experimento.

Distribuciones de probabilidad: una variable aleatoria es una cantidad que puede tomar uno o cualquiera de un conjunto de valores mutuamente excluyentes con una probabilidad dada. Una distribución de la probabilidad muestra las probabilidades de todos los valores posibles de la variable aleatoria. Dependiendo de si la variable aleatoria es discreta o continua, la distribución de probabilidad puede ser:

- *Discreta:* podemos derivar probabilidades correspondientes a cada valor posible de la variable aleatoria. La suma de todas las probabilidades es uno.
- *Continua:* solo podemos derivar la probabilidad de la variable aleatoria «x» tomando valores en ciertos rangos o categorías. Si el eje horizontal representa los valores de «x» podemos dibujar una curva a partir de la ecuación de la distribución. El área total bajo la curva es uno.
- *La distribución normal (Gauss)* es una de las distribuciones más importantes en estadística. Su función de densidad de probabilidad es:
  - Completamente descrita por los parámetros, la media y la varianza.
  - Unimodal, en forma de campana.
  - Simétrica, alrededor de su media.
  - Desplazada hacia la derecha si se aumenta la media y hacia la izquierda si se disminuye.
  - Aplanada, cuando la varianza se incrementa.
  - La distribución normal estándar (DNE): hay un número infinito de distribuciones normales en fun-

ción de los valores de la media y la varianza. La DNE es una DN con peculiaridades.

Hay otras distribuciones que se basan en variables aleatorias continuas. A menudo no se trata de una variable medible que sigue una distribución, sino de una estadística derivada de la variable:

- La distribución *t (Student):*
  - El parámetro que caracteriza la distribución *t* es el grado de libertad *(df)*, por lo que podemos identificar la función de densidad de probabilidad si conocemos la estimación de la distribución *t* y sus grados de libertad.
  - Su forma es similar a la de la distribución estándar, pero está más extendida, con colas más largas.
- La distribución *chi*-cuadrado:
  - Es una distribución sesgada a la derecha tomando valores positivos.
  - Se caracteriza por sus grados de libertad.
  - Su forma depende de sus grados de libertad. Se hace más simétrica y se aproxima a la normalidad cuando los grados de libertad aumentan.
  - Es particularmente útil para el análisis de datos categóricos.
- La distribución F:
  - Está sesgada a la derecha.
  - Se define por una relación. La distribución de una proporción de dos varianzas estimadas calculadas a partir de los datos normales se aproxima a la F-distribución.
  - Los dos parámetros que la caracterizan son los grados de libertad, el numerador y el denominador de la ratio.
  - La DF es particularmente útil para comparar dos varianzas, y más de dos medias utilizando el análisis de varianza (ANOVA).

- La distribución logarítmica:
  - Es la distribución de probabilidad de una variable aleatoria cuyo logaritmo sigue una distribución normal.
  - Muy sesgada hacia la derecha.
  - Si cuando tomamos registros de nuestros datos en bruto que son sesgados a la derecha nos produce una distribución empírica que es casi normal, entonces nuestros datos se aproximan a la distribución logarítmica normal.
  - Si un conjunto de datos tiene una distribución logarítmica normal podemos utilizar la media geométrica como una medida de resumen de ubicación.

La muestra: el método científico considera que para llevar a cabo una investigación, la muestra debe ser N igual o superior a 30. Esta cifra, sin embargo, solo es orientativa, ya que cada investigación requerirá de una N mayor o menor en función del diseño y de su potencia. En otras palabras, el número de sujetos deberá variar en función de las características de los mismos: no es conveniente tener una N = 30 en una investigación en la que los sujetos representan la población normativa; en cambio, en una investigación en la que los criterios de inclusión y exclusión sean muy estrictos, la N puede llegar a ser de 30 (por ejemplo, sujetos que han sobrevivido a accidentes de avión).

El tamaño de la muestra, a su vez, influye en los resultados de distinto modo:

- Si el tamaño de la muestra es bastante grande, las estimaciones de la muestra siguen una distribución normal.
- Si el tamaño de la muestra es pequeño, las estimaciones de la media siguen una distribución normal siempre que los datos de la población sigan una distribución normal.
- La media de las estimaciones es una estimación no sesgada de la media real en la población, es decir, la media de las estimaciones es igual a la media de la población real.

- La variabilidad de la distribución se mide por la desviación estándar de las estimaciones. Esto se conoce como el error estándar de la media.

Cuando solo tenemos una muestra, como es habitual, nuestra mejor estimación de la media de la población es la media de la muestra, y debido a que rara vez sabemos la desviación estándar de la población, se estima el error estándar de la media a través del error estándar de la media (SEM). El SEM proporciona una medida de la precisión de nuestra estimación. Si tenemos un error estándar grande significa que la estimación es imprecisa; en cambio, un error estándar pequeño indica que la estimación es precisa. Podemos reducir el error estándar, es decir, obtener una estimación más precisa si incrementamos el tamaño de la muestra o si los datos son menos variables. En este mismo sentido cabe destacar el concepto de «desviación estándar» (SD), que describe la variación en los valores de datos y se debe utilizar si se desea ilustrar su variabilidad. El error estándar (SEM) describe la precisión de la media de la muestra, y se debe utilizar si se está interesado en la media de un conjunto de valores de datos.

Una vez hemos tomado una muestra de nuestra población, obtenemos un punto de estimación del parámetro de interés y calculamos su error estándar para indicar la precisión de la estimación. En general, el intervalo de confianza se extiende a ambos lados de la estimación, para múltiples errores estándar; los dos valores (los límites de confianza) que definen el intervalo están separados, por lo general, por una coma, un guion o la palabra «a» y están contenidos en los soportes.

- Intervalo de confianza para la media:
  - Uso de la distribución normal: como ya hemos dicho, la media de la muestra sigue una distribución normal si el tamaño de la muestra es grande. Por lo tanto, podemos hacer uso de las propiedades de la distribución normal cuando la muestra se considere significativa. En particular, el 95 % de la distribución de la media significa encontrarse dentro del

1,96 de la SD de la media poblacional. A esto se le llama SD en el error estándar de la media (SEM), y cuando tenemos una sola muestra, el 95 % (intervalo de confianza) para la media es: [media de la muestra – (1,96 x SEM) a la media de la muestra + (1,96 x SEM)].

  - Uso de la distribución *t:* estrictamente solo debemos utilizar la distribución normal en el cálculo si conocemos el valor de la varianza en la población. Por otra parte, si la muestra es pequeña la media de la muestra solo sigue una distribución normal si los datos de población subyacentes se distribuyen normalmente.

- Intervalo de confianza para la proporción:
  La distribución de la muestra de una proporción sigue una distribución binomial. Sin embargo, si el tamaño de la muestra es considerablemente grande, entonces la distribución muestral de la proporción es aproximadamente normal con la media.
  - Interpretación de los intervalos de confianza
    > ¿Cuán amplio es? Un intervalo ancho indica que la estimación es imprecisa. Un intervalo estrecho indica una estimación precisa. El tamaño depende del tamaño del error estándar, que a su vez depende del tamaño de la muestra, y cuando hablamos de una variable numérica, de la variabilidad de los datos.
    > ¿Qué implicaciones clínicas se pueden derivar de ellas? La parte superior y límites inferiores proporcionan una forma de evaluar si los resultados son clínicamente importantes.

3. Diseño

Cuando se realiza un estudio que requiere de un análisis estadístico es importante tener presente que buscamos un modelo para explicar una realidad (los datos). Por modelo entendemos el «método» que aparece en cualquier artículo científico, compuesto por participantes, instrumentos y procedimiento. Procuramos entonces que este modelo sea el más simple posible y asumimos que esto significa una aproximación a la realidad. Es decir, aceptamos que el modelo no explica completamente la realidad. A esta falta de ajuste la denominamos el error del modelo.

Realidad = Modelo + Error

Esquemáticamente, podríamos decir que el diseño de un estudio consiste en esto. Si pretendemos explicar o estudiar una realidad amplia necesitaremos un modelo muy complejo (con una muestra muy grande, con instrumentos de evaluación muy potentes, etc.) y probablemente tendremos un error muy elevado, con lo que la potencia del diseño será pequeña. En cambio, si queremos explicar una realidad pequeña, simple o acotada, en la que podamos controlar buena parte de las variables extrañas y en la que podamos conseguir un modelo potente sin hacer grandes esfuerzos, probablemente nos resultará un error pequeño, con lo que podremos obtener resultados y conclusiones bastante fiables. Cabe recordar que, en nuestro campo, una ciencia social, hay un sinfín de variables que influyen e interactúan con las variables que queremos estudiar. Esto ocurre a menudo sin que nos demos cuenta, con lo cual tenemos que asumir que es prácticamente imposible atribuir una causalidad entre un grupo de variables. Si nos fijamos en el caso de la física, la realidad es bien distinta. Los físicos investigan realidades muy pequeñas, con un número limitado de variables, con lo que es más fácil poder controlarlas y obtener un error casi inexistente.

El error del modelo está formado por dos componentes. El primero son las variables que no hemos considerado. El segundo es el error de medida de las variables que intervienen en el modelo. Para eso es importante conocer la fiabilidad y validez de los instrumentos que utilicemos.

Como ya hemos dicho, tenemos cierta información de la muestra, pero nuestro interés recae en la población de la que procede la muestra. Es decir, queremos que nuestras conclusiones sean generalizables a la población. Si no podemos generalizar la información, los resultados no tienen interés para cualquier clínico o investigador que se ocupe de otros sujetos que no forman parte de la muestra. Y es que, en realidad, en estudios clínicos la población es hipotética. No tenemos una población delimitada de la que seleccionamos la muestra, sino que lo que en realidad tenemos es una muestra e hipotetizamos la población a la que se pueden extrapolar los resultados. Esta población se caracteriza por los criterios de inclusión y exclusión utilizados a la hora de escoger los sujetos.

De este modo, el diseño del estudio es de vital importancia, ya que los estudios mal diseñados pueden dar resultados engañosos. La elección final de un diseño dependerá no solo de los objetivos, sino también de los recursos disponibles y de las consideraciones éticas.

- *Estudios experimentales u observacionales*
  Los estudios experimentales implican la intervención del investigador, lo cual afecta al resultado final. El ensayo clínico es un ejemplo de estudio experimental en el que el investigador incluye de algún modo el tratamiento. Los estudios de este tipo proporcionan la evidencia más convincente para cualquier hipótesis, ya que es posible controlar las variables extrañas.

  Los estudios de observación son aquellos en los que el investigador no hace nada para afectar el resultado, sino que simplemente observa lo que está sucediendo. Estos estudios pueden proporcionar informaciones más pobres que los experimentales, pero en según qué situaciones pueden ser los únicos útiles y posibles.

  La unidad de observación es el grupo más pequeño o «individual» de individuos que pueden considerarse como independientes a los efectos de análisis, es decir, su respuesta de interés no se ve afectada por las de las otras unidades de observación.

- *Estudios multicéntricos*
  Un estudio multicéntrico, que puede ser experimental u observacional, vincula un número de individuos de cada uno de los dos o más centros. Aunque estos centros pueden ser de diferente tipo y tamaño, se utilizará el mismo protocolo para todos los centros.
- *Los estudios transversales y longitudinales*
  Un estudio transversal se lleva a cabo en un solo punto del tiempo. La encuesta es un tipo de estudio transversal en el que, por lo general, el objetivo es describir las creencias de los individuos o actitudes hacia un tema particular en una amplia muestra de la población. Un censo es un tipo particular de encuesta en la que se investiga a toda la población objeto. Un estudio transversal repetido puede llevarse a cabo en diferentes puntos del tiempo para evaluar las tendencias. Sin embargo, como es probable que este estudio incluya diferentes grupos de individuos en cada punto del tiempo puede ser difícil de evaluar.

  Un estudio longitudinal sigue una muestra de individuos a lo largo del tiempo. Este tipo de estudio es generalmente prospectivo, y los individuos son seguidos desde un momento temporal en adelante. Por lo general, estos estudios necesitan más tiempo para llevarse a cabo que los transversales, por lo que requieren más recursos.

A tener en cuenta:

- *Grupo control*
  El uso de un grupo control de comparación es importante cuando el diseño de un estudio se elabora para la interpretación de los resultados.
- *Variación*
  La variación en los datos puede ser causada por factores biológicos (sexo, edad…) o medición de errores (variación del observador), o puede ser una variación aleato-

ria inexplicable. Medimos el impacto de la variación de los datos de una población utilizando el error estándar. Claramente, es deseable reducir el impacto de la variación en la medida de lo posible, y con ello aumentar la precisión de nuestras estimaciones.

- *Replicación*
  Nuestras estimaciones son más precisas si tomamos réplicas. Sin embargo, como las mediciones repetidas no son independientes, hay que tomar precauciones a la hora de analizar estos datos. Un enfoque simple es utilizar la media de cada conjunto de réplicas en el análisis, en lugar de las medias originales.
- *Tamaño de la muestra*
  La elección del tamaño de la muestra es un elemento crucial para el diseño del estudio. Con un mayor tamaño de la muestra, el error estándar de una estimación se reducirá, lo que aumenta la precisión y potencia del estudio. En los estudios transversales y en las encuestas, las tasas de respuesta deben ser tan altas como sea posible.
- *Diseños de los estudios particulares*
  Si las unidades experimentales son asignadas al azar a los tratamientos y no hay otros refinamientos del diseño, tenemos un diseño completamente al azar. Aunque este diseño es sencillo de analizar, es ineficaz si no hay una variación sustancial entre las unidades experimentales. En esta situación podemos incorporar el bloqueo y/o utilizar un diseño cruzado para reducir el impacto de esta variación.
- *Diseños paralelos y cruzados*
  Generalmente hacemos comparación entre los individuos de diferentes grupos. La mayoría de los ensayos clínicos son paralelos, ya que el paciente recibe uno de los dos tratamientos que se están comparando, es decir, dan lugar a comparaciones entre individuos.
- *Diseños factoriales*
  Cuando estamos interesados en más de un factor, decantarnos por un estudio que evaluar el efecto de la va-

riación de un factor, puede ser ineficaz y costoso. Los diseños factoriales permiten el análisis simultáneo de cualquier número de los factores de interés. Este diseño proporciona información adicional para dos estudios por separado y hace un uso más eficiente de los recursos, lo que requiere un menor tamaño de la muestra para obtener estimaciones con un determinado grado de precisión.

- *La elección del punto final apropiado del estudio*
  El punto final del estudio se debe especificar en el diseño del mismo. En este se debe haber podido responder a la hipótesis principal del trabajo y aportar unas conclusiones con cierta relevancia clínica y/o teórica.

4. Prueba de hipótesis

A menudo reunimos datos de la muestra con el fin de evaluar la cantidad de pruebas o evidencias que hay en contra o a favor de una hipótesis específica sobre la población. Al realizar análisis descriptivos podemos ver las tendencias que parecen apoyar o refutar esta hipótesis. De este modo, debemos aceptar la hipótesis nula o la alternativa:

Hipótesis nula (Ho): no implica ningún efecto para la población. Por ejemplo, si estamos interesados en la comprobación de las tasas de tabaquismo en los hombres y en las mujeres de una población, la hipótesis nula sería que la tasa de tabaquismo de hombres y mujeres es la misma.

Hipótesis alternativa: se confirma si la hipótesis nula no es cierta.

Aquí es cuando entra en juego el valor «p». El valor «p» es la significación estadística; nos indica la probabilidad de obtener los resultados, es decir, la probabilidad de que la hipótesis nula no sea cierta. En otras palabras, nos informa de la posibilidad de generalizar los datos. En definitiva, nos dice si las relaciones observadas son atribuibles o no a fluctuaciones del azar al seleccionar la muestra. Cuanto menor sea el valor de p, mayor es la evidencia en contra de la Ho.

Como ya hemos comentado más arriba, las pruebas de hipótesis que se basan en el conocimiento de la probabilidad de la distribución de los datos se conocen como pruebas paramétricas. A menudo los datos no se ajustan a los supuestos que subyacen a estos métodos. En estos casos podemos usar pruebas no paramétricas. Estas pruebas generalmente no hacen suposiciones sobre la probabilidad de la distribución de los datos. Las pruebas no paramétricas son particularmente útiles cuando el tamaño de la muestra es pequeño y/o cuando los datos se miden en una escala categórica. Pero tienen menos potencia para detectar un efecto real que la prueba paramétrica equivalente.

Aunque esperemos llegar a la conclusión correcta acerca de la Ho, tenemos que reconocer que es posible tomar una decisión equivocada cuando rechazamos la Ho. Los posibles errores que podemos cometer son:

- Error tipo I: rechazamos la Ho cuando es verdadera y concluimos que hay un efecto cuando en realidad no lo hay.
- Error tipo II: no rechazamos la Ho cuando es falsa y concluimos que no hay evidencia de un efecto cuando en realidad existe.

Antes de entrar en los diferentes estadísticos y su aplicación, es importante clarificar los elementos que aparecen en ellos. Acabamos de explicar el valor «p», que nos indica la significancia estadística. Si «p» es igual o menor a 0,05 entonces podemos hablar de significancia estadística, aunque este parámetro no indica la magnitud o importancia de las relaciones encontradas. Esta información nos la proporciona el tamaño del efecto, más conocido como *Effect Size* (ES). En los últimos años hay una tendencia a utilizar más el intervalo de confianza (IC) en lugar de la significación (p), ya que el IC es el intervalo alrededor del parámetro de la muestra estudiada en el que se situaría si repitiéramos el experimento en una nueva muestra. Habitualmente se hace servir un IC de 95 %. Si el intervalo no contiene el valor 0 es lo mismo que decir que p es más pequeño que 0,05.

En consecuencia, cuando analizamos resultados estadísticos no podemos fijarnos únicamente en la significación estadística. También debemos fijarnos y estudiar el modelo, el error del modelo, la significación estadística y el *Effect Size*.

5. Pruebas estadísticas

En este apartado se pretende clarificar cuándo y qué prueba estadística debe utilizarse en cada situación en función de los datos y las variables.

- Datos numéricos: un solo grupo. Tenemos una muestra de un solo grupo de sujetos y una variable numérica u ordinal de interés.
  Prueba t-test:
  - > Supuestos: en la población de interés la variable tiene una distribución normal con una determinada varianza. Además, hemos tomado un tamaño de muestra razonable para que podamos comprobar el supuesto de normalidad.
  - > Justificación: estamos interesados en saber si la media de la variable en la población de interés difiere de un valor hipotético. Utilizamos una prueba estadística que se basa en la diferencia entre la media de la muestra.
- Datos numéricos: dos grupos relacionados. Tenemos dos muestras que se relacionan entre sí y una variable numérica. La variable se puede medir en cada individuo en dos circunstancias. Los individuos de cada muestra pueden ser diferentes, pero están vinculados de algún modo.
  La prueba t:
  - > Supuesto: en la población de interés las diferencias individuales son distribuidas normalmente con una varianza dada.
  - > Justificación: si los dos conjuntos de mediciones fueran iguales, entonces esperaríamos que

la media de las diferencias entre cada par de mediciones sea cero en la población de interés.

- Datos numéricos: dos grupos independientes. Tenemos muestras de dos grupos independientes y una variable numérica u ordinal. Estamos interesados en saber si la media o la distribución de la variable es la misma en los dos grupos.

  Prueba t no pareada:
  > Supuesto: en la población la variable se distribuye normalmente en cada grupo y las varianzas de los dos grupos son las mismas.
  > Justificación: consideramos la diferencia de la media en los dos grupos. Bajo la Ho de que la media de la población en los dos grupos es la misma, esta diferencia será igual a cero. Por lo tanto, utilizamos una prueba estadística que se basa en la diferencia entre las dos medias de la muestra y en el valor de la diferencia de la media en la población.
  > Interpretación del intervalo de confianza: los límites superior e inferior del intervalo de confianza se pueden utilizar para evaluar si la diferencia entre los dos valores medios es clínicamente importante.

  La prueba de suma de rango de Wilcoxon: la prueba de Wilcoxon no hace suposiciones de distribución y es el equivalente no paramétrico de la prueba t no pareada. La prueba se basa en la suma de los rangos de los valores en cada uno de los dos grupos.

- Datos numéricos: más de dos grupos. Tenemos muestras de más de dos grupos independientes. Tenemos una variable numérica u ordinal y estamos interesados en saber si el valor medio de la variable varía en los diferentes grupos. Llevamos a cabo una sola prueba global para determinar si los promedios difieren en algún grupo.

  Análisis de varianza ANOVA:
  > Supuestos: los grupos son definidos por los niveles de un solo factor. En la población de interés la

variable se distribuye normalmente en cada grupo y la varianza en cada grupo es la misma.

  - Justificación: se utiliza el análisis de varianza (ANOVA) bajo la Ho de que las medias de los grupos son las mismas. La prueba se basa en la relación de estas dos varianzas.

Prueba de Kruskal-Wallis:

  - Justificación: esta prueba no paramétrica es una extensión de la prueba de suma de rangos de Wilcoxon. Bajo la Ho de ninguna diferencia en las distribuciones entre los grupos, las sumas de las filas de cada uno de los grupos deben ser comparables después de tener en las diferencias en el tamaño de la muestra.

- Datos categóricos: una sola categoría. Tenemos una sola muestra de varios individuos. Cada individuo posee o no una característica de interés. Un resumen útil de los datos lo aporta la proporción de los individuos con esta característica. Estamos interesados en determinar si la proporción real en la población de interés toma un valor particular.

  Prueba de una sola proposición:

  - Supuesto: nuestra muestra de individuos se selecciona de entre la población de interés. Cada individuo tiene o no la característica de interés.
  - Justificación: el número de individuos con la característica sigue la distribución binomial, pero esto se puede aproximar por la distribución normal.

- Datos categóricos: dos categorías. Tenemos dos grupos independientes de individuos. Queremos saber si las proporciones de individuos con una característica son las mismas en los dos grupos. Tenemos dos grupos relacionados como, por ejemplo, individuos que pueden ser evaluados dos veces en diferentes circunstancias. Queremos saber si las proporciones con una característica son las mismas en los dos grupos.

Grupos independientes: Chi-cuadrado

- Supuesto: tenemos muestras de tamaño N_1 y N_2 de dos grupos independientes. Estamos interesados en saber si las proporciones de individuos que poseen la característica son los mismos en los dos grupos. Cada individuo está representado en el estudio solo una vez.
- Justificación: si las proporciones con la característica en los dos grupos son iguales se puede estimar la proporción general de personas con la característica.

- Datos categóricos: más de dos categorías

  Prueba Chi-cuadrado:

  - Los individuos pueden ser clasificados por dos factores. Estamos interesados en saber si los factores están asociados.
  - Supuesto: los datos se pueden representar en una tabla de contingencia. Las entradas de la tabla son frecuencias. Cada individuo está representado una vez y solo puede pertenecer a una fila y columna, es decir, las categorías de cada factor son mutuamente excluyentes.
  - Justificación: la Ho es que no existe una asociación entre los dos factores. Hay que tener en cuenta que, si solo hay dos filas y dos columnas, entonces esta prueba de no asociación es la misma que la de dos proporciones.

  Chi-cuadrado para la tendencia:

  - A veces se investiga la relación entre los datos categóricos cuando uno de los dos factores solo tiene dos categorías y el segundo factor se puede clasificar en K, es decir, categoría mutuamente excluyente. Entonces podemos evaluar si existe una tendencia en la proporción con la característica. Por ejemplo, podemos desear saber si la proporción de respuestas al tratamiento tiende a aumentar con la edad.

- Correlación

  El análisis de correlación se ocupa de medir el grado de asociación entre dos variables. Inicialmente, las dos variables han de ser numéricas.

  Coeficiente de correlación de Pearson: decimos que tenemos una correlación lineal entre dos variables si una línea recta que pasa por el medio de los puntos ofrece la aproximación más adecuada a la relación observada. Con la correlación de Pearson medimos cómo de próximas están las observaciones a la línea recta que mejor describe la relación lineal entre ambas variables.

  Coeficiente de correlación de Spearman: calculamos Spearman, un estadístico no paramétrico, cuando la distribución no es normal.

12. Investigación en psicoterapia psicoanalítica: metodología observacional desde la perspectiva *mixed methods*

EULÀLIA ARIAS-PUJOL y MARÍA TERESA ANGUERA

¿Qué nos dice la investigación sobre cómo enfocar la intervención con este paciente? Este interrogante guía este trabajo con la finalidad de acompañar al lector en una ruta ilusionante para facilitar las implicaciones recíprocas entre la investigación y la clínica, y viceversa. No tiene sentido considerarlos como compartimentos estancos, aunque así haya ocurrido en numerosas ocasiones.

De las diferentes vías posibles, aquí nos centramos en la metodología observacional debido a su probada idoneidad para ser utilizada en psicoterapia y, más concretamente, en psicoterapia psicoanalítica. Los motivos que la sustentan se centran en que es posible capturar la realidad de lo que realmente ocurre en el despacho, combinando la rigurosidad y la flexibilidad, términos que siempre deberemos tener presentes. La metodología observacional se caracteriza por el estudio de la conducta espontánea en un contexto natural o habitual, y ambos requisitos se hallan presentes en el día a día de la interacción terapeuta-paciente, en terapias individuales, de grupo, de familia... El proceso de estudio, por supuesto, está establecido en tanto en cuanto es un método científico, y veremos que requiere la delimitación del problema, la recogida de datos, el análisis de datos y la interpretación de resultados.

En el último cuarto de siglo se han llevado a cabo en España investigaciones psicodinámicas que han utilizado la metodología observacional, y cada una de ellas ha supuesto un avance en algún aspecto. En su inicio la mayoría fueron tesis doctorales que, a partir de una experiencia profesional psicoanalítica, han superado el reto de llevar el estudio al rango de investigación, lo cual es sumamente loable, y más aún si los resultados de la tesis, a su vez, impulsan nuevos estudios que muestran un avance en investigación.

Las temáticas son variadas, e incluyen el interés por bebés (Mitjavila, 1990; Riberas, 1998), por niños (Arias-Pujol *et al.*, 2015; Venturella, 2016), por adolescentes (Arias-Pujol y Anguera, 2004, 2005, 2017) o por adultos (Cuervo, 2014), si adoptamos como criterio el estadio evolutivo de la persona. Pero si tenemos en cuenta criterios transversales podemos señalar, igualmente, temáticas relevantes como la dinámica emocional en la atención a pacientes (Farré, 1990), el proceso de elaboración del duelo (Martínez, 1993), la interacción terapeuta paciente (Arias-Pujol, 2004), la conexión con psicoterapias tecnológicamente mediadas (Vaimberg, 2010) y los grupos de ayuda (Roustan, 2010; Roustan, Izquierdo y Anguera, 2013). Y su fuerza expansiva se ha proyectado en la comunidad científica, en donde se están realizando nuevas investigaciones psicodinámicas mediante metodología observacional en cuestiones tan centrales como el *engagement* terapeuta-paciente (Del Giacco, Salcuni y Anguera, 2019), el estudio comunicativo en familias en las que hay un paciente psicótico, el análisis retrospectivo de un hecho relevante a partir de un diálogo en profundidad, etc., y que esperamos contribuyan a enriquecer el acervo científico-aplicado.

1. Metodología observacional como *mixed method* en sí misma

Durante décadas, en la investigación psicológica (y en todas las ciencias sociales y de la salud) imperó una intensa polémica entre «lo cualitativo» y «lo cuantitativo», habiéndose cruzado fuertes críticas los partidarios de cada una de las opciones, con la finalidad de resaltar las virtudes de su posición y de magnificar los puntos débiles de la opuesta. A finales del siglo pasado e inicios de este surgió con fuerza el movimiento mundial de *mixed methods*.

La posición convencional de los *mixed methods* consiste en la integración de elementos cualitativos y cuantitativos, sean los que sean (registros observacionales, relatos, entrevistas en profundidad, cuestionarios, medidas fisiológicas, tests, resultados de sucesivos análisis en un mismo estudio, etc.), y se han expandido amplísimamente, dando lugar a muchos matices conceptuales, una larga lista de posibles diseños, y un prometedor futuro que zanja las décadas de enfrentamientos metodológicos.

La metodología observacional siempre ha considerado imprescindible la complementariedad entre las vertientes cualitativa y cuantitativa, siendo indudable el plus de calidad que le aporta esta posición al poder registrar información claramente cualitativa, gestionarla adecuadamente y, manteniendo su riqueza informativa, analizarla cuantitativamente de forma robusta.

Este planteamiento nos permite contemplar la metodología observacional como *mixed method* en sí misma (Anguera, Camerino, Castañer, Sánchez y Onwuegbuzie, 2017), teniendo presente que se trata de un desarrollo metodológico que en los últimos años ha irrumpido con fuerza en la comunidad científica en muchos ámbitos, entre ellos el psicológico. Todavía quedan aspectos pendientes de perfilar en su totalidad, como la diversidad de formas de integración entre lo cualitativo y lo cuantitativo, el logro de la simetría cualitativo-cuantitativa, etc., si bien los avances producidos son indudables y ya se han publicado trabajos en esta dirección (Arias-Pujol y Anguera, 2017).

A continuación planteamos los pasos a seguir para realizar un estudio observacional aunando la flexibilidad de la metodología con la rigurosidad que exige un estudio científico en el ámbito psicoanalítico.

2. Planteamiento del estudio

Son de gran trascendencia posterior las decisiones que se toman en la etapa inicial. A pesar de la tentación de abarcar un campo de estudio que nos interesa, es esencial que se acote suficientemente.

De forma esquemática, y de acuerdo con Anguera, Blanco, Losada y Portell (2018), las decisiones a adoptar que seleccionamos como más importantes deben ser las siguientes:

1. Delimitar de forma precisa nuestro objeto de estudio, especificando cuál será el diseño observacional (Anguera, Blanco y Losada, 2001). La taxonomía de los diseños observacionales se basa en el cruce entre tres criterios dicotómicos: a) Unidades del estudio, que puede ser idiográfico o nomotético; b) temporalidad, que puede ser puntual o de seguimiento (y este, a su vez, intersesional o intrasesional, siendo posibles ambas opciones a la vez); y c) dimensionalidad, que puede ser unidimensional o multidimensional. Hay ocho posibles diseños observacionales que recogen todas las combinaciones entre los criterios indicados.
2. Especificar si se trata de observación directa, indirecta o ambas. En psicoterapia nos interesarán ambas en la mayoría de ocasiones (si pretendemos estudiar lo que dice y lo que hace el paciente, el terapeuta o ambos, y debe quedar claro que ha de ser algo perceptible, ya sea visual, acústicamente o transcrito).
3. Elaborar un cronograma para distribuir el tiempo adecuadamente. Incluir siempre un estudio exploratorio.
4. Dimensiones a tener en cuenta. Son las diferentes vertientes que podemos considerar de nuestro objeto de estudio y atendiendo principalmente al marco teórico. Además, pueden irse desplegando sucesivamente. Por ejemplo, si nos interesa la conducta verbal y no verbal de un paciente, cada una de ellas es una dimensión. Y el despliegue en subdimensiones de la conducta verbal po-

dría ser: a) Quién-a-quién, b) Rol en el uso de la palabra, c) ....

5. El despliegue en subdimensiones se puede materializar en cuantos niveles/subniveles convenga (véase en la siguiente etapa).
6. Segmentación de las sesiones en unidades. Para gestionar adecuadamente la información que se registrará es necesario establecer los criterios que se adoptarán para segmentarla en unidades. Por ejemplo, en un diálogo entre terapeuta y paciente se podría decidir adoptar un criterio primario correspondiente a los turnos de palabra (criterio interlocutorio), y un criterio secundario que segmentara cada turno de palabra en sintagmas (criterio sintáctico) (Anguera, 2020). La decisión relativa a los criterios de segmentación de sesiones es muy relevante y de ella dependerá, en buena medida, la organización de la base de datos.
7. Temporalidad. Deberá tomarse la decisión acerca de con cuántas sesiones y con qué características se constituye la «materia prima» del estudio.
8. Superación de criterios de aceptación de sesiones. Deben establecerse los criterios mínimos que debe cumplir cada una de las sesiones para considerarse unidad muestral del estudio. Es muy frecuente que tengan que rechazarse sesiones debido a que no cumplen los criterios de homogeneidad que se establecen.

3. Instrumentos de observación y registro

En metodología observacional se requieren instrumentos de observación y de registro, y ambos tipos de instrumentos cumplen diferentes funciones.

1. Los *instrumentos de observación* se construyen *ad hoc* para cada investigación, pues deben incorporar los aspectos que corresponden a los participantes, a la actividad realizada y al con-

texto, que son específicos para cada estudio (Anguera, Magnusson, y Jonsson, 2007). La primera cuestión a tener en cuenta es el ajuste a la dimensionalidad expresada en el diseño observacional.

a) *El sistema de categorías.* Si el diseño observacional es unidimensional, se dispone de marco teórico y no estamos estudiando un proceso de cambio es posible y deseable construir un sistema de categorías. Su elaboración debe cuidar con mucha rigurosidad que sea exhaustivo (es decir, que entre todas las categorías abarquen el contenido completo de aquella dimensión —o subdimensión en caso de que se hubiese desplegado la correspondiente dimensión—) y mutuamente excluyente (es decir, que nunca puedan solaparse dos categorías del mismo sistema), que son sus dos características esenciales. Cada una de las categorías debe definirse incorporando en la definición todos los matices que permitan identificarla de forma nítida.

b) *El formato de campo.* Es mucho más frecuente que el diseño observacional sea multidimensional o que, incluso siendo unidimensional, se hayan desplegado subdimensiones, lo cual inhabilita la construcción de un sistema de categorías. El formato de campo es un instrumento de observación mucho más flexible y rápido de construir que el sistema de categorías, dado que no exige (aunque lo considera recomendable) partir de un marco teórico. Es abierto y con posibilidad de despliegues, puntuales o persistentes, de una dimensión en subdimensiones y de cada una de ellas en nuevas subdimensiones más específicas. Para cada una de dichas subdimensiones se prepara un catálogo, que es una lista abierta de conductas mutuamente excluyentes, pero sin la restricción de la exhaustividad. Al tener el carácter de lista abierta, el catálogo puede ir nutriéndose progresivamente de nuevas conductas pertenecientes a la misma subdimensión y mutuamente excluyentes con las ya existentes.

c) *La combinación entre formato de campo y sistemas de categorías.* Tanto el sistema de categorías como el formato de campo tienen puntos fuertes y débiles metodológicamente hablando. Esta tercera modalidad de instrumento trata de sumar los puntos fuertes de ambos y hacer que se compensen sus puntos débiles. Por dicho motivo es la opción más utilizada en los últimos años, siempre que se adapte a las características del problema específico. Consiste en partir de un diseño observacional multidimensional (o unidimensional, pero desplegado en subdimensiones), y decidir, para cada una de ellas, si es posible construir un sistema de categorías (se requiere la existencia de marco teórico y que sea atemporal, además de cumplir las condiciones de exhaustividad y mutua exclusividad) o, por el contrario, se resuelve mediante un catálogo (listado abierto de conductas mutuamente excluyentes).

d) *La creación de un instrumento «ad hoc».* En metodología observacional siempre hay un primer beneficio fruto de la transformación de los datos que es la descripción sistemática de la realidad estudiada. El proceso de creación del instrumento observacional ilumina nuevos vértices de la realidad que hasta aquel momento no se habían vislumbrado.

Merece la pena subrayar qué aporta al equipo investigador la creación de un instrumento «a medida». A menudo requiere de muchas horas y discusiones, lecturas y revisiones hasta que se llega a su validación. Todo este tiempo invertido convierte a los investigadores en aún más expertos de lo que eran y tiene un valor incalculable para los psicoterapeutas en formación. Objetivar las conductas, definirlas hasta que realmente se entiendan y no se confundan unas con otras obliga a profundizar en múltiples matices que hasta el momento permanecían ocultos. Las conductas pueden tener más o menos amplitud en función del objetivo del estudio y decidir qué es lo más relevante y dónde hay que poner el *zoom* es tarea del investigador. Por ejemplo, una categoría como «contacto ocular» puede ser muy significativa para el estudio del proceso en una terapia con niños diagnosticados de TEA y no serlo con niños diagnosticados de TDAH. Y esta misma categoría que parecía dicotómica en un inicio: hay o no contacto ocular, puede llenarse de matices y llevar a los investigadores a decidir que necesitan crear las categorías «mirada huidiza», «mirada atenta al objeto», «mirada perdida»... para capturar la evolución de aquel niño en concreto.

2. Los *instrumentos de registro,* por el contrario, se refieren a la forma de registrar, y en cada caso deberán decidirse en función del problema de estudio, el contexto y el cumplimiento de los requisitos éticos (y, de forma especial, el consentimiento informado adecuadamente solicitado).

Por una parte, deberá considerarse cómo se realiza la captación de la información y su almacenamiento. Siempre que se trate de información visual se requiere grabación videográfica (además de la firma del consentimiento informado, y especialmente si se trata de personas vulnerables se puede requerir el sombreado facial). Si se trata de información únicamente acústica puede utilizarse una grabación magnetofónica. En ambos casos es muy relevante la realización de pruebas previas con el fin de garantizar la máxima calidad de las grabaciones, tanto videográficas como magnetofónicas. En el caso de utilización de otros tipos de material, en observación indirecta (Anguera, Portell, Chacón y Sanduvete, 2018) bastará disponer de dicho material (manuscritos, *WhatsApps*, gráficos, etc.), además de la firma del consentimiento informado.

Los programas informáticos de registro son instrumentos que hoy se consideran imprescindibles en una investigación psicoanalítica que utilice la metodología observacional. Conviene distinguir los que deben utilizarse en observación directa y en observación indirecta. En la tabla 13 se presenta un listado de cada uno de ellos, con la especificación de si son libres o comerciales, y el correspondiente enlace.

NOMBRE	LIBRE O COMERCIAL	WEB
OBSERVACIÓN DIRECTA		
HOISAN	Libre	http://www.menpas.com
LINCE	Libre	http://observesport.com http://www.menpas.com
MOTS	Libre	http://www.menpas.com
GSEQ5	Libre	http://www2.gsu.edu/~psyrab/gseq/index.html
THE OBSERVER	Comercial	http://www.noldus.com

TRANSANA	Comercial	https://www.transana.com/
VIDEOBSERVER	Libre	https://www.videobserver.com/
OBSERVACIÓN INDIRECTA		
AQUAD	Libre	http://www.aquad.de/es/
ATLAS.ti	Comercial	http://atlasti.com/
ELAN	Comercial	https://tla.mpi.nl/tools/tla-tools/elan/
IRAMUTEQ	Libre	http://www.iramuteq.org/
MAXqda2	Comercial	http://www.maxqda.com/
NVIVO	Comercial	http://www.qsrinternational.com/
T-LAB	Comercial	http://tlab.it/es/
TRANSANA	Comercial	https://www.transana.com/

Tabla 13. Programas informáticos de registro (Reproducido de Anguera, Blanco, Losada, y Portell, 2018, p. 13)

4. Registro

A partir de la utilización del instrumento de observación, que se refiere a «qué observar», y el instrumento de registro (programa informático) que nos indica «cómo observar», estamos en condiciones de realizar un registro sistemático, que no es otra cosa que efectuar un volcado de una parcela de realidad en un soporte determinado —fichero informático— facilitando al máximo la sistematización de la información.

La mejor forma de llevar a cabo la sistematización de la información es organizando el registro en forma de matriz de códigos, independientemente de que nuestro estudio implique observación directa, observación indirecta o ambas.

Tal como se muestra en la tabla 14, la matriz de códigos tendrá por columnas las dimensiones (o subdimensiones resultantes del último despliegue), y por filas cada una de las unidades en función de los criterios de segmentación a los cuales nos hemos referido. En cada casilla se colocará el código asignado que corresponderá a cada una de las unidades de observación (conductas de observación directa) o unidades textuales (fragmentos de texto en observación indirecta) representada por la respectiva fila respecto de la dimensión o subdimensión del instrumento de observación en su respectiva columna. Puede ocurrir que cada unidad se codifique desde una, varias o todas las dimensiones o que queden algunas casillas vacías [adaptado de Anguera (2017, p. 192)].

		Dimensiones y subdimensiones (i)												
		D1				D2				...	Di			
		D11		D12		D21		D22		...	Di1		Di2	
		D111	D112	D121	D122	D211	D212	D221	D222	...	Di11	Di12	Di21	Di22
Unidades de observación o unidades textuales (n)	U1													
	U2													
	...													
	Un													

Tabla 14. Esquema de la matriz de códigos (adaptado de Anguera, 2017, p. 192)

En el caso específico de que se haya utilizado un programa informático de análisis de texto en observación indirecta, como ATLAS.ti, los códigos que se hallan en la ventana derecha después de la codificación de las unidades textuales pueden redimensionarse manualmente de forma que adquieran el formato indicado de matriz de códigos.

5. Control de calidad de los datos

En la introducción nos hemos referido a la rigurosidad y a la flexibilidad como características de la metodología observacional. No es un reto fácil compaginarlas debido a la complejidad de la realidad, sea cual sea, y especialmente en el ámbito psicoanalítico, pero es posible, y en buena medida se facilita mediante el control de calidad de los datos.

Lo que se pretende es garantizar que diferentes observadores que utilizan el mismo instrumento de observación concuerden en el registro, o bien que un observador que registra una sesión grabada en diferentes momentos en el tiempo (separados entre sí por al menos una semana) también obtenga una concordancia satisfactoria. Obviamente, con ello no se garantiza la precisión del registro, ya que podría haber coincidencia en el error, pero en la medida en que haya tres observadores en lugar de dos (en observación indirecta es imprescindible contar con tres registros del mismo observador), la concordancia interobservadores y la concordancia intraobservador se consideran una forma adecuada de controlar la calidad del dato.

La concordancia entre dos registros se obtiene habitualmente mediante el coeficiente kappa (programas informáticos SDSI-GSEQ, GSEQ5, LINCE y HOISAN), y entre tres o más registros se requiere utilizar el coeficiente de Krippendorf (programa informático HOISAN) (Hernández, Castellano, Camerino, Jonsson, Blanco, Lopes y Anguera, 2014).

6. Análisis cuantitativo de datos

De acuerdo con la perspectiva de *mixed methods,* en la cual nos posicionamos, y que se halla en un período de rápida expansión, hemos realizado el registro mediante datos cualitativos (matriz de códigos a la que nos hemos referido en el apartado anterior), aunque la gestión de dicho registro en forma de una matriz de códigos (que son datos categóricos), tanto si se trata de observación directa como indirecta, nos va a permitir llevar a cabo análisis cuantitativos de registros observacionales, que están formados por datos categóricos (Blanco, Losada y Anguera, 2003; Sánchez Chacón y Anguera, 2015).

Además de algunos análisis clásicos idóneos para datos categóricos, destaca por su potencia, relevancia y aplicabilidad, una doble perspectiva:

1. Por una parte, y es la posición predominante, desde un *planteamiento diacrónico*, dado que implica estudiar un dinamismo a lo largo del paso del tiempo, sea a pequeña o a mayor escala, y en cualquier caso nos va a permitir detectar la estructura del comportamiento, más o menos cambiante a lo largo del

tiempo. Como consecuencia se puede seguir el día a día de la eficacia de un proceso terapéutico o analizarlo por meses, trimestres, etc., según convenga en cada caso. El planteamiento diacrónico se puede desarrollar analíticamente desde tres técnicas básicas de análisis de datos categóricos: análisis secuencial de retardos, análisis de coordenadas polares y detección de *T-Patterns*.

a) *Análisis secuencial de retardos*. Es una técnica de análisis propuesta por Bakeman (1978) y posteriormente informatizada mediante los programas SDIS-GSEQ y GSEQ5 (Bakeman y Quera, 1996, 2011) que permite detectar los patrones de conducta que emergen de las relaciones estadísticamente significativas de asociación entre códigos registrados secuencialmente, en caso de los diseños unidimensionales, o de códigos coocurrentes (los que coocurren en cada unidad y que proceden de cada una de las dimensiones/subdimensiones) registrados secuencialmente (son las matrices de códigos descritas anteriormente). En el análisis secuencial de retardos se distinguen los códigos denominados conductas criterio *(given behavior)*, que se proponen, como hipótesis, como los potenciales inicializadores del patrón de conducta, y las conductas condicionadas *(target behavior)*, sobre las cuales se desea saber si forman parte del respectivo patrón de conducta. Se aplica una prueba estadística binomial corregida mediante la z hipergeométrica, según la propuesta de Allison y Liker (1982), que permite el cálculo de los residuos ajustados, que son valores numéricos que se obtienen como resultado, y que manifiestan la relación existente entre la conducta criterio y cada conducta condicionada para cada uno de los retardos solicitados. Los análisis se pueden realizar prospectivamente (con retardos positivos), al considerar qué regularidades se detectan después de la conducta criterio; retrospectivamente (con retardos negativos), al considerar qué regularidades se detectan antes de la conducta criterio; y contemplando ambas posibilidades. Se puede utilizar tanto en observación directa como indirecta. En la bibliografía psicoanalítica se ha utilizado satisfactoriamente (Arias-Pujol y Anguera, 2004, 2005; Cuervo, 2014; Martínez, 1993; Mitjavila, 1990; Riberas, 1998; Roustan, 2010; Roustan, Izquierdo y Anguera, 2013; Vaimberg, 2010; Venturella, 2016; Venturella, Carbonell, Cabré y Arias-Pujol, 2019).

b) *Análisis de coordenadas polares.* Es una técnica muy elaborada de reducción de datos que ofrece una imagen vectorial a partir de la compleja red de interrelaciones existentes entre los diferentes códigos contemplados en el instrumento de observación, tanto inter como intradimensionalmente. La estructura del análisis de coordenadas polares puede considerarse como un segundo estadio del análisis secuencial de retardos, y contempla como datos los residuos ajustados obtenidos prospectiva y retrospectivamente en un mismo número de retardos. La técnica, propuesta por Sackett (1980), se basa en el cálculo de los valores de un estadístico[15] que aportó inicialmente Cochran (1954) y que se aplica a partir de los valores estandarizados de los residuos ajustados prospectivos y retrospectivos. Anguera (1997), por su parte, propuso una modificación del concepto clásico de retrospectividad, sustituyéndose desde entonces por la retrospectividad genuina. La denominada conducta focal es el centro del análisis y se propone como punto origen de todos los vectores, que representan la relación biunívoca entre la conducta focal y cada conducta condicionada, y cada conducta condicionada respecto de la conducta focal. En función de los signos cada vector se ubica en alguno de los cuatro cuadrantes existentes, que se corresponden con un tipo u otro de relación, mientras que la longitud de cada vector representa la intensidad de dicha relación. El cálculo se realiza con el programa HOISAN (Hernández, López, Castellano, Morales y Pastrana, 2012). Se puede utilizar tanto en observación directa como indirecta. Se ha aplicado en diferentes trabajos psicoterapéuticos (Alcover *et al.*, 2019; Arias-Pujol y Anguera, 2017; Vaimberg, 2010; Venturella, 2016).

15 $$Z_{sum} = \frac{\sum Z}{\sqrt{n}}$$

c) *Detección de T-Patterns*. Es una técnica de análisis que parte de la suposición de que la conducta humana tiene una estructura temporal que no puede ser detectada directamente, sino mediante un sofisticado análisis matemático, que se plasma en el algoritmo del programa THEME, creado por Magnusson (1996, 2000), y que se ha desarrollado ampliamente en los últimos años. El análisis realizado permite revelar las estructuras ocultas que subyacen al desarrollo de las conductas registradas y que tienen poder predictivo. Se puede utilizar tanto en observación directa como indirecta. Se ha utilizado en diversas publicaciones del ámbito psicoanalítico (Blanchet, Batt, Trognon y Masse, 2005; Cuervo, 2014; Vaimberg, 2010).

Las amplias posibilidades que brindan estas tres técnicas de análisis, que son ampliamente utilizadas, nos permite albergar fundadas esperanzas en perseguir la detección de un potencial *caso múltiple* (Stake, 2006; Yin, 2014). La estrategia a seguir, a partir de los análisis realizados en sucesivos casos particulares, consiste en objetivizar las semejanzas en las estructuras detectadas (Anguera, 2018) que, por supuesto, podrán ser de primer nivel, segundo nivel, etc. entre diferentes casos particulares que inicialmente habremos seleccionado de acuerdo con un perfil de homogeneización (diagnóstico, características del paciente...).

2. Y, por otra, desde un *planteamiento sincrónico*, de acuerdo con el cual en un determinado momento de tiempo (por ejemplo, a los tres meses de tratamiento, en el momento en que se produce algún evento vital, etc.) podemos conocer el tipo e intensidad de la relación existente entre diferentes dimensiones. En función de las características de cada situación convendrá uno u otro tipo de análisis. Los más frecuentes son el análisis log-lineal y el análisis logit, así como la regresión logística si interesa poder realizar predicciones y la respuesta es de carácter dicotómico (por ejemplo, mejora/no mejora).

7. Interpretación de resultados y retorno a lo cualitativo

Una vez se han obtenido los resultados del análisis cuantitativo estos revierten sobre el objetivo inicialmente propuesto, inmerso en una etapa cualitativa. Se valorarán los resultados, interpretándolos de acuerdo con el problema científico planteado, y se cotejarán con los obtenidos por otros autores de trabajos relacionados y obviamente documentados.

En un proceso psicoterapéutico en que se desee estudiar la eficacia de un tratamiento, y que se plantee desde un modelo no lineal o formativo, interesará el análisis de dicho proceso (*versus* el análisis del impacto), lo cual implicará que llevarán a cabo sucesivos análisis correspondientes a etapas o microetapas en las cuales se van obteniendo resultados que nos suministran un rico *feedback*, básico para introducir modulaciones en la intervención con el fin de acrecentar su eficacia.

A continuación ilustramos con ejemplos la interpretación de algunos resultados fruto de dos investigaciones observacionales del ámbito clínico psicoanalítico y su utilidad en la práctica clínica. Seguimos un orden de menor a mayor complejidad, empezando con estadística descriptiva y siguiendo con análisis secuencial de retardos y coordenadas polares.

Ejemplo 1: Porcentajes de categorías referidas a conductas de interacción entre un niño con autismo y su psicoterapeuta

En la investigación de un niño de 4 años con TEA grave sin lenguaje se creó un instrumento de observación de la interacción entre terapeuta-niño, con 30 códigos para el niño y 28 para la psicóloga. Los 30 códigos del niño se agrupaban en dos macrocategorías: las conductas de «interacción social recíproca» (ISR), referidas a las acciones que hacía el niño teniendo en cuenta a la terapeuta o en respuesta a una acción de ella y las conductas de «no interacción social recíproca» (no_ISR), definidas como todas las acciones que hacía el niño en relación con un objeto o hacia sí mismo. Antes de realizar el análisis secuencial, el simple cálculo de porcentajes de las frecuencias de las categorías nos objetivó su discapacidad. La media de las conductas del niño de relación con la psicóloga (ISR) era solo del 23 %. El 77 % restante era de no relación (no_ISR), y se repartía entre un 19 % de conductas de relación instrumental con los objetos y un 58 % de conductas de autosensorialidad y desconexión (Arias-Pujol *et al.*, 2015). Como equipo de investigación, este resultado nos ayudó mucho, ya que estábamos tan apegadas a sus microconductas indicativas de progreso que corríamos el riesgo de quedar «desenfocadas» del niño real con el que estábamos tratando.

Ejemplo 2: Cálculo de tendencias de macrocategorías de modalidades comunicativas en un grupo de terapia

Otro resultado fácil de obtener con las frecuencias de las categorías es el de las tendencias que se trazan a lo largo de una sesión o sesiones de tratamiento.

En una tesis doctoral sobre el estudio de la conversación en una psicoterapia psicoanalítica de grupo con adolescentes de un CSMIJ se registraron todas las sesiones en vídeo. Posteriormente se transcribieron las emisiones verbales y no verbales de las 24 sesiones audibles. El material pasó de ser semisistematizado a sistematizado al crear y validar un instrumento observacional, formado por 20 códigos de conducta verbal y diez de conducta no verbal, que combinó el formato de campo y el sistema de categorías. Para el análisis de tendencias y secuencial de retardos se reagruparon las categorías afines en las diversas modalidades comunicativas de la tabla 15 (Arias-Pujol y Anguera, 2004, 2005). Estas formas, o dimensiones de la comunicación, se derivaron del trabajo de Torras (2013) en psicoterapia de grupo y de Tusón (1995) y Calsamiglia y Tusón (1999) sobre el análisis de la conversación. Al ser un instrumento que cumplía con los requisitos de exhaustividad y mutua exclusividad (Anguera, 2003), para el análisis de coordenadas polares fue rediseñado en 15 dimensiones, ajustándolo a los objetivos de un estudio posterior (Arias-Pujol y Anguera, 2017).

CÓDIGO	MACROCATEGORÍA	DEFINICIÓN
MC1	Función dinamizadora	Categorías verbales relativas al seguimiento de la conversación, dando el protagonismo a otro y situando al emisor en la posición del receptor que cede el turno de palabra y escucha. Incluye preguntas que favorecen el diálogo, preguntas de esclarecimiento o verificación, expresiones fácticas, saludos, paráfrasis, retomar el tema anterior.
MC2	Función interpretativa o de mentalización	Categorías verbales relativas a expresar qué le ocurre al grupo o a alguno de los participantes y que permiten aumentar la comprensión de uno mismo en relación con los demás.
MC3	Intervenciones de contenido expresivo	Categorías verbales relativas al conocimiento del otro en el marco de un clima positivo de diálogo. Respuestas y elocuciones cooperativas o con nueva información, respuestas breves.
MC4	Intervenciones de contenido defensivo	Integra categorías verbales y no verbales relativas a la interrupción o entorpecimiento del diálogo y que pueden ser emitidas voluntaria o involuntariamente. Cambios de tema, negación, proyección, susurros, ruidos corporales o con objetos.
MC5	Expresión de la emoción	Categorías verbales y no verbales: expresión de desagrado, enfado, humor, exclamaciones, enojo, desafío, alegría y llanto.
Ø	Silencio	Ausencia de conducta vocal.

TABLA 15. Reagrupación de categorías (Arias-Pujol y Anguera, 2017)

Fueron de interés las tendencias de la macrocategoría «dinamizar la conversación», que recogía intervenciones que mostraban interés por el otro y le cedían el turno. La tendencia era descendente en la terapeuta y ascendente en los adolescentes a medida que avanzaba el tratamiento (figura 6). Fijándonos en el rol de la terapeuta, las tendencias también mostraron que el uso de la «función interpretativa» aumentaba a lo largo del grupo. Ambos resultados son coherentes con el desarrollo del proceso del grupo y el rol del conductor (Foulkes, 1986; Torras, 2013) y objetivan la evolución de la comunicación en el grupo (Arias-Pujol, 2004).

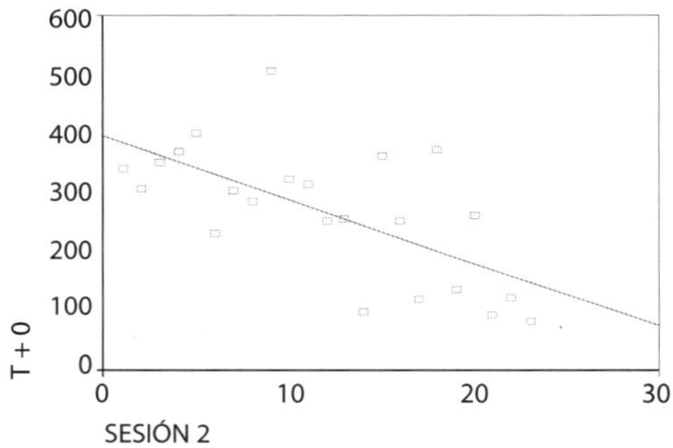

GRÁFICO 1. Análisis de la tendencia de la modalidad comunicativa: función dinamizadora (MC1) en la terapeuta y la observadora a lo largo del grupo

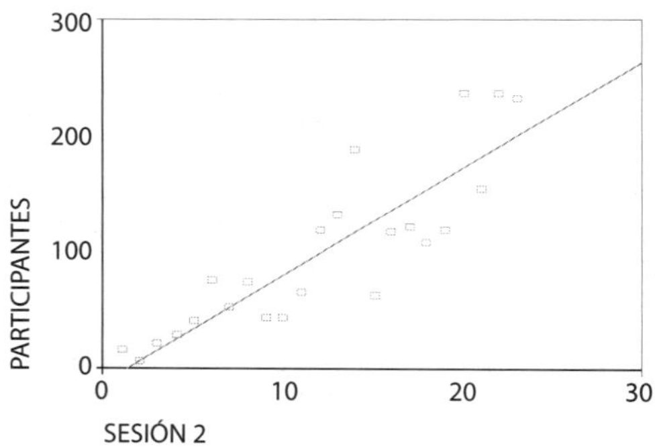

GRÁFICO 2. Análisis de la tendencia de la modalidad comunicativa: función dinamizadora (MC1) en los adolescentes a lo largo del grupo

FIGURA 6. Ejemplos de análisis de tendencias de macrocategorías (adaptado de Arias-Pujol, 2004 y 2011)

Ejemplo 3: Análisis secuencial de retardos en un caso TEA

Retomando el estudio del niño de 4 años con TEA grave sin lenguaje, en la investigación nos propusimos objetivar qué impacto tenía la introducción de la «conducta imitativa vocal y no verbal» por parte de la terapeuta en las sesiones. La idea surgió de la teoría de las neuronas espejo y su relación con la dificultad de imitación en el TEA (Iacoboni, 2009). El planteamiento era agregar este tipo de conducta a una psicoterapia de orientación psicoanalítica breve basada en el esquema psicopedagógico propuesto por Coromines para niños con un funcionamiento mental predominantemente sensorial (Coromines, 1991/1998; Coromines *et al.*, 2008; Viloca, 2012; Alcàcer y Viloca, 2014; Farrés, 2014). La hipótesis era que la imitación de su conducta por parte de la terapeuta llamaría su atención y favorecería la conexión entre ambos.

La detección de patrones de conducta mediante el análisis secuencial de retardos nos mostró que nuestra hipótesis era cierta cuando la imitación era no verbal; pero no era así cuando la imitación era vocálica. Este resultado nos sorprendió, pero poco después entendimos que para un niño no verbal debe ser más fácil captar una imitación especular gestual que una imitación vocal o verbal. Aun así, nos quedaban dudas e hicimos un segundo análisis desmenuzando las categorías. Como hemos explicado en el ejemplo 1, habíamos agrupado todas las categorías del niño en dos grandes bloques: interacción social recíproca (ISR) y no ISR. En este segundo análisis las desagrupamos y obtuvimos más información. Descubrimos que la imitación no verbal de la terapeuta promovía el «contacto ocular» y la «aproximación física» del niño. Por otro lado, la repetición en eco de sus vocalizaciones por parte de la psicóloga, le estimulaban «estereotipias verbales» (EV) y «conducta errática». Vimos que a lo largo de las sesiones aumentaron las estereotipias verbales (en relación con las motoras) y lo entendimos como un progreso.

En esta misma investigación, otro patrón de conducta interesante para la comprensión del autismo grave fue el de la secuencia que se establecía entre «imitación vocálica» y EV, que interpretamos como un patrón diádico similar al que realiza un bebé cuando balbucea. En esta ocasión, se trataba de un niño de 4 años de edad que no había desarrollado el lenguaje de forma natural y su psicoterapeuta. Estos resultados del análisis secuencial nos llevaron a concluir que en un tratamiento con un niño de 4 años con TEA grave sin lenguaje la imitación no verbal de la terapeuta lo ayudaba a conectar con ella y que la imitación vocálica le estimulaba la emisión de sonidos.[16]

Ejemplo 4: Análisis secuencial de retardos en la conversación de una terapia de grupo

En la investigación de una psicoterapia de grupo para adolescentes se realizó un análisis secuencial intersesional. Los cálculos se realizaron dividiendo el material en cinco períodos de tiempo. Se obtuvieron diversos patrones de conducta comunicativa que cambiaban a medida que avanzaban las sesiones. A continuación (tabla 16), mostramos los cinco patrones que se formaron en los cinco períodos de tiempo tomando como conducta criterio una de las modalidades comunicativas de mayor interés: la «función interpretativa o mentalización» (MC2).

Los patrones muestran qué ocurre antes (momentos -1 y -2) de las intervenciones interpretativas de la terapeuta (MC2) y después (+1 y +2). Inicialmente, después de las intervenciones interpretativas de la terapeuta dominaba el silencio y paulatinamente este se alternaba con la expresión verbal de los adolescentes. En las últimas sesiones, la inhibición y el silencio desaparecieron y el patrón dibujó un diálogo entre la terapeuta y los participantes (Arias-Pujol y Anguera, 2004, 2005).

16 El trabajo fue premiado por la Fundación Orienta y se publicó en la *Revista de psicopatología y salud mental del niño y del adolescente* (Arias-Pujol, Fieschi, Miralbell, Castellò, Soldevila, Anguera y Mestres, 2015).

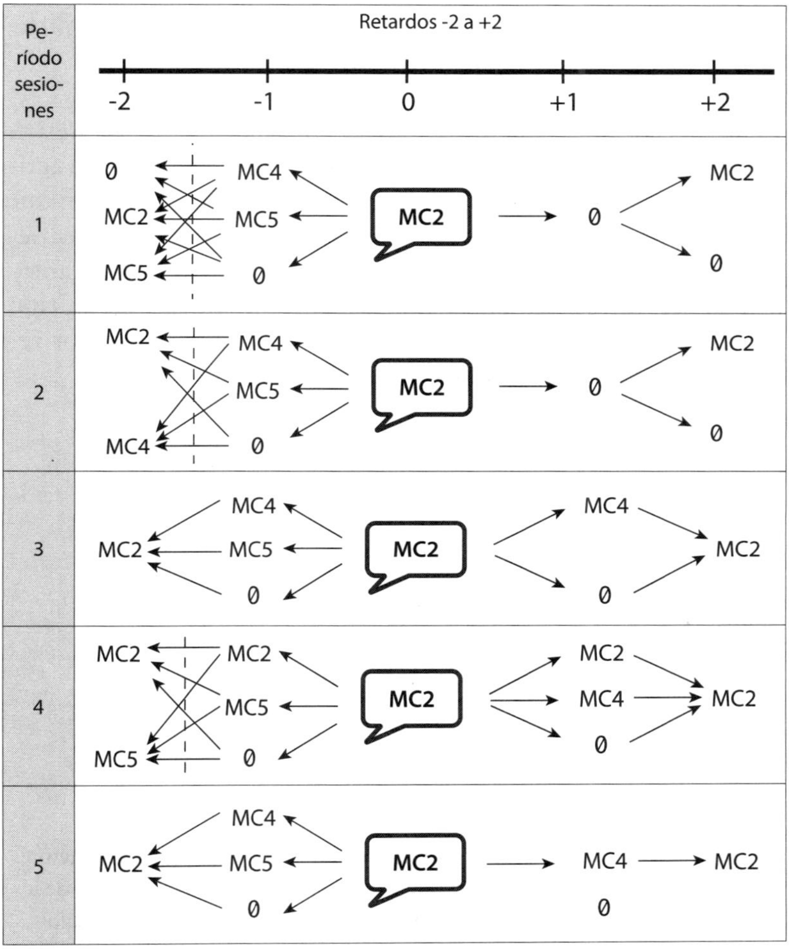

TABLA 16. Patrones de conducta
(adaptado de Arias-Pujol y Anguera, 2005)

Conducta criterio: MC2

Conductas condicionadas: MC1, MC2; MC3, MC4, MC5 y Ø

MC1: Función dinamizadora; MC2: Función interpretativa, reflexiva o de mentalización; MC3: Intervenciones de contenido expresivo; MC4: Intervenciones de contenido defensivo; MC5: Expresión de la emoción; Ø: silencio y: no hay significación estadística.

Ejemplo 5: técnica de coordenadas polares y el rol de la terapeuta en un grupo de adolescentes

El análisis de coordenadas polares es muy adecuado para estudiar los grupos, ya que permite objetivar las relaciones de activación o inhibición entre los sujetos e, incluso, detectar qué modalidades comunicativas activan e inhiben distintas maneras de participar en el grupo. Como se ha mencionado anteriormente, los cuatro cuadrantes se corresponden con un tipo u otro de relación, mientras que la longitud de cada vector representa la intensidad de dicha relación (figura 7).

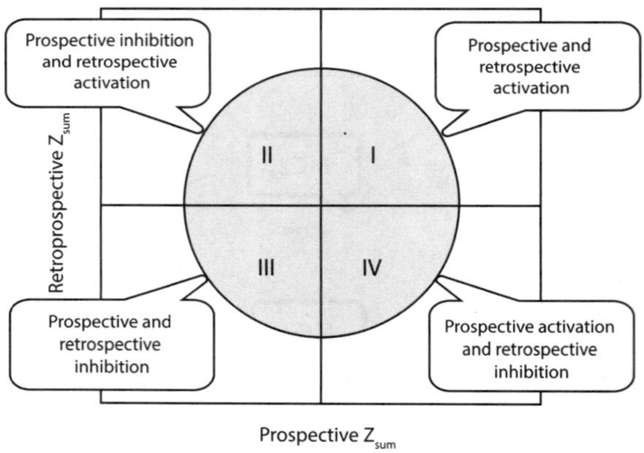

FIGURA 7. Características de los cuadrantes en los que se ubicarán los vectores en función del carácter de activación (signo +) o de inhibición (signo -) de los valores Zsum prospectivos y retrospectivos (reproducido de Arias-Pujol y Anguera, 2017)

Con los mismos datos del grupo de terapia con adolescentes anterior se realizaron dos análisis con la técnica de coordenadas polares. En esta ocasión, dividiendo las 24 sesiones en 4 bloques de 6. En el primer análisis se buscaba detectar cómo la terapeuta activaba el turno de los participantes, su relación con la coterapeuta y el silencio. El segundo se focalizaba en la terapeuta y sus dos modalidades principales de intervención: las que dinamizaban el grupo (categorizada como DYN) y las que promovían la función reflexiva (categorizada como MNT) (Arias-Pujol y Anguera, 2017).

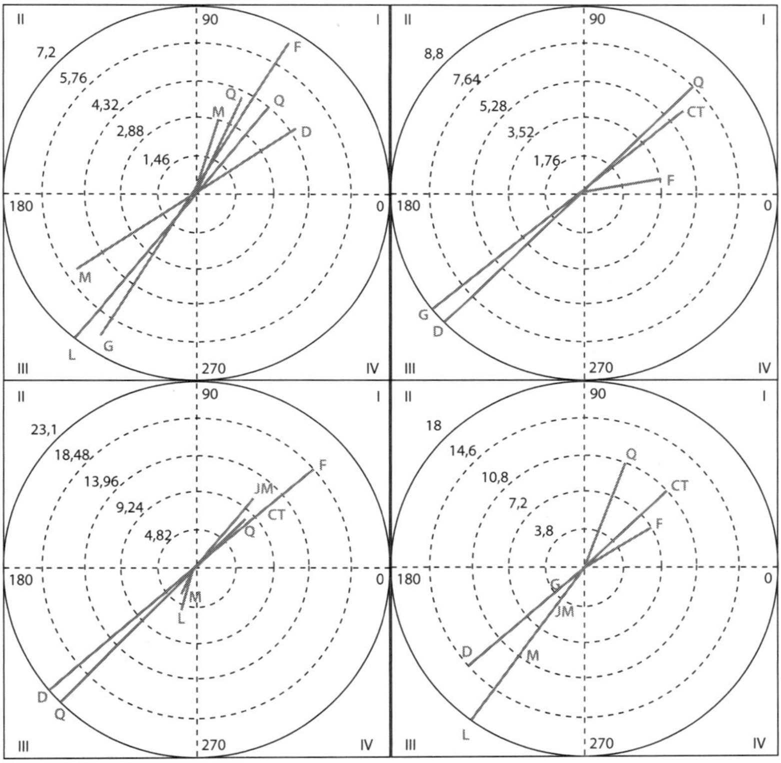

FIGURA 8. Vectores correspondientes al turno de la terapeuta (T) como conducta focal, y el turno de los participantes (G, D, JM, F L y M), la coterapeuta (CT) y el silencio (Q) como conductas condicionadas. Bloques 1-2-3-4 de sesiones (adaptado de Arias-Pujol y Anguera, 2017)

En relación con la activación o inhibición del turno de los seis participantes los resultados mostraron que la terapeuta no se relacionaba de la misma manera con todos, sino que se formaban dos subgrupos: cuatro eran estimulados por la terapeuta y los otros no. Desde una perspectiva diacrónica identificamos que tres de ellos, a medida que avanzaban las sesiones, evolucionaban hacía una comunicación menos radial con la terapeuta (M, L, JM), mientras que uno de ellos siempre que intervenía era a petición de la terapeuta (F). De los otros dos chicos, de personalidad más extrovertida, uno era activado por la terapeuta solo en las sesiones iniciales (D) y el otro (G) en ningún período (figura 8).

La evolución de cada adolescente y las diferencias entre ellos son datos de interés clínico: nos hablan del provecho que han sacado del recurso y nos señalan aspectos de técnica y de indicación coherentes con la recomendación de proponer este tipo de grupos a niños o adolescentes de edades similares, pero con personalidades distintas, buscando siempre un equilibrio entre los más retraídos y los más actuadores (Torras, 2013).

Las relaciones de la terapeuta con la coterapeuta y el silencio se mantuvieron estables en la mutua activación (cuadrante I). Ello significa que la coterapeuta, que en este caso tenía un papel de observadora participante, seguía las propuestas de la terapeuta senior, interfiriendo lo menos posible en las conductas espontáneas del grupo y manteniendo un marco de trabajo estable y de contención (Miró, 1988).

En relación con el silencio vimos que la terapeuta lo generaba con sus intervenciones y también lo interrumpía, poniendo límite a la inhibición del grupo

En el capítulo 8 de este libro se ha planteado que uno de los actuales retos de la investigación en psicoterapia psicoanalítica es identificar qué tipo de psicoterapia sirve y para quién (Fonagy, 2003). Con estos ejemplos abrimos un camino para empezar a caminar hacia este horizonte. Hemos mostrado que la imitación no verbal ayuda al pequeño paciente autista a conectar con su terapeuta, y que los adolescentes con niveles medios de capacidad intelectual, fracaso escolar y problemas relacionales que los llevan a consultar en un CSMIJ, se benefician de grupos que les proporcionan estrategias comunicativas y estimulan su capacidad de mentalización.

El análisis con *T-Patterns* también puede ofrecer resultados sobre el proceso y las estrategias terapéuticas. En la actualidad estamos trabajando en la complementariedad de los resultados que se obtienen con análisis secuencial, coordenadas polares y *T-patterns*.

8. Síntesis y conclusiones

Es indudable que la metodología observacional ofrece un procedimiento flexible y riguroso que se adecua a la complejidad que presenta la amplia casuística de objetos de estudio en investigaciones del ámbito psicoanalítico. Esta complejidad imposibilita que otras metodologías puedan considerarse idóneas por sus especiales características y perfil específico, que no encajan mayoritariamente con las finalidades que se pretenden resolver ni los contextos en que se ubican. Valoramos en especial las indudables aportaciones que ofrece la observación indirecta, la cual, aunque con especiales cautelas metodológicas tendentes a reducir el riesgo de subjetividad, amplía notablemente las posibilidades de realizar investigaciones a partir de datos (como vocalizaciones, *tweets,* mensajes de WhatsApp, etc.) que hace unas décadas eran considerados a todas luces de nulo valor para estudios rigurosos. Asimismo, la perspectiva *mixed methods,* que ha crecido exponencialmente a nivel mundial, con la alternancia de macroetapas *cuali* y *cuanti* posibilita un *quantitizing,* impensable hace dos décadas, que es capaz de aprovechar informaciones y matices antes desechados, capta la riqueza informativa que ofrece la realidad y no requiere utilizar técnicas estadísticas convencionales.

En definitiva, valoramos positivamente las posibilidades que hay en la actualidad en la investigación psicoanalítica y que están comprobadas por el respaldo que la comunidad científica presta mediante la difusión de publicaciones en revistas con factor de impacto.

EPÍLOGO

13. Ideas para seguir pensando la investigación en psicoterapia psicoanalítica

Victor Cabré

A principios de la década de 1970, Luborsky y Spence (1971) afirmaban que pocos terapeutas de orientación psicoanalítica prestaban atención a la investigación sistemática o recogían las sugerencias que derivaban de la investigación producida para enriquecer su práctica. En el transcurso de estas últimas décadas la situación ha cambiado. Sin duda, no tanto como sería deseable. Y aunque actualmente solo una pequeña parte de lo que el terapeuta hace en psicoterapia se beneficie de la investigación, esa parte tiene un gran valor.

Desde los grandes proyectos de investigación impulsados por Kernberg y Horowitz en la Fundación Menninger, Malan en la Clínica Tavistock, Luborsky en la Universidad de Pennsylvania y Fonagy y Bateman en el Centro Anna Freud, hasta el momento actual, la producción científica no ha dejado de expandirse por todos los rincones del planeta, llegando paulatinamente hasta los «nuevos» profesionales de la psicoterapia, las universidades y las instituciones sanitarias. Y todo hace pensar que el ritmo de estudios y publicaciones seguirá aumentando de manera exponencial.

Probablemente sean las cuestiones metodológicas las que frenen, en muchos casos, el acercamiento de los clínicos experimentados a la investigación. Tanto en la tarea de producirla como en la de «consumirla». Por un lado, como en tantos otros campos de las ciencias de la salud, los diseños de los estudios para evaluar las psicoterapias han mimetizado en exceso los de los tratamientos farmacológicos. Por otra parte, durante muchos años los problemas de los llamados factores comunes y específicos estuvieron unidos a los diseños de comparación de tratamientos, terreno en el que se han evidenciado numerosas falacias. «La aplicación forzada de una metodología a situaciones que no le son naturales puede crear verdaderas falsedades que convencen a una amplia mayoría porque se usan números y estadísticas. [En consecuencia] ... ser científico se convierte en un problema de estar a la moda» (Poch y Ávila, 1998).

Para un gran número de psicoanalistas, las principales reservas se remontan al propio Freud. Él mismo, en *Introducción al psicoanálisis*, ya se planteaba el tema de la investigación científica advirtiendo de sus posibles inconvenientes para la finalidad terapéutica primordial de la cura psicoanalítica, pero ya desde el grupo liderado por su hija, Anna Freud, en el que se realizaban evaluaciones de distintos grupos de pacientes hasta nuestros días, se han incrementado notablemente los autores que han abordado la cuestión con rigor y solvencia. El psicoanalista catalán Pere Folch, pionero en nuestro país, en un trabajo inédito de 1976 recuperado en la actualidad (Folch, 2018) se alineaba con la idea de Freud de que el trabajo de investigación debe ser siempre secundario al terapéutico para no interferir negativamente en su objetivo central. Aun así, se hace eco de la observación sistemática de bebés, sistematizada por Esther Bick, como una de las actividades más ampliamente conocidas y reconocidas por las sociedades psicoanalíticas de todo el mundo y que se sustenta en una metodología observacional con clara vocación científica.

En la actualidad, otro notable psicoanalista, Robert Caper, sintetiza algunas de las principales reservas por parte del colectivo de psicoanalistas. En primer lugar, con sus estudios (Caper, 2009) queda fuera de toda duda la complejidad inherente a la función psicoanalítica y su condición de proceso individual, que la convierten en única y difícilmente aprehensible en términos de generalización, salvo, como él mismo nos recuerda, para algunas «teorías fundamentales». Por otro lado, nos advierte del riesgo que puede suponer para los profesionales del psicoanálisis pretender reducir esta complejidad y subjetividad con el único objetivo de simplificar fenómenos y mecanismos para así hacerlos más observables y cuantificables.

A pesar de ello, y teniendo muy en cuenta estas y otras particularidades del método psicoanalítico, su aplicación necesita complementarse con el trabajo de evaluación. Si el psicoanálisis, además de ser una disciplina que pretende comprender a los humanos y su mundo, se propone explícitamente promover cambios en estos humanos (y en el mundo que habitan), estos cambios son medibles en términos no únicamente del «paso del tiempo», sino a causa de lo que acontece en el tratamiento. Y entonces lo que se está haciendo es evaluar, lo que constituye uno de los gérmenes de la investigación.

Probablemente lo que ocurre en la actualidad es que los instrumentos disponibles para realizar esta evaluación no tienen un nivel suficiente de desarrollo para medir cambios complejos (en psicología y en otras disciplinas humanas) y convendría promover su desarrollo o crear instrumentos y metodologías nuevas. Una perspectiva humilde, desde el psicoanálisis y desde la ciencia, debería contemplar la posibilidad de que «todavía» no se ha dado con unas metodologías diseñadas para medir adecuadamente algunos fenómenos que se vinculan a los procesos de cambio, como por ejemplo el *insight* o la capacidad de aceptación y reparación.

Buena parte de los fenómenos que estudian las llamadas «ciencias duras» no son de una complejidad menor que los que corresponden al aparato mental humano y las medidas que en ellas se realizan no implican necesariamente una simplificación del fenómeno en sí mismo. Lo que se pretende medir es, quizás, una pequeña porción, una aproximación a la representación del fenómeno que es objeto de estudio, pero esto no invalida ni la medición ni la complejidad, tan solo las acerca.

Uno de los escollos más controvertidos en este punto es el de las similitudes o diferencias entre psicoanálisis y psicoterapia psicoanalítica, del que se hacen eco recientemente Manzano, Palacio y Abella (2018); el mismo Caper (2009) parece que se refiere a ello cuando introduce el término psicoanálisis clínico para diferenciarlo de psicoanálisis como método de investigación. De todas formas, uno de los artículos más completos y precisos sobre el tema sigue siendo el de Kernberg (1999), en el que sistematiza factores comunes y diferenciales en función de las escuelas psicoanalíticas, y, por otro lado, Kächele (2010) aporta resultados de investigación empírica similares respecto de la eficacia de ambas. Evidentemente, se incrementan las dificultades al pretender evaluar cambios estructurales o la integración yoica del psicoanálisis en comparación con los objetivos más focalizados de la psicoterapia, pero si aceptamos que una de las tareas fundamentales del psicoanálisis —como disciplina— es el desarrollo de las psicoterapias psicoanalíticas y una extensa variedad de psicoterapias dinámicas específicas, las posibilidades de obtener resultados de investigación se multiplican en gran medida.

Coincidimos con Poch y Ávila en que «las cuestiones metodológicas no son un obstáculo, sino un desafío que cabe afrontar activando nuestra curiosidad ante los numerosos nuevos planteamientos y desarrollos que las metodologías de las ciencias de la conducta y sociales han presentado en los últimos años» (Poch y Ávila, 1998). Muchas de las modalidades actuales de psicoterapia basadas en el psicoanálisis —que tienen capacidad para tratar a un mayor número de personas— han demostrado evidencia clínica y empírica de su efectividad, como queda expuesto en los numerosos estudios de Luborsky *et al.* (1975), Fonagy y Bateman (2012), y los instrumentos que evalúan las capacidades y los recursos internos que la psicoterapia psicoanalítica puede fomentar en sus pacientes han demostrado una alta fiabilidad y validez para un amplio espectro de criterios como exponen Shedler (2010) y Kernberg (2008).

Actualmente, en lo que se refiere a metodología, la integración de elementos cualitativos y cuantitativos mediante los llamados *mixed methods* permite registrar información claramente cualitativa, gestionarla adecuadamente y, manteniendo su riqueza informativa, analizarla cuantitativamente de forma robusta. De esta forma, la metodología observacional caracterizada por el estudio de la conducta espontánea en un contexto natural se está mostrando idónea para ser utilizada en psicoterapia, y más concretamente en psicoterapia psicoanalítica (Arias-Pujol y Anguera, 2017). Finalmente cabe tener muy en cuenta el campo de las neurociencias por las posibilidades de ampliar lo que actualmente conocemos como método científico, facilitando así que el psicoanálisis redefina su propia forma de investigar compatible con las de otras disciplinas científicas. Autores como Ansermet y Magistretti (2006) proponen el modelo de la huella sináptica para comprender la huella psíquica producida por la experiencia y su utilidad para aprehender una biología del inconsciente, al tiempo que Damasio (2010) describe cómo los marcadores somáticos relacionan la realidad interna inconsciente con los estados somáticos. En cualquier caso, la «nueva biología de la mente» formulada por Kandel (2019) o el fenómeno de la plasticidad neuronal —surgido de la biología experimental— proponen que la experiencia deja una huella en la red neuronal que transforma la anterior, abriendo así nuevas e importantes perspectivas para la investigación, también en psicoanálisis.

Evidentemente, es necesario persistir en el esfuerzo de definir los indicadores que son específicos en psicoterapia psicoanalítica y proponer diseños y formas de controlar las posibles desviaciones específicas de los estudios de investigación en psicoterapia. Así, a la hora de definir de manera precisa los indicadores o las variables objetivables del progreso de un paciente no existe el mismo consenso que en los conceptos de recaída, remisión o recurrencia, por ejemplo.

Cabe recordar que, con el objetivo de aumentar la validez interna de los estudios, conviene recurrir a los diseños experimentales cuando sea posible y utilizar grandes muestras con un diagnóstico homogéneo: crear grupos de control en los estudios observacionales, realizar un monitoraje exhaustivo de los indicadores de progreso de los pacientes y analizar, separadamente, procesos y resultados. Obviamente, la psicoterapia estudiada debe estar manualizada y aplicada por parte de terapeutas expertos en ella.

A pesar de las razonables críticas y del necesario cuestionamiento por parte de los clínicos, la utilización de los sistemas de clasificación diagnóstica (DSM, CIE) en investigación, en la medida en que especifican determinados trastornos de una manera aceptada y reconocida internacionalmente, permite homogeneizar mejor a los pacientes que se seleccionan a la hora de evaluar una terapia particular.

Finalmente, sería deseable llevar a cabo más estudios con un largo seguimiento de los pacientes y que los metaanálisis sean muy rigurosos en los criterios de inclusión de los estudios.

En otro orden de cosas, en nuestro país urge abordar el difícil tema de la regulación de la psicoterapia como una especialidad de las ciencias de la salud. Reconocer «oficialmente» esta especialidad ampliamente consolidada permitiría, entre otras muchas ventajas, delimitar mejor su ámbito de actuación, el proceso de formación específico y su correspondiente evaluación. Ciertamente, se trata de una tarea compleja pero que dispone ya de una larga trayectoria de elaboración por parte de diversos agentes profesionales implicados, entre los que destacan la Federación Española de Asociaciones de Psicoterapeutas (FEAP), el Consejo de Colegios de la Psicología en España a través de la División de Psicoterapia o, específicamente en Cataluña, el Pla Director de Salut Mental con diferentes documentos acerca de la psicoterapia en la red pública de salud mental y adicciones.

Tanto es así que una gran cantidad de asociaciones profesionales ya están realizando esta función reguladora en nuestro país, garantizando eficazmente la calidad de profesionales y tratamientos; los servicios asistenciales, privados y públicos reconocen y valoran las prácticas psicoterapéuticas; y en las universidades se imparte formación específica sobre psicoterapia y se investiga a partir de su aplicación. Esta es una realidad extendida y sólidamente arraigada en nuestro país y una muestra de ello la podemos encontrar en el Instituto Universitario de la Fundación Vidal i Barraquer (URL), a través de su Máster en Psicoterapia Psicoanalítica, con una tradición de casi 30 años y que incorpora desde sus inicios, en su plan de estudios, la evaluación e investigación de los tratamientos.

Como clínicos deberíamos incorporar alguna forma de evaluación sistemática de los tratamientos que realizamos, aunque tal vez la función terapéutica y la investigadora han de ser realizadas por personas distintas en estrecha colaboración para soslayar los posibles inconvenientes que apuntábamos anteriormente. Los clínicos podrían ayudar a los investigadores a delimitar y construir los instrumentos adecuados, y los investigadores ayudar a los clínicos a revisar aspectos concretos de su técnica a partir de los resultados de la investigación, pero el fomento de la investigación debería ser un objetivo principal de las instituciones psicoanalíticas para no correr riesgos mayores como los que describen Kernberg y Michels (2015). No solo está en juego la supervivencia de las instituciones psicoanalíticas y su presencia en la sociedad que habitan (a través de las universidades, institutos y asociaciones), sino que es la única forma de incidir en aspectos como la prevención y la promoción de la salud a nivel comunitario.

Bibliografía

Abbass, A.A., Nowoweiski, S.J., Bernier, D., Tarzwell, R. y Beutel, M.E. (2014). Review of psychodynamic psychotherapy neuroimaging studies. *Psychotherapy and Psychosomatics*, *83*(3):142-147.

Abbass, A.A., Rabung, S., Leichsenring, F., Refseth, J.S. y Midgley, N. (2013). Psychodynamic psychotherapy for children and adolescents: A meta-analysis of short-term psychodynamic models. *Journal of the American Academy of Child y Adolescent Psychiatry,* 52(8):863-875.

Ablon, S., Smith, L. y Levy, R.A. (2012). Psychoanalytic process research. En G.O. Gabbard, B.E. Litowitz y Williams (eds.), *Textbook of Psychoanalysis* (pp. 405-422). Arlington: American Psychiatric Publishing.

Achenbach, T. y Edelbrock, C.S. (1981). Behavioral problems and competencies informed by parents of normal and disturbed children aged four through sixteen. *Monographs of the Society for Research in Child Development*, *46*(1):1-82.

Alanen, Y. (2000). Quo vadis, ISPS. *ISPS newsletter*, *4*:4-8.

Alcàcer, B. y Viloca, Ll. (2014). La psicoterapia psicoanalítica en personas con trastorno autista. Revisión histórica. *Temas de Psicoanálisis, 7*:1-29.

Alcover, C., Mairena, M.A., Mezzatesta, M., Elías, N., Díez, M., Balañá, G., González, M., Rodríguez, M.J., Anguera, M.T. y Arias-Pujol, E. (2019). Mixed methods approach to describe social interaction during a group intervention for adolescents with Autism Spectrum Disorders. *Frontiers in Psychology, 10*:1158. doi: 10.3389/fpsyg.2019.01158

Alexander, F. y French, T. (1965). *Terapéutica psicoanalítica*. Barcelona: Paidós.

Allen, J.G. y Fonagy, P. (2006). *Handbook of Mentalization-Based Treatment*. Chichester: Wiley.

Allison, P.D. y Liker, J.K. (1982). Analyzing sequential categorical data on dyadic interaction: A comment on Gottman. *Psychological Bulletin,* 91(2):393-403.

Almenta, E., García, P. y González, E. (1994). Factores terapéuticos en dinámica grupal. *Revista Asociación Española de Neuropsiquiatría, 14*(47-48):83-97.

Anderson, C.W. (2000). Challenges to science teacher education. *Journal of Research of Science Teaching, 37*(4):293-294.

Anguera, M.T. (ed.) (1991). *Metodología observacional en la investigación psicológica.* Barcelona: PPU.

Anguera, M.T. (1997). From prospective patterns in behavior to joint analysis with a retrospective perspective. In Colloque sur invitation *Méthodologie d'analyse des interactions sociales.* París: Université de la Sorbonne.

Anguera, M.T. (2003). La observación. En C. Moreno (ed.), *Evaluación Psicológica. Concepto, proceso y aplicación en las áreas del desarrollo y de la inteligencia* (pp. 271-308). Madrid: Sanz y Torres.

Anguera, M.T. (2017). Transiciones interactivas a lo largo de un proceso de desarrollo: Complementariedad de análisis. En C. Santoyo (coord.), *Mecanismos básicos de toma de decisiones: Perspectivas desde las ciencias del comportamiento y del desarrollo* (pp. 179-213). México: CONACYT 178383/UNAM.

Anguera, M.T. (2018). Del caso único al caso múltiple en el estudio del comportamiento humano. En Academia de Psicología de España, *Psicología para un mundo sostenible*, *2*:31-50. Madrid: Pirámide.

Anguera, M.T. (2020). Is It Possible to Perform «Liquefying» Actions in Conversational Analysis? The Detection of Structures in Indirect Observation. In L. Hunyadi y I. Szekrényes (eds.), *The Temporal Structure of Multimodal Communication. Intelligent Systems Reference Library*, vol 164. Springer, Cham.

Anguera, M.T., Blanco, A. y Losada, J.L. (2001). Diseños Observacionales, cuestión clave en el proceso de la metodología observacional. *Metodología de las Ciencias del comportamiento, 3*(2):135-161.

Anguera, M.T., Blanco, A., Losada, J.L. y Portell, M. (2018). Pautas para elaborar trabajos que utilizan la metodología observacional. *Anuario de Psicología, 48*:9-17.

Anguera, M.T., Camerino, O., Castañer, M., Sánchez, P. y Onwuegbuzie, A.J. (2017). The specificity of observational studies in physical activity and sports sciences: Moving forward in mixed methods research and proposals for achieving quantitative and qualitative symmetry. *Frontiers in Psychology, 8.* doi: 10.3389/fpsyg.2017.02196.

Anguera, M.T., Jonsson, G.K. y Sánchez, P. (2017). Liquefying text from human communication processes: A methodological proposal based on t-pattern detection. *Journal of Multimodal Communication Studies, 4*(1-2):10-15.

Anguera, M.T., Magnusson, M.S. y Jonsson, G.K. (2007). Instrumentos no estándar. *Avances en Medición, 5*(1):63-82.

Anguera, M.T., Portell, M., Chacón, S. y Sanduvete, S. (2018). Indirect observation in everyday contexts: Concepts and methodological guidelines within a mixed methods framework. *Frontiers in Psychology, 9.* doi: 10.3389/fpsyg.2018.00013

Ansermet, F. y Magistretti, P. (2006). *A cada cual su cerebro. Plasticidad neuronal e inconsciente.* Buenos Aires: Katz.

APA (2005). *Task Force on Evidence-Based Practice.* http://www.apa.org/practice/ebpreport.pdf

APS (2018). *Evidence-based psychological interventions in the treatment of mental disorders.* Melbourne: Australian Psychological Association.

Area de Drets Socials (2017). *Els procesos tècnics dels Equips d'Atenció a la Infància i l'Adolescència (EAIA).* Barcelona: Ajuntament de Barcelona.

Arias-Pujol, E. (2004). *Estudi observacional de la interacció en un grup de psicoterapia a partir de l'anàlisi de la conversa.* Tesis doctoral no publicada. Barcelona: Universidad de Barcelona.

Arias-Pujol, E. (2011). Metodología observacional e investigación del proceso grupal. *Teoría y práctica grupoanalítica. 1*(2):435-448.

Arias-Pujol, E. y Anguera, M.T. (2004). Detección de patrones de conducta comunicativa en un grupo terapéutico de adolescentes. *Acción Psicológica,* 3(3):199-206.

Arias-Pujol, E. y Anguera, M.T. (2005). Análisis de la comunicación en un grupo terapéutico de adolescentes: estudio diacrónico. *Revista de psicopatología y salud mental del niño y del adolescente, M1*:25-36.

Arias-Pujol, E. y Anguera, M.T. (2017). Observation of interactions in adolescent group therapy: A mixed methods study. *Frontiers in Psychology, 8.* doi: 10.3389/fpsyg.2017.01188.

Arias-Pujol, E., Fieschi, E., Miralbell, J., Castellò, C., Soldevila, A., Anguera, M.T. y Mestres, M. (2015). Uso de la imitación en psicoterapia psicoanalítica con un niño con trastorno del espectro autista grave: efectos en la interacción social recíproca. *Revista de psicopatología y salud mental del niño y del adolescente, 25*:9-20.

Armengol, R. y Hernández, V. (2013). La función y el trabajo del analista. Valoración relativa del *setting* y la interpretación. *Temas de Psicoanálisis, 13.*

Artigue, J. (2018). Los estados psicóticos incipientes y la psicoterapia de orientación psicoanalítica. *Temas de psicoanálisis, 55*:1-20.

Artigue, J. y Tizón, J.L. (2014). Una revisión sobre los factores de riesgo en la infancia para la esquizofrenia y los trastornos mentales graves del adulto. *Atención primaria, 46*(7):336-356.

Artigue, J., Manzano, A., Oriol, A., Martínez, M., Gassó, J.M., Franquesa, A., López, S. y Tizón, J.L. (2013). Taller de sensibilización en salud mental: una experiencia de prevención con adolescentes. *Cuadernos de psiquiatría del niño y del adolescente, 55*:31-36.

Artigue, J., Tizón, J.L. y Salamero, M. (2016). Reliability and Validity of the List of Mental Health Items (LISMEN). *Schizophrenia Research. 176*:423-430.

Ávila, A. (2003). ¿Hacia dónde va la psicoterapia? Reflexiones sobre las tendencias de evolución y los retos profesionales de la psicoterapia. *Revista de la Asociación Española de Neuropsiquiatría, 23*:67-84.

Ávila, A. (2006). Las aportaciones de la investigación en Psicoterapia psicodinámica. Notas sobre el interés de la investigación de procesos. Versión redactada del trabajo leído en las *Jornadas de FCCSM-Fundació CRAPPSI*, Barcelona, 15 de diciembre de 2006.

Ávila, A. (2013). La relación, contexto determinante de la transformación. Reflexiones en torno al papel de la interpretación, el *insight* y la experiencia emocional en el cambio psíquico. *Temas de psicoanálisis, 6.*

Bakeman, R. y Quera, V. (1996). *Análisis de la interacción. Análisis secuencial con SDIS y GSEQ*. Madrid: Ra-Ma.

Bakeman, R. y Quera, V. (2011). *Sequential analysis and observational methods for the behavioral sciences.* Cambridge: Cambridge University Press.

Ballesteros, A., Pardo, P., Ferrero, A., Torralbas, J., Puntí, J. y Tàpies, O. (2018). Validation of the Spanish and Catalan versions of the Health of the Nation Outcome Scale for Children and Adolescents (HONOSCA). *Psychiatry Research, 261*:554-559.

Ballús, E. (2009). *La elaboración del complejo de Edipo en niños adoptados: duelos y vínculos.* Barcelona: Universidad Ramón Llull, http://www.tdx.cat/TDX-1116109-112843).

Ballús, E., Casas, M., Urrutia, E. y Loizaga, F. (2019). Attachment Picture Story (APS): Adaptation and validation of the projective Patte Noire test to evaluate attachment in adolescence. *Rosrschachiana.* (En prensa).

Ballús, E., Casas, M., Virgili, C. y Pérez, C. (2015). Evaluación de las relaciones triangulares: desarrollo y validación de un instrumento a partir del test proyectivo Pata Negra. *Aloma, 33*(2):87-94.

Ballús, E. y Pérez, C. (2017). The emotional experience of being internationally adopted: A qualitative study with Nepalese children adopted in Spain. *International Social Work*, *60*(5):1141-1153.

Baranger, M. (1992). La mente del analista: de la escucha a la interpretación. *Revista Uruguaya de Psicoanálisis, 49*(2):223-237.

Barbato, A. y D'Avanzo, B. (2008). Efficacy of couple therapy as a treatment for depression: A meta-Analysis. *Psychiatric Quarterly*, *79*(2), 121–132.

Barber, C.C., Target, M., Fonagy, P., Katsavdakis, K.A. y Clifford, P. (2001). *Children's FACE: A Comprehensive Developmentally-tailored Rating System for Children and Adolescents.* (Technical Report N.° 01-0047.) Topeka, KS: Menninger Clinic, Research Department.

Barberá, J. (2016). *Insatisfets.* Barcelona: Rosa dels Vents.

Barkham, M. y Mellor, J. (2003). Relacionar la práctica basada en evidencia y la evidencia basada en la práctica: desarrollar un conocimiento riguroso y relevante para las terapias psicológicas. *Clinic Psychology Psychotherapy.* 10:319-327.

Barlow, L. A. (2015). Progress and renewal in gustation: new insights into taste bud development. *Development*, *142*(21):3620-3629.

Barlow, S.H. (2012). An application of the competency model to group-specialty practice. Professional psychology. *Research and* Practice, 43, 442-451.

Barlow, S.H., Burlingame, G., Greene, L., Joyce, A., Kaklauskas, F. y Kinley, J. (2015). *Evidence-based practice in group psychotherapy.*

Bartholomew, K. y Horowitz, L.M. (1991). Attachment styles among young adults. *Journal of Personality and Social Psychology, 61*(2):226-244.

Bateman, A.W. y Fonagy, P. (2004). Mentalization-Based Treatment of BPD. *Journal of Personality Disorders*, *18*(1):36-51.

Bateman, A.W. y Fonagy, P. (2016). *Mentalization-based treatment for personality disorders: A practical guide*. Oxford: Oxford University Press.

Baucom, D.H., Shoham, V., Mueser, K.T., Daiuto, A.D. y Stickle, T.R. (1998). Empirically supported couple and family interventions for marital distress and adult mental health problems. *Journal of Consulting and Clinical Psychology*, *66*(1):53-88.

Bein, E., Anderson, T., Strupp, H.H., Henry, W.P., Schacht, T.E., Binder, J.L. y Butler, S.F. (2000). The effects of training in time-limited dynamic psychotherapy: changes in therapeutic outcome. *Psychotherapy Research*, *10*:119-132.

Bendall, S., Jackson, H.J., Hulbert, C. y McGorry, D. (2008). Childhood trauma and psychotic disorders: a systematic, critical review of evidence, *Schizophrenia Bulletin*, *34*(3):568-579.

Bernard, H., Burlingame, G., Flores, P., Greene, L., Joyce, A., Kobos, J. y Feirman, D. (2008). Clinical practice guidelines for group psychotherapy. *International Journal of Group Psychotherapy, 58*:455-542.

Bernecker, S.L., Levy, K.N. y Ellison, W.D. (2014). A meta-analysis of the relation between patient adult attachment style and the working alliance. *Psychotherapy Research*. *24*(1):12-24.

Betan, E.J. y Binder, J.L. (2017). Psychodynamic therapies in practice: Time-limited dynamic psychotherapy. En A.J. Consoli, L.E. Beutler y B. Bongar (eds.), *Comprehensive Textbook of Psychotherapy: Theory and practice* (2.ª ed.). Nueva York: Oxford University Press.

Bevington, D. (2017). *Positive peace in school. Tackling conflict and creating a culture of peace in the classroom*. Londres/Nueva York: Routledge.

Bevington, D. y Fuggle, P. (2009). Supporting and enhancing mentalization in community outreach teams working with hard-to-reach youth: The AMBIT approach. En N. Midgley y I. Vrouva (eds.), *Minding the child: Mentalization-based interventions with children, young people and their families* (pp. 163-186). Nueva York: Routledge/Taylor & Francis Group.

Bevington, D., Fuggle, P., Cracknell, L. y Fonagy, P. (2017). *Adaptive Mentalization-Based Integrative Treatment: A guide for teams to develop systems of care*. Oxford: Oxford University Press.

Bevington, D., Fuggle, P. y Fonagy, P. (2015). Applying attachment theory to effective practice with hard-to-reach youth: the AMBIT approach. *Attachment y Human Development, 3*:78-94.

Bevington, D., Fuggle, P., Fonagy, P., Target, M. y Asen, E. (2012). Innovations in Practice: Adolescent Mentalization-Based Integrative Therapy (AMBIT)-a new integrated approach to working with the most hard to reach adolescents with severe complex mental health needs. *Child and Adolescent Mental Health, 18*(1):46-51.

Bickman, L., Douglas, S.R. y De Andrade, A.R. (2016). Implementación de un sistema de retroalimentación de medición: una historia de dos sitios. *Administration and Policy Mental Health.* 43:410-425.

Bion, W.R. (1962). *Elementos de psicoanálisis.* Buenos Aires: Hormé.

Bion, W.R. (1972). *Second Thoughts.* Portsmouth: William Heinemann Medical Books Ltd.

Bischoff, M. y Bessero, S. (2009). *Terapias Familiares y conyugales/ Terapias sistémicas.* Recuperado de https://www.europeanfamilytherapy.eu/wp-content/uploads/2012/10/arguments-es.pdf.

Blanchet, A., Batt, M., Trognon, A. y Masse, L. (2005). Language and behaviour patterns in a therapeutic interaction sequence. En L. Anolli, S. Duncan, M.S. Magnusson y G. Riva (eds.), *The hidden structure of social interaction. From Genomics to Culture Patterns.* Ámsterdam: IOS Press.

Blanco, A., Losada, J.L. y Anguera, M.T. (2003). Analytic techniques in observational designs in environment-behavior relation. *Medio ambiente y comportamiento humano, 4*(2):111-126.

Blatt, S.J., Sanislow, C.A., Zuroff, D.C. y Pilkonis, P.A. (1996). Characteristics of effective therapists: further analyses of data from the national institute of mental health treatment of depression collaborative research program. *Journal of Consulting and Clinical Psychology, 64*:1276-1284.

Bodenmann, G. y Randall, A. (2013). Marital therapy for dealing with depression. En M. Power, *The Wiley-Blackwell Handbook of Mood Disorders* (pp. 215-227). Chichester: John Wiley y Sons Ltd.

Bond, M. y Perry, J.C. (2004). Long-term changes in defense styles with psychodynamic psychotherapy for depressive, anxiety, and personality disorders. *American Journal of Psychiatry, 161*:1665-1671.

Bordin, E.S. (1979). The generalizability of the psychoanalytic concept of the working alliance. *Psychotherapy: Theory, Research y Practice, 16*(3):252-260.

Borrell, F., Suchman, A.L. y Epstein, R.M. (2004). The biopsychosocial model 25 years later: principles, practice, and scientific inquiry. *The Annals of Family Medicine*, 2(6):576-582.

Botella, L. y Corbella, S. (2011). Alianza terapéutica evaluada por el paciente y mejora sintomática a lo largo del proceso terapéutico. *Boletín de Psicología*, *101*:21-33.

Bowlby, J. (1949). The study and reduction of group tensions in the family. *Human Relations*, *2*:123-128.

Bowlby, J. (1982). *La separación afectiva.* Barcelona: Paidós.

Bowlby, J. (1988). *Una base segura: aplicaciones clínicas de una teoría del apego*, Barcelona: Paidós.

British Psychological Society (2011). *Good Practice Guidelines on the Use of Psychological Formulation.* Leicester: The British Psychological Society. Division of Clinical Psychology.

Briton, R. y Steiner, J. (1994). Interpretation: Selected fact or overvalued idea? *International Journal of Psychoanalysis*, *75*:1069-1078.

Brown, K.M. y Tracy, D.K. (2014). Psychoanalytic psychotherapy in contemporary mental health services: current evidence, future role and challenges. *British Journal of Psychotherapy*, *30*(2):229-242.

Bunge, M. (1980). *Epistemología*. Barcelona: Ariel.

Bunge, M. (2007). *A la caza de la realidad*. Barcelona: Gedisa.

Burlingame, G.M., McClendon, D.T. y Alonso, J. (2011). Cohesion in group therapy. *Psychotherapy*, *48*:34-42.

Burlingame, G.M., Strauss, B. y Joyce, A.S. (2013). Change mechanisms and effectiveness of small group treatments. En M.J. Lambert (ed.), *Bergin and Garfield's handbook of psychotherapy and behavior change*. Nueva York: John Wiley.

Bustamente, J. y Ballús, E. (2017). Violencia de género en la pareja y su impacto en los menores. Estudio de caso. *Revista de psicopatología y salud mental del niño y del adolescente*, *30*:95-103.

Byrne, M., Carr, A. y Clark, M. (2004). The efficacy of behavioral couples therapy and emotionally focused therapy for couple distress. *Contemporary Family Therapy*, *26*(4):361-387.

Cabré, V., Castillo, J.A. y Nofuentes, C. (2017). *Casos clínicos. Evaluación, diagnóstico e intervención en salud mental.* Barcelona: Herder.

Cabré, V., Castillo, J.A., Salamero, M., España, A., Gómez, M., Iserte, M. y Aviñó, A. (2005). Cambios en las relaciones interpersonales en un grupo terapéutico de adolescentes: un estudio piloto sobre la aplicación de la metodología CCRT. *Revista de psicopatología y salud mental del niño y del adolescente*, *5*:9-27.

Calderón, A., Schneider, C., Target, M. y Midgley, N. (2017). The adolescent psychotherapy Q-Set (APQ): A validation study. *Jour-*

nal of Infant, Child, and Adolescent Psychotherapy, 16(1):106-120.

Calsamiglia, H. y Tusón, A. (1999). *Las cosas del decir. Manual de análisis del discurso*. Barcelona: Ariel.

Canestri, J. (2017). Le bien-fondé de la neuropsychanalyse. *L'Année Psychanalytique Internationale 2017*(1):19-32.

Caper, R. (2009). *Building out into the dark*. Nueva York: Routledge.

Castillo, J.A. (2012). Apego y violencia familiar. *Temas de psicoanálisis*, 4.

Castillo, J.A. y Medina, P. (2007). Maltrato en la relación de pareja: apego, intimidad y cambios sociales. En A. Talarn (comp.), *Globalización y salud mental* (pp. 393-416). Barcelona: Herder.

Chalmers, A.F. (1982). Epidemiology and the Scientific Method. *International Journal of Health Services, 12*(4):659-666.

Chalmers, A.F. (1987). *¿Qué es esa cosa llamada ciencia?* Madrid: Siglo XXI Editores.

Chambers, W.J., Puig, J., Hirsch, M., Paez, P., Ambrosini, P.J., Tabrizi, M.A. y Davies, M. (1985). The assessment of affective disorders in children and adolescents by semistructured interview. Test-retest reliability of the schedule for affective disorders and schizophrenia for school-age children, present episode version. *Archives of General Psychiatry, 42*(7):696-702.

Charman, D. (ed.) (2004). *Core processes in Brief Psychodynamic Psychotherapy*. Mahwah, NJ: Erlbaum.

Cierpka, M., Stasch, M., Grande, T., Schauenburg, H., De la Parra, G., Rost, R. y miembros del Grupo de Trabajo OPD (2010). La evaluación de primeras entrevistas psicoterapéuticas mediante el sistema diagnóstico psicodinámico operacionalizado (OPD-2). *Clínica e Investigación Relacional, 4*(1):221-235.

Clupta, M., Coyne, J.C., Beach, S.R.H., Lask, J. y Vetere, A. (2003). Couples treatment for major depression: critique of the literature and suggestions for some different directions. *Journal of Family Therapy, 25*(4):317-346.

Cochran, W.G. (1954). Some methods for strengthening the common χ^2 test. *Biometrics, 10*:417-451.

Coderch, J. (1993). La interpretació. Naturalesa i sentit de les interpretacions anomenades extratransferencials. *Revista catalana de Psicoanàlisi, 10*(1-2).

Coderch, J. (1995). *La interpretación en psicoanálisis. Fundamentos y teoría de la técnica*. Barcelona: Herder.

Corbella, S. y Botella, L. (2003). La alianza terapéutica: historia, investigación y evaluación. *Anales de Psicología, 19*(2):205-221.

Coromines, J. (1991). Psicopatologia i desenvolupament arcaics. Assaig psicoanalític. Barcelona: Espaxs. [trad. cast.: Corominas, J. (1998). *Psicopatología arcaica y desarrollo. Ensayo psicoanalítico.* Barcelona: Paidós].

Coromines, J., Fieschi, E., Grimalt, A. y Guàrdia, M. (2008). *Processos mentals primaris. Implicacions psicopatològiques i implicacions tècniques*. Barcelona: Fundació Orienta. Grup del Llibre.

Cortina, M. (2018). Avances clínicos de teoría del vínculo de apego en los últimos 25 años. *Aperturas psicoanalíticas: Revista de psicoanálisis, 59*:1-30.

Cregeen, S., Hughes, C., Midgley, N., Rhode, M. y Rustin, M. (2016). *Short-term Psychoanalytic Psychotherapy for Adolescents with Depression. A Treatment Manual.* Londres: Karnac.

Crits, P., Connolly, M.B., Crits, K., Narducci, J., Schamberger, M. y Gallop, R. (2006). Can therapists be trained to improve their alliance? A preliminary study of alliance-fostering psychotherapy. *Psychotherapy Research, 16*(3):268-281.

Cuervo, J.J. (2014). *Comunicación y perdurabilidad en parejas viables. Estudio observacional de caso múltiple.* Tesis doctoral no publicada. Bellatera: Universitat Autònoma de Barcelona.

Damasio, A. (2010). *I el cervell va crear l'home*. Barcelona: Destino.

Dangerfield, M. (2012). Negligencia y violencia sobre el adolescente: abordaje desde un Hospital de Día. *Temas de psicoanálisis, 4.*

Dangerfield, M. (2016). «Sense un lloc a la teva ment, sense un lloc al món.» Aspectes tècnics del treball amb adolescents desatesos. *Revista Catalana de Psicoanàlisi.*

Dangerfield, M. (2017). Aportaciones del tratamiento basado en la mentalización para adolescentes (MBT-A) que han sufrido adversidades en la infancia. *Cuadernos de Psiquiatría y Psicoterapia del Niño y del Adolescente, 63*:29-49.

Dangerfield, M. (2019) *Estudio de las consecuencias psicopatológicas de las adversidades relacionales en la infancia y de la transmisión del trauma transgeneracional.* Tesis doctoral, Universitat Ramon Llull.

De Andrea, N.G. (2010). Perspectivas cualitativa y cuantitativa en investigación ¿inconmensurables? *Fundamentos en Humanidades, 11*(21):53-66.

De Greck, M., Scheidt, L., Bölter, A.F., Frommer, J., Ulrich, C., Stockum, E. y Northoff, G. (2011). Multimodal psychodynamic psychotherapy induces normalization of reward related activity in somatoform disorder. *The World Journal of Biological Psychiatry, 12*(4):296-308.

De la Lama, E., Castillo, J.A., Salamero, M., Aubareda, M., Font, J. y Hernández, V. (1994). Sobre el comportamiento en consumo sanitario de pacientes con psicoterapia focal y breve. *Informaciones Psiquiátricas, 137*:295-305.

Debbané, M., Salaminios, G., Luyten, P., Badoud, D., Armando, M., Solida, A., Fonagy, P. y Brent, B. (2016). Attachment, neurobiology, and mentalizing along the psychosis continuum. *Frontiers Human Neuroscience, 10*:406.

Degnan, A., Seymour-Hyde, A., Harris, A. y Berry, K. (2016). The role of therapist attachment in alliance and outcome: A systematic literature review. *Clinical Psychology y Psychotherapy, 23*(1):47-65.

Dekker, J.J., Hendriksen, M., Kool, S., Bakker, L., Driessen, E., De Jonghe, F. y Van, H.L. (2014). Growing evidence for psychodynamic therapy for depression. *Contemporary Psychoanalysis, 50*(1-2):131-155.

Del Giacco, L., Salcuni, S. y Anguera, M.T. (2019). The communicative modes analysis system in psychotherapy from mixed methods framework: Introducing a new observation system for classifying verbal and nonverbal communication. *Frontiers in Psychology, 10*. doi: 10.3389/fpsyg.2019.00782

Delgado, I., Oliva, A. y Sánchez, I. (2011). Apego a los iguales durante la adolescencia y la adultez emergente. *Anales de Psicología, 27*(1):155-163.

Díaz, V. (2014). El concepto de ciencia como sistema, el positivismo, neopositivismo y las investigaciones cuantitativas y cualitativas. *Revista Salud Uninorte, 30*(2):227-244.

Debbané, M., Salaminios, G., Luyten, P., Badoud, D., Armando, M., Tozzi, A.S., Fonagy, P. y Brent, B.K. (2016). Attachment, neurobiology, and mentalizing along the psychosis continuum. *Frontiers in human neuroscience, 10*:406.

Diener, M.J. y Monroe, J.M. (2011). The relationship between adult attachment style and therapeutic alliance in individual psychotherapy: A meta-analytic review. *Psychotherapy Research, 48*(3):237-248.

Diener, M.J. y Pierson, M.M. (2013). Technique and therapeutic process from a supportive-expressive relational psychodynamic approach. *Psychotherapy, 50*(3):424-427.

Diener, M.J., Hilsenroth, M.J. y Weinberger, J. (2007). Therapist affect focus and patient outcomes in psychodynamic psychotherapy: A meta-analysis. *The American Journal of Psychiatry, 164*(6):936-941.

Division of Clinical Psychology (2011). *Good Practice Guidelines on the use of psychological formulation.* Londres: British Psychological Society.

Division of Clinical Psychology (2018). *DCP PQG Annual Conference 2018: Thriving in Clinical Psychology: Working Through Challenges in Different Contexts.* Londres: British Psychological Society.

Drane, J.F. (1985). Ética y psicoterapia. Perspectiva filosófica. En M. Rosenbaum (ed.), *Ética y valores en psicoterapia.* México: FCE.

Drapeau, M., Perry, J.C. y Körner, A. (2012). Interpersonal patterns in borderline personality disorder. *Journal of Personality Disorders, 26*(4):583-592.

Driessen, E., Hegelmaier, L.M., Abbass, A.A., Barber, J.P., Dekker, J.J., Van, H.L. y Cuijpers, P. (2015). The efficacy of short-term psychodynamic psychotherapy for depression: A meta-analysis update. *Clinical Psychology Review, 42*:1-15.

Echevarría, R. (2004). La psicoanàlisi, una tradició psicoterapèutica. *Aloma, 14*:13-22.

Epstein, R.M., Alper, B.S. y Quill, T.E. (2004). Communicating evidence for participatory decision making. *Jama, 291*(19):2359-2366.

Fairbairn, R. (1958). On the nature and aims of psychoanalytic treatment [Sobre la naturaleza y objetivos del tratamiento psicoanalítico]. *International Journal of Psychoanalysis, 39.*

Falloon, R.H.I. (2003). Intervenciones familiares en los trastornos mentales: eficacia y efectividad. *World Psychiatry* (ed. esp.) 1:1.

Farré, Ll. (1990). *Dinàmica emocional en l'assistència terapèutica al malalt neoplàsic. Anàlisi de les ansietats i recursos defensius mitjançant l'observació sistemàtica directa i indirecta.* Tesis doctoral no publicada. Barcelona: Universidad de Barcelona.

Farré, Ll., Hernández, V. y Martínez, M. (1992). *Psicoterapia psicoanalítica focal y breve. Una experiencia clínica con psicoterapia a tiempo limitado.* Barcelona: Paidós.

Farrés, N. (2014). Confluència de les vessants educativa i terapèutica per al treball amb infants amb TEA: de l'emoció a la cognició. *Desenvolupa.net*

Feduchi, L. (1977): *¿Qué es la adolescencia?* Barcelona: La Gaya Ciencia.

Feduchi, L., Mauri, L., Tió, J., Sastre, V. y Raventós, P. (2007). Abordaje psicoterapéutico en el marco de la medida judicial para menores. *Revista de psicopatología y salud mental del niño y del adolescente, 10*:33-41.

Feeney, J. y Noller, P. (2001). *Apego adulto.* Bilbao: Descleé de Brouwer.

Fernández, M. T., Tuset, A. M. y Ochoa, E. (2014). Un estudio normativo de los ítemes madurativos del test del dibujo de dos figuras humanas en niños indígenas yaquis. *Interdisciplinaria Revista de Psicología y Ciencias Afines, 31*(2):297-322.

Fischer, K.W., Bullock, D.H., Rotenberg, E.J. y Raya, P. (1993). The dynamics of competence: How context contributes directly to skill. In R.H. Wozniak y K.W. Fischer (eds.), *The Jean Piaget symposium series. Development in context: Acting and thinking in specific environments* (pp. 93-117). Hillsdale: Lawrence Erlbaum Associates.

Folch, P. (2018). Recerca en psicoanàlisi. Introducció a la discussió (1976). En A. Grimalt y M. Silva (eds.), La poesia de la paraula en psicoanàlisi. *Monografies de Psicoanàlisi i Psicoteràpia, 1.* Barcelona.

Fonagy, P. (2003). The research agenda: The vital need for empirical research in child psychotherapy. *Journal of Child Psychotherapy, 29*(2):129-136.

Fonagy, P. (2004). *Teoría del apego y psicoanálisis.* Barcelona: Espaxs.

Fonagy, P. (2010). Attachment and Personality Pathology. En J.F. Clarkin, P. Fonagy y G.O. Gabbard (eds.), *Psychodynamic Psychotherapy for Personality Disorders* (pp. 37-87). Washington: American Psychiatric Publishing.

Fonagy, P. y Allison, E. (2014). The role of mentalizing and epistemic trust in the therapeutic relationship. *Psychotherapy, 51*(3):372.-380.

Fonagy, P. y Bateman, A. (eds.). (2012). Handbook of mentalizing in mental health practice. Arlington: American Psychiatric Publishing.

Fonagy, P., Cottrell, D., Phillips, J., Bevington, D., Glaser, D. y Allison, E. (2016). *What Works for Whom? A Critical Review of Treatments for Children and Adolescents* (2.ª ed.). Nueva York: Guilford Press.

Fonagy, P., Matthews, R. y Pilling, S. (2004). *The Mental Health Outcomes Measurement Initiative: Report from the Chair of the*

Outcomes Reference Group. Londres: National Collaborating Centre for Mental Health, Department of Health.

Fonagy, P., Steele, M., Steele, H., Higgitt, A. y Target, M. (1994). The Emanuel Miller Memorial Lecture 1992: The theory and practice of resilience. *Child Psychology y Psychiatry y Allied Disciplines, 35*(2):231-257.

Fonagy, P. y Target, M. (1994). The efficacy of psychoanalysis for children with disruptive disorders. *Journal of the American Academy of Child and Adolescent Psychiatry, 33*:45-55. doi:10.1097/00004583-199401000-00007

Fonagy, P. y Target, M. (1996). Predictors of outcome in child psychoanalysis: A retrospective study of 763 cases at the Anna Freud Centre. *Journal of the American Psychoanalytic Association, 44*:27-77. doi:10.1177/000306519604400104

Fonagy, P. y Target, M. (1997a). Playing with reality II: The development of psychic reality from a theoretical perspective. *International Journal of psychoanalysis, 77*(3):459-479.

Fonagy, P. y Target, M. (1997b). Attachment and reflective function, Their role in self-organization. *Development and Psychopathology, 9*(4):679-700.

Fonagy, P., y Target, M. (1998). Mentalization and the changing aims of child psychoanalysis. *Psychoanalytic Dialogues, 8*(1), 87-114.

Fonagy, P., Target, M., Cottrell, D., Phillips, J. y Kurtz, Z. (2002). *What Works for Whom. A Critical Review of Treatments for Children and Adolescents*. Nueva York: Guilford.

Foulkes, S.H. (1986). *Psicoterapia grupo-analítica. Métodos y principios*. México: Gedisa.

Fredman, S.J., Pukay, N.D., Macdonald, A., Wagner, A.C., Vorstenbosch, V. y Monson, C.M. (2016). Partner accommodation moderates treatment outcomes for couple therapy for postraumatic stress disorder. *Journal of Consulting Clinical Psychology, 84*(1):79-87.

Freud, S. (1920). Más allá del principio del placer. En *Obras completas*. Barcelona: Biblioteca Nueva.

Freud, S. (1932). Nuevas conferencias de psicoanálisis. En *Obras completas*. Barcelona: Biblioteca Nueva.

Fuggle, P., Bevington, D., Cracknell, L., Hanley, J., Hare, S., Lincoln, J. y Zlotowitz, S. (2015). The Adolescent Mentalization-based Integrative Treatment (AMBIT) approach to outcome evaluation and manualization: adopting a learning organization approach. *Clinical Child Psychology and Psychiatry, 20*(3):419-435.

Fuhriman, A. y Burlingame, G.M. (2001). Group psychotherapy training and effectiveness. *International Journal of Group Psychotherapy*, *51*:399-416.

Fullerton, M., Edbrooke, J., Law, D., Martin, K., Whelan, I. y Wolper, M. (2018). Using patient-reported outcome measures to improve service effectiveness for supervisors: a mixed-methods evaluation of supervisors' attitudes and self-efficacy after training to use outcome measures in child mental health, *Child and Adolescent Mental Health*, *23*(1):34-44. doi:10.1111/camh.12206

Gallagher, M.E., Tasca, G.A., Ritchie, K., Balfour, L., Maxwell, H. y Bissada, H. (2014). Interpersonal learning is associated with improved self-esteem in group psychotherapy for women with binge eating disorder. *Psychotherapy*, *51*(1):66-77.

García, I., Ducajú, M., Chapela, E. y González, M. (2011). Therapeutic factors in patient groups with psychosis. *Group Analysis*, *44*(4):421-438.

George, C., Kaplan, N. y Main, M. (1985). *The Adult Attachment Interview*. Manuscrito sin publicar: University of California at Berkeley.

Gergen, K. (1996). *Realidades y relaciones: aproximaciones a la construcción social*. Barcelona: Paidós.

Gerostathos, A., De Roten, Y., Berney, S., Despland, J.N. y Ambresin, G. (2014). How does addressing patient's defenses help to repair alliance ruptures in psychodynamic psychotherapy? An exploratory study. *The Journal of Nervous and Mental Disease*, *202*(5):419-424.

Gobierno Vasco (2017). *Actualización del* BALORA. Vitoria: Gobierno Vasco, Departamento de Empleo y Políticas Sociales.

Golanó, M., Pérez, C. y Salamero, M. (2018). The Spanish and Catalan versions of the Parent Development Interview Revised (PDI-R): Adaptation and validation process. *Contemporary Family Therapy*, *40*(4):338-345.

Golanó, M. (2015). La mentalización parental durante la primera infancia: Adaptación y validación de la Parent Development Interview (PDI). Tesis doctoral, Universitat Ramon Llull.

Gold, P.B., Kivlighan, D.M. y Patton, M.J. (2014). Non-metric multidimensional scaling profile analysis of non-growth change in groups: A demonstration. *Small Group Research*, *45*:235-265.

Gómez, (2003). Towards an interdisciplinary concept of family in Globalization. *Justicia Juris*, *10*(1):11-20.

Goodman, R. (1997). The strengths and difficulties questionnaire: A research note. *Journal of Child Psychology and Psychiatry, 38*:581-586.

Goodman, R. (1999). The extended version of the Strengths and Difficulties Questionnaire as a guide to child psychiatric caseness and consequent burden. *The Journal of Child Psychology and Psychiatry and Allied Disciplines, 40*(5):791-799.

Goodyer, I.M., van Harmelen, A.-L., Gibson, J.L., St Clair, M.C., Owens, M., Brodbeck, J., Dunn, V., Lewis, G., Croudace, T., Jones, P.B. y Kievit, R.A. (2016). Friendships and family support reduce subsequent depressive symptoms in at-risk adolescents. *PLOS ONE, 11*(5).

Goodyer, I.M., Reynolds, S., Barrett, B., Byford, S., Dubicka, B., Hill, J., Holland, F., Kelvin, R., Midgley, N., Roberts, C., Senior, R., Target, M., Widmer, B., Wilkinson, P. y Fonagy, P. (2017). Cognitive behavioural therapy and short-term psychoanalytical psychotherapy versus a brief psychosocial intervention in adolescents with unipolar major depressive disorder (IMPACT): A multicentre, pragmatic, observer-blind, randomised controlled superiority trial. *The Lancet Psychiatry, 4*(2):109-119.

Gottdiener, W.H. y Haslam, N. (2002). The benefits of individual psychotherapy for people diagnosed with schizophrenia: a meta-analytic review. *Ethical Human Sciences and Services, 4*:163-187.

Gottdiener, W.H. y Haslam, N. (2003). A critique of the methods and conclusions in the patient outcome research team (PORT) report on psychological treatments for schizophrenia. *Journal of the American Academy of Psychoanalysis and Dynamic Psychiatry, 31*(1):191-209.

Gowers, S.G., Harrington, R.C., Whitton, A., Lelliott, P., Beevor, A., Wing, J. y Jezzard R. (1999). Brief scale for measuring the outcomes of emotional and behavioural disorders in children. Health of the Nation Outcome Scales for children and Adolescents (HONOSCA). *British Journal of Psychiatry, 174:*413-416.

Gowers, S.G., Harrington, R.C. y Whitton, A. (1998). Brief scale for measuring the outcomes of emotional and behavioural disorders in children. Health of the Nation Outcome Scales for Children and Adolescents (HONOSCA). *British Journal of Psychiatry, 174*:413-416.

Gowers, S.G., Levine, W., Bailey, S., Shore, A. y Burhouse, E. (2002). Use of routine, self-report outcome measure (HONOSCA-SR) in two adolescent mental health services. *British Journal of Psychiatry, 180*:266-269.

Grande, T., Rudolf, G., Oberbracht, C. y Pauli, C. (2003). Progressive changes in patients' lives after psychotherapy: with treatment effects support them? *Psychotherapy Research, 13*(1):43-58.

Greene, L.R. (2000). Group psychotherapy research: current status and future trends on the dawn of the millennium. *International Journal* of *Group Psychotherapy, 24*(2):157-165.

Greene, L.R. (2012). Studying the how and why of therapeutic change: The increasingly prominent role of mediators in group psychotherapy research. *International Journal* of *Group Psychotherapy, 62*:325-331.

Greene, L.R. (2016). A qualitative assessment of the quantitative group psychotherapy research: Past, present, and future. *International Journal* of *Group Psychotherapy, 40*(1):23-28.

Grupo de Trabajo OPD (2008). *Diagnóstico Psicodinámico Operacionalizado (OPD-2): Manual para el diagnóstico, indicación y planificación de la psicoterapia*. Barcelona: Herder.

Günther, K.B. (2018). Grundlagen und praxis der psychoanalytisch objekt beziehungs theortischen paartherapie. The historical development and today's practice of psychoanalytic object relations couple therapy. *Zeitschrift für Individualpsychologie, 43* (1):5-32.

Hall, C.L., Moldavsky, M. y Baldwin, J. (2013). El uso de medidas de resultado de rutina en dos servicios de salud mental para niños y adolescentes: un ciclo completo de auditoría. *BMC Psiquiatría, 20*:13.

Happé, F. (1994). An advanced test of theory of mind: Understanding of story characters' thoughts and feelings by able autistic, mentally handicapped, and normal children and adults. *Journal of Autism and Developmental Disorders, 24*(2):129-154.

Haskayne, D., Hirschfeld, R. y Larkin, M. (2014). The outcome of psychodynamic psychotherapies with individuals diagnosed with personality disorders: a systematic review. *Psychoanalytic Psychotherapy, 28*(2):115-138.

Hayes, A.F. (2013). *Introduction to mediation, moderation, and conditional process analysis: A regression-based approach*. Nueva York: Guilford.

Hayes, J.A., Nelson, D.L.B. y Fauth, J. (2015). Countertransference in successful and unsuccessful cases of psychotherapy. *Psychotherapy, 52*:127-133.

Heatherington, L., Friedlander, M., Diamond, G.M., Escudero, V. y Pinsof, W.M. (2014). 25 Years of systemic therapies research: Progress and promise [25 años de investigación en terapia sistémica: progreso y promesa]. *Psychotherapy Research, 25*(3):348-364.

Hernández, A., Castellano, J., Camerino, O., Jonsson, G.K., Blanco, A., Lopes, A. y Anguera, M.T. (2014). Programas informáticos de registro, control de calidad del dato y análisis de datos. *Revista de Psicología del Deporte, 23*(1):111-121.

Hernández, A., López, J.A., Castellano, J., Morales, V. y Pastrana, J.L. (2012). Hoisan 1.2: Programa informático para uso en metodología observacional. (Hoisan 1.2: A software program for use in observational methodology). *Cuadernos de Psicología del Deporte, 12*(1):55-78. doi:10.4321/S1578-84232012000100006

Hill, C.E., Kellems, I.S., Kolchakian, M.R., Wonnell, T.L., Davis, T.L. y Nakayama, E.Y. (2003). The therapist experience of being the target of hostile versus suspected-unasserted client anger: factors associated with resolution. *Psychotherapy Research, 13*(4):475-491.

Hilsenroth, M.J., Blagys, M.D., Ackerman, S.J., Bonge, D.R. y Blais, M.A. (2005). Measuring psychodynamic-interpersonal and cognitive-behavioral techniques: Development of the Comparative Psychotherapy Process Scale. *Psychotherapy: Theory and Research Practice and Training, 42*(3):340-356.

Hilsenroth, M.J. (2007). A programmatic study of short-term psychodynamic psychotherapy: Assessment, process, outcome, and training. *Psychotherapy Research, 17*(1):31-45.

Hodges, J., Steele, M., Hillman, S., Henderson, K. y Kaniuk, J. (2003). Changes in attachment representations over the first year of adoptive placement: Narratives of maltreated children. *Clinical Child Psychology and Psychiatry, 8*(3):351-367.

Høglend, P. y Gabbard, G.O. (2012). When is transference work useful in psychodynamic disorder. *Journal of Personality Disorders, 26*(4):583-592.

Høglend, P., Amlo, S., Marble, A., Bogwald, K.P., Sjaastad, M.C. y Heyerdahl, O. (2006). Analysis of the patient-therapist relationship in dynamic psychotherapy: An experimental study of transference interpretations. *The American Journal of Psychiatry, 163*:1739-1746. doi: 10.1176/appi.ajp.163.10.1739

Høglend, P., Bøgwald, K.P., Amlo, S., Marble, A., Ulberg, R., Sjaastad, M.C., Sørbye, Ø., Heyerdahl, O. y Johansson (2008). Transference interpretations in dynamic psychotherapy: Do they really yield sustained effects? *American Journal of Psychiatry, 165*:763-771.

Holmes, J. (2001). *Teoría del apego y psicoterapia. En busca de la base segura*. Bilbao: DDB.

Holtzworth, A. y Meehan, J.C. (2004). Typologies of men who are maritally violent. Scientific and clinical implications. *Journal of Interpersonal Violence*, 19:1369-1389.

Hornsey, M.J., Dwyer, L., Oei, T.P.S. y Dingle, G.A. (2009). Group processes and outcomes in group psychotherapy: Is it time to let go of cohesiveness? *International Journal of Group Psychotherapy*, *59*:267-278.

Hornsey, M.J., Olsen, S. y Barlow, F.K. (2012). Testing a single-item visual analogue scale as a proxy for cohesiveness in group psychotherapy. *Group Dynamics*, *16*:80-90.

Horowitz, M., Milbrath, C., Reidbord, S. y Stinson, C. (1993). Elaboration and dyselaboration: Measures of expression and defense in discourse. *Psychotherapy Research*, *3*(4):278-293.

Howard, K.I., Kopta, S.M., Krause, M.S. y Orlinsky, D.E. (1986). The dose-effect relationship in psychotherapy. *American Psychologist*, 41:159-164.

Huang, T., Hill, C. y Gelso, Ch. (2013). Psychotherapy engagers versus non-engagers: Differences in alliance, therapist verbal response modes, and client attachment, *Psychotherapy Research*, *23*(5):568-577.

Iacoboni, M. (2009). *Las neuronas espejo. Empatía, neuropolítica, autismo, imitación o de cómo entendemos a los otros*. Buenos Aires: Katz.

Igartua, J.J. (2006). *Métodos cuantitativos de investigación en comunicación*. Barcelona: Bosch.

Illich, I. (1975). *Némesis médica. La expropiación de la salud*. Barcelona: Barral.

Insel, Th. (2013). Director's Blog: Transforming Diagnosis. 29 de abril de 2013. http://www.nimh.nih.gov/about/director/2013/transforming-diagnosis.shtml. Visitada en enero de 2015.

Ioannidis, J.P.A. (2005). Why most published research findings are false. *PLoS Med*, *2*(8):124-132.

Jackson, J.B., Miller, R.B., Oka, M. y Henry, R.G. (2014). Gender differences in marital satisfaction: A meta-analysis. *Journal of Marriage and Family*, *76*(1):105-129.

Johnson, S.M. y Greenberg, L.S. (1985). Differential effects of experiential and problem solving interventions in resolving marital conflict. *Journal of Consulting and Clinical Psychology*, *53*:175-184.

Johnstone, L., Boyle, M. Cromby, J., Dillon, J., Harper, D., Kinderman, P., Longden, E., Pilgrim, D. y Read, J. (2018). *The Power Threat Meaning Framework (PTM): Overview*. Leicester: British Psychological Society, Division of Clinical Psychology.

Joint Commission on Accreditation of Healthcare Organizations (1990). *Primer on indicator development and application: Measuring quality in health care*. Illinois: Joint Commission.

Kächele, H. (2010). Distinguishing psychoanalysis from psychotherapy. *International Journal of Psychoanalysis, 91*:35-43.

Kächele, H., Schachter, J., Thomä, H. y The Ulm Psychoanalytic Process Research Study Group (2009). *From psychoanalytic narrative to empirical single case research: Implications for psychoanalytic practice*. Nueva York: Routledge.

Kandel, E.R. (2019). *La nueva biología de la mente*. Paidós. Barcelona.

Kaplan, H.I. y Sadock, B. (1998). *Terapia de grupo*. Madrid: Panamericana.

Keefe, J.R., McCarthy, K.S., Dinger, U., Zilcha, S. y Barber, J. (2014). A meta-analytic review of psychodynamic therapies for anxiety disorders. *Clinical Psychology Review*, *34*(4):309-323.

Kernberg, O. (1999). Psychoanalysis, psychoanalytic psychotherapy and supportive psychotherapy: Contemporary controversies. *International Journal of Psychoanalysis*, *80*:1075-1091.

Kernberg, O. (2006). The pressing need to increase research in and on psychoanalysis. *International Journal of Psychoanalysis, 87*:919-926.

Kernberg, O. y Michels, R. (2015). Thoughts on the Present and Future of Psychoanalytic Education. Journal of American Psychoanalytic Association, *64*(3):477-493. doi:10.1177/0003065116654273

Kernberg, O., Yeomaris, F.E., Clarkin, J.F. y Levy, K.N. (2008). Transference focused psychotherapy. *International Journal of Psychoanalysis, 89*:601-620.

Kivlighan, D.M., Hill, C.E., Ross, K., Kline, K., Furhmann, A. y Sauber, E. (2019). Testing a mediation model of psychotherapy process and outcome in psychodynamic psychotherapy: Previous client distress, psychodynamic techniques, dyadic working alliance, and current client distress. *Psychotherapy Research, 29*(5):581-593.

Kivlighan, D.M. y Kivlighan III, D.M. (2009). Training related changes in the ways that group trainees structure their knowledge of group counseling leader interventions. *Group Dynamics: Theory, Research, and Practice*, 13(3):190-204.

Kivlighan, D.M. y Tibbits, B.M. (2012). Silence is mean and other misconceptions of group counseling trainees: Identifying errors of commission and omission in trainees' knowledge structures. *Group Dynamics: Theory, Research, and Practice, 16*(1):14-34.

Koskelainen, M., Sourander, A. y Kaljonen, A. (2000). The Strengths and Difficulties Questionnaire among Finnish school-aged children and adolescents. *European Child & Adolescent Psychiatry, 9*(4):277-284.

Lambert, M.J., Whipple, J.L., Smart, D.W., Vermeersch, D.A., Nielsen, S.L. y Hawkins, E.J. (2001). The effects of providing therapists with feedback on patient progress during psychotherapy: Are outcomes enhanced? *Psychotherapy Research, 11*:49-68.

Lambert, M.J. y Ogles, B.M. (2004). The efficacy and effectiveness of psychotherapy. In M. Lambert (ed.), *Bergin and Garfield's Handbook of Psychotherapy and Behavior Change*, 5.ª edición (pp. 139-193). Nueva York: Wiley.

Lambert, M.J., Hansen, N.B. y Finch, A.E. (2001). Patient-focused research: using patient outcome data to enhance treatment effects. *Journal of Consulting and Clinical Psychology, 69*(2):159-172.

Lehman, A.F. y Steinwachs, D.M. (1998). Patterns of usual care for schizophrenics: Initial results form the Schizophrenia Patient Outcomes Research Team (PORT). Client Survey. *Schizophrenia Bulletin, 24*:11-20.

Leibovich, L., Nof, A., Auerbach, S. y Zilcha, S. (2018). A practical clinical short-term psychodynamic psychotherapy. *Clinical Psychology and Psychotherapy, 13*:20-33.

Leichsenring, F. (2009). Psychodynamic psychotherapy: A review of efficacy and effectiveness studies. En R.A. Levy y J.S. Ablon (eds.), *Handbook of evidence-based psychodynamic psychotherapy* (pp. 3-27). Boston: Humana Press.

Leichsenring, F. y Leibing, E. (2003). The effectiveness of psychodynamic therapy and cognitive behavior therapy in the treatment of personality disorders: A meta-analysis. *The American Journal of Psychiatry, 160*(7):1223-1232.

Leichsenring, F. y Leibing, E. (2007). Psychodynamic psychotherapy: A systematic review of techniques, indications and empirical evidence. *Psychology and Psychotherapy: Theory, Research and Practice, 80*:217-228.

Leichsenring, F. y Rabung, S. (2008). Effectiveness of long-term psychodynamic psychotherapy: a meta-analysis. *Journal of the American Medical Association, 300*:1551-1565.

Leichsenring, F. y Rabung, S. (2011). Long-term psychodynamic psychotherapy in complex mental disorders: update of a meta-analysis. *The British Journal of Psychiatry*, *199*(1):15-22.

Leichsenring, F., Rabung, S. y Leibing, E. (2004). The efficacy of short-term psychodynamic psychotherapy in specific psychiatric disorders: A meta-analysis. *Archives of General Psychiatry*, *61*(12):1208-1216.

Lese, K. y MacNair, R.R. (2000). The therapeutic factors inventory: development of a Scale. *Group*, *24*(4), 303-317.

Levy, K.N., Ellison, W.D., Scott, L.N. y Bernecker, S.L. (2011). Attachment style. *Journal of Clinical Psychology*, *67*(2):193-203.

Levy, K.N. y Scala, J.W. (2012). Transference, transference interpretations, and transference-focused psychotherapies. *Psychotherapy*, *49*(3):391-403. doi: 10.1037/a0029371

Lewin, K. (1943). Defining the «Field at a Given Time». *Psychological Review*, *50*:292-310.

Lingiardi, V. y McWilliams, N. (eds.) (2017). *Psychodynamic diagnostic manual: PDM-2*. Nueva York: Guilford Press.

Llairó, A., Viladot, M., Sastre, V., Laudo, I., Camprodon, R., Coca, M.R., Masvidal, S. y Martínez, F. (2012). *Psicoterapia psicoanalítica en la institución pública. Estudio de resultados y su permanencia a los dos años de la finalización*. I Premio FEAP.

Lobo, A., Pérez, M.J. y Artal, J. (1986). Validity of the scaled version of the General Health Questionnaire (GHQ-28) in a Spanish population. *Psychological Medicine*, *16*:135-140.

Lorentzen, S., Bakali, J.V., Hersoug, A.G., Hagtvet, K.A., Ruud, T. y Høglend, P. (2012). Psychodynamic group psychotherapy: impact of group length and therapist professional characteristics on development of therapeutic alliance. *Clinic Psychology Psychotherapy*, *19*(5):420-433.

Lorentzen, S., Ruud, T., Fjeldstad, A. y Høglend, P.A. (2015). Personality disorder moderates outcome in short-and long-term group analytic psychotherapy: A randomized clinical trial. *British Journal of Clinic Psychology*, *54*(2):129-146

Lorenzini, N. (2013). Entrevista a Peter Fonagy. Un psicoanalista del siglo XXI. *Temas de psicoanálisis*, 5.

Luborsky, L. y Crits, P. (1990). *Understanding transference: the Core Conflictual Relationship Theme method*. Nueva York: Basic Books.

Luborsky, L., Crits, P., Mintz, J. y Auerbach, A. (1988). *Who will benefit from psychotherapy? Predicting therapeutic outcomes*. Nueva York: Basic Books.

Luborsky, L., Diguer, L., Andrusyna, T., Friedman, S., Tarca, C. y Popp, C. (2004). A method of choosing CCRT scorers. *Psychotherapy Research*, *14*:127-134.

Luborsky, L., Diguer, L., Seligman, D.A., Rosenthal, R., Krause, E.D. y Johnson, S. (1999). The researcher's own therapy allegiances: A «wild card» in comparisons of treatment efficacy. *Clinical Psychology: Science and Practice*, *6*:95-106.

Luborsky, L., Singer, B. y Luborsky, L. (1975). Comparative studies of psychotherapy. *Archives of General Psychiatry*, *32*:995-1008.

Luborsky, L. y Spence, D. (1971). Quantitative Research on Psychoanalytic Therapy. En A. Bergin y S.L. Garfield (comps.), *Handbook of Psychotherapy and Behaviour Change: An Empirical Analysis* (pp. 408-438). Nueva York: Wiley.

Maat, S., De Jonghe, F., Schoevers, R. y Dekker, J. (2009). The effectiveness of long-term psychoanalytic therapy: A systematic review of empirical studies. *Harvard Review of Psychiatry*, *17*(1):1-23.

Maganto, C. y Garaigordobil, M. (2009). *Test de dibujo de dos figuras humanas (T2F)*. Madrid: Tea ediciones.

Magnusson, M.S. (1996). Hidden real-time patterns in intra-and inter-individual behavior: Description and detection. *European Journal of Psychological Assessment*, *12*(2):112-123.

Magnusson, M.S. (2000). Discovering hidden time patterns in behavior: T-patterns and their detection. *Behavior Research Methods, Instruments y Computers*, *32*(1):93-110.

Main, M. y Solomon, J. (1986). Discovery of an insecure-disorganized/disoriented attachment pattern. En T.B. Brazelton y M.W. Yogman (eds.), *Affective development in infancy* (pp. 95-124). Westport: Ablex Publishing.

Mallinckrodt, B., Choi, G. y Daly, K.D. (2015). Pilot test of a measure to assess therapeutic distance and its association with client attachment and corrective experience in therapy. *Psychotherapy Research*, *25*(5):505-517.

Manzano, J., Palacio, F. y Abella, A. (2018). *Compendio de técnica psicoanalítica*. Barcelona: Herder.

Marmarosh, C.L. (2017). Fostering engagement during termination: Applying attachment theory and research. *Psychotherapy*, *54*(1):4-9.

Martin, D.J., Garske, J. y Davis, M.K. (2000). Relation of the therapeutic alliance with outcome and other variables: A meta-analytic review. *Journal of Consulting and Clinical Psychology*, *68*(3):438-450.

Martindale, B.V., Bateman, A., Crowe, M. y Margison, F. (eds.) (2009). *Las psicosis. Los tratamientos psicológicos y su eficacia*. Barcelona: Herder.

Martínez, M. (1993). *Análisis del «proceso de elaboración del duelo» en el hipertenso esencial. Estudio empírico de sus fases mediante observación sistemática*. Tesis doctoral no publicada. Barcelona: Universidad de Barcelona.

Mathai, J., Anderson, P. y Bourne, A. (2003). Use of the Strengths and Difficulties Questionnaire as an outcome measure in a child and adolescent mental health service. *Australasian Psychiatry, 11*(3):334-337.

Maturana, H. y Dávila, X. (2008). Eras psíquicas de la humanidad. Habitar humano. En H. Maturana, *Seis ensayos de biología cultural. ¿Sustentabilidad o armonía biológico-cultural de los procesos?* (pp. 247-282). Santiago de Chile: J.C. Sáez.

McBride, C., Atkinson, L., Quilty, L.C. y Powell, B. (2006). Attachment as moderator of treatment outcome in major depression: A randomized control trial of interpersonal psychotherapy versus cognitive behavior therapy. *Journal of Consulting and Clinical Psychology, 74*(6):1041-1054.

Meltzer, D., Harris, M. y Hayward, B. (1989). *La família en la formació de l'individu*. Barcelona: Espaxs.

Mergenthaler, E. (2008). Resonating minds: A school-independent theoretical conception and its empirical application to psychotherapeutic processes. *Psychotherapy Research, 18*(2):109-126.

Midgley, N. y Kennedy, E. (2011). Psychodynamic psychotherapy for children and adolescents: a critical review of the evidence base. *Journal of Child Psychotherapy, 37*(3):232-260. doi: 10.1080/0075417X.2011.614738

Midgley, N., Ansaldo, F. y Target, M. (2014). The meaningful assessment of therapy outcomes: Incorporating a qualitative study into a randomized controlled trial evaluating the treatment of adolescent depression. *Psychotherapy, 51*(1):128-137.

Midgley, N., Ensink, K., Lindqvist, K., Malberg, N. y Muller, N. (2017). *Mentalization-based treatment for children: A time-limited approach*. Washington: American Psychological Association.

Midgley, N., Isaacs, D., Weitkamp, K. y Target, M. (2016). The experience of adolescents participating in a randomised clinical trial in the field of mental health: A qualitative study. *Trials, 17*(1):364.

Midgley, N., O'Keeffe, S., French, L. y Kennedy, E. (2017). Psychodynamic psychotherapy for children and adolescents: an updated narrative review of the evidence base. *Journal of Child Psychotherapy, 43*(3):307-329.

Midgley, N., Parkinson, S.M., Holmes, J., Stapley, E., Eatough, V. y Target, M. (2015). Beyond a diagnosis: The experience of depression among clinically-referred adolescents. *Journal of Adolescence, 44*:269-279.

Midgley, N., Parkinson, S.M., Holmes, J., Stapley, E., Eatough, V. y Target, M. (2017). «Did I bring it on myself?»: How adolescents referred to mental health services make sense of their own depression. *European Child and Adolescent Psychiatry, 26*(1):25-34.

Midgley, N., Reynolds, S., Kelvin, R., Loades, M., Calderón, A., Martin, P. y O'Keeffe, S. (2018). Therapists' techniques in the treatment of adolescent depression. *Journal of Psychotherapy Integration, 28*(4):413-428. http://dx.doi.org/10.1037/int0000119

Mikulincer, M. y Shaver, P.R. (2007). *Attachment in adulthood: Structure, dynamics, and change*. Nueva York, Guilford.

Mikulincer, M., Shaver, R. y Berant, E. (2013). An attachment perspective on therapeutic processes and outcomes. *Journal of Personality, 81*(6):606-616.

Millon, T. (1999). *Personality Guided Therapy*. Nueva York: Wiley and Sons.

Miró, M.T. (1988). Marc de treball i resistència al coneixement. *Revista Catalana de Psicoanàlisi, 5*(2):277-281.

Mitjavila, M. (1990). *Estudi observacional de la interacció mare-fill en els dos primers mesos de vida*. Tesis doctoral no publicada. Bellatera: Universitat Autònoma de Barcelona.

Mitjavila, M. (2005). Freud también quería ser científico. *Revista de Psicoterapia, 62*:17-34.

Mitjavila, M. (2013). Investigación y aportaciones de Peter Fonagy: una revisión desde el 2002 al 2012. *Temas Psicoanálisis, 5*:1-17.

Montserrat, A., Mañós, C., Sánchez, E., Noguera, R., Ríos, C., Sala, J., Ger, E. y Clarós, E. (2015). Resultados de la psicoterapia psicoanalítica infanto-juvenil en una unidad de tratamientos especializados en la red pública de salud mental. *Revista de psicopatología y salud mental del niño y del adolescente, 25*:43-53.

Montserrat, A., Sánchez, E., Chancho, A., Miquel, C., Noguera, R., Ríos, C., Sala, J. y Ger, E. (2009). Un proyecto de evaluación de resultados en psicoterapia psicoanalítica infanto-juvenil. *Revista de psicopatología y salud mental del niño y del adolescente, 14*:81-85.

Morales, N., Tizón, J.L., Cabré, V. y Artigue, J. (2012). Estudio de la calidad de vida en pacientes con psicosis incipiente. *Revista de la Asociación Española de Neuropsiquiatría*, *32*(116):723-738.

Moriana, J.A., Gálvez, M. y Corpas, J. (2017). Psychological treatments for mental disorders in adults: A review of the evidence of leading international organizations. *Clinical Psychology Review*, *54*:29-43.

Munich, R.L. (2006). Integrating mentalization-based treatment and traditional psychotherapy to cultivate common ground and promote agency. En J.G. Allen y P. Fonagy (eds.), *Handbook of mentalization-based treatment* (pp. 143-156). Chichester: Wiley.

Muñoz, J. y Sahagún, M.A. (2011). Análisis cualitativo asistido por ordenador con ATLAS.ti. En C. Izquierdo y A. Perinat (eds.), *Investigar en psicología de la educación. Nuevas perspectivas conceptuales y metodológicas* (pp. 299-363). Barcelona: Amentia.

Muran, J.C. (2019). Confessions of a New York rupture researcher: An insider's guide and critique. *Psychotherapy Research*, *29*(1):1-14, doi:0.1080/10503307.2017.1413261

Nanzer, N. (2015). *La depresión postparto: salir del silencio*. Barcelona: Octaedro.

National Institute for Health and Clinical Excellence (2005). *Depression in children and young people: Identification and management in primary, community and secondary care. Clinical Guideline 28*. Londres: British Psychological Society and Royal College of Psychiatrists.

National Institute for Health and Care Excellence (2015). *Depression in children and young people: Identification and management in primary, community and secondary care. Clinical Guideline 28*. Londres: British Psychological Society and Royal College of Psychiatrists.

Nuzzo, R. (2015). Fooling ourselves. *Nature*, *526*(7572), 182-185.

Oppenheim, D., Nir, A., Warren, S. y Emde, R.N. (1997). Emotion regulation in mother–child narrative co-construction: Associations with children's narratives and adaptation. *Developmental Psychology*, *33*(2):284-294.

Owen, J. y Hilsenroth, M.J. (2011). Interaction between alliance and technique in predicting patient outcome during psychodynamic psychotherapy. *The Journal of Nervous and Mental Disease*, *199*(6):384-399.

Panksepp, J. y Biven, L. (2012). *The Archaeology of Mind: Neuroevolutionary Origins of Human Emotions*. Nueva York: W.W. Norton y Company.

Pérez, A. (1996). *Prácticas psicoterapéuticas: Psicoanálisis aplicado a la asistencia pública*. Barcelona: FVB-Paidós.

Pérez, C., Ribé, J.M., Valero, A. y Salamero, M. (2014). Famiglia e disturbo psicótico: una riflessione a partire da un'esperienza di gruppo. *Storie e Geografie Familiari*, *11*(12):51-82.

Pérez, C., Salamero, M., Castillo, J.A. y Davins, M. (2009). Psicoterapia psicoanalítica de pareja: teoría y práctica clínica. *Apuntes de Psicología*, *27*:197-217.

Perry, J.C. y Bond, M. (2012). Change in defense mechanisms during long-term dynamic psychotherapy and five-year outcome. *American Journal of Psychiatry*, *169*(9):916-925.

Peter, A., Scott, C. y Dolan, H. (2000). Investigación sobre eficacia y efectividad de la psicoterapia: entre Scylla y Charybdis. *Psychological Bulletin*, *126*:964-981.

Piaget, J. (dir.) (1969). *Logique et connaissance scientifique*. Dijon: Gallimard.

Pinsof, W.M. y Wynne, L.C. (1995). The efficacy of marital and family therapy: an empirical overview, conclusions and recommendations. *Journal of Marital and Family Therapy*, *21*(4):585-613.

Piper, W.E., Ogrodniczuk, J.S., Joyce, A. y Weideman, R. (2011). *Short-term group therapies for complicated grief: Two research-based models*. Washington: American Psychological Association.

Pirkis, J.E., Burgess, P.M., Kirk, P.K., Dodson, S., Coombs, T.J. y Williamson, M.K. (2005). A review of the psychometric properties of the Health of the Nation Outcomes Scales (HONOS) family of measures. *Health and Quality of Life Outcomes*. *3* (76):1-12.

Pita, S. y Pértega, S. (2002). Investigación cuantitativa y cualitativa. *Cad. Aten. Primaria*, 9:76-78.

Poch, J. y Ávila, A. (1998). *Investigación en psicoterapia: la contribución psicoanalítica*. Barcelona: Paidós.

Poch, J. y Ávila, A. (2003). ¿Hacia dónde va la psicoterapia? Reflexiones sobre las tendencias de evolución y los retos profesionales de la psicoterapia. *Revista de la Asociación Española de Neuropsiquiatría*, *XXIII* (87), 67-84.

Püras, D. (2015). Informe del relator especial sobre el derecho de toda persona al disfrute del más alto nivel posible de salud física y mental. *Informe a la Asamblea General del 2014*. Ginebra: UN-ONU.

Quijada, Y., Tizón, J.L., Artigue, J. y Parra, B. (2010). At-risk mental state (ARMS) detection in a community service center for early at-

tention to psychosis in Barcelona. *Early Intervention in Psychiatry, 4*(3):257-262.
Quijada, Y., Tizón, J.L., Kwapil, T.R. y Barrantes-Vidal, N. (2012). Attachment style predicts 6-month improvement in psychoticism in persons at-risk mental states for psychosis. *Early Intervention in Psychiatry, 6*(4), 442-449.
Quintanilla, M.A. (1989). *Tecnología. Un enfoque filosófico.* Madrid: Fundesco.
Quintanilla, M.A., Parselis, M., Sandrone, D., Lawler, D. (2017). *Tecnologías entrañables.* Madrid: Los libros de la catarata.
Reith, B., Moller, M., Boots, J., Crick, P., Gibeault, A., Jaffe, R., Lagerlof, W. y Vermote, R. (2018). *Begining analysis: On the process of initiating psychoanalysis.* Londres: Routledge.
Resnik, S. (2000). Acerca de la interpretación. *Revista de Psicoanálisis, Buenos Aires, 57*(1):109-127.
Ribé, J.M. (2017). Psicoterapia analítica grupal con psicóticos: teoría y adaptaciones técnicas. *Temas de psicoanálisis, 13*:1-32.
Ribé, J.M., Mercadal, J., Carrió, A., Sánchez, J., Ramilans, C. y Alberich, C. (2018). Factores terapéuticos en psicoterapia grupal: investigación desde la perspectiva de los miembros del grupo y sus conductores. *Revista Asociación Española de Neuropsiquiatría, 38*(134):473-489.
Ribé, J.M., Pérez, C. y Valero, A. (2011). Grupo de familiares de pacientes con trastorno mental severo: aspectos dinámicos, técnicos y reflexivos a partir de una experiencia terapéutica grupal. *Avances en Salud Mental Relacional, 10*(2):1-26.
Riberas, G. (1998). *Estudio observacional de la interacción comunicativa educador-bebé en un Centro de Acogida.* Tesis doctoral no publicada. Barcelona: Universidad de Barcelona.
Richardson, H.B. (1948). *Patients have families.* Nueva York: Commonwealth Fund.
Rico, D. y Sunyer, J.M. (2001). Análisis comparativo de los factores terapéuticos grupales en la esquizofrenia. Parte II. *Psiquis, 2*(2):5-20.
Rivera, D. y Heresi, E. (2011). La integración de la teoría del apego y modelos basados en la evidencia en la comprensión de la satisfacción marital. *Revista Argentina de Clínica Psicológica, 20*(1):57-65.
Rodríguez, C. (2014). *Psicopatología psicoanalítica relacional: La persona en relación y sus problemas.* Madrid: Ágora relacional.
Roesler, C. (2015). Die begrenzte Wirksamkeit bisheriger Paartherapien verlangt neue Methoden. Paarinteraktions-und Wirkungs-

forschung und die Konsequenzen für die Praxis. Limited efficacy calls for new methods in couples therapy – Couples interaction and efficacy research: The consequences for practice. *Familiendynamik, 40*(4):336-345.

Roustan, M. (2010). *Estudio observacional de ayuda interactiva en el postratamiento de cáncer de mama. Reuniones GAFA*. Tesis doctoral no publicada. Bellatera: Universitat Autònoma de Barcelona.

Roustan, M., Izquierdo, C. y Anguera, M.T. (2013). Sequential analysis of an interactive peer support group. *Psicothema, 25*(3):396-401.

Ruiz, E., González, M.A., Trojaola, B., De la Sierra, E., Eguiluz, J.I. y Guimón, J. (2010). *Seguimiento grupal de pacientes psicóticos en la red pública de salud mental de la comunidad autónoma vasca. Proyecto de investigación comisionada*. Álava: Servicio de Publicaciones del Gobierno Vasco.

Russell, A., Haeffel, G.J., Hankin, B.L., Maxwell, S.E. y Perera, R.A. (2014). Moving beyond main effects: A data analytic strategy for testing complex theories of clinical phenomena. *Clinical Psychology: Science and Practice, 21*:385-397.

Sackett, G. (1980). Lag sequential analysis as a data reduction technique in social interaction research. En D.B. Sawin, R.C. Hawkins, L.O. Walker y J.H. Penticuff (eds.), *Exceptional infant. Psychosocial risks in infant-environment transactions* (pp. 300-340). Nueva York: Brunner/Mazel.

Salamero, M. y Tizón J.L. (1979). Una aportación a la recogida y procesamiento de la información psicosocial y de salud mental. *Revista española de sanidad e higiene pública,* 53:1263-1305.

Salvador, G. (2007). La complejidad emocional del trabajo en la primera infancia. *Desenvolupa, la Revista d'Atenció Precoç, 28.*

Salvador, G. (2009). *Familia. Experiencia grupal básica*. Barcelona: Paidós.

Sánchez, L., Eiroa, F.J., Valls, C., González, A. y Alberich, C. (2016). From feelings of imprisonment to group cohesion: A qualitative analysis of group analytic psychotherapy with dual diagnosed patients admitted to an acute inpatient psychiatric unit. *Psychotherapy Research, 28*(3):1-13.

Sánchez, P. y Anguera, M.T. (2015). Qualitative/quantitative integration in the inductive observational study of interactive behaviour: Impact of recording and coding predominating perspectives. *Quality y Quantity. International Journal of Methodology, 47*(2):1237-1257.

Sánchez I. y Oliva, A. (2003). Vínculos de apego con los padres y relaciones con los iguales durante la adolescencia. *Revista de Psicología Social*, *18*(3):71-86.
Sandell, R. (2012). Research on outcomes of psychoanalysis and psychoanalysis-derived psychotherapies. En G.O. Gabbard, B.E. Litowitz y P. Williams (eds.), *Textbook of Psychoanalysis*, 2.ª ed. (pp. 385-403). Arlington: American Psychiatric Publishing.
Sander, L. (1997). Paradox and resolution. En J. Osofsky (ed.), *Handbook of Child and Adolescent Psychiatry* (pp. 153-160). Nueva York: Wiley.
Saraceno, B. (2018). *Discurso global, sufrimientos locales. Análisis crítico del Movimiento por la salud mental global*. Barcelona: Herder.
Schachter, A. y Target, M. (2009). *The history and current status of outcome research at the Anna Freud Centre. Child Psychotherapy and Research: New Approaches, Emerging Findings*. Londres: Routledge.
Seligman, S. (1999). Integrating kleinian theory and intersubjective infant research. Observing projective identification. *Psychoanalytic Dialogues*, *2*(9):129-159.
Shadish, W.R., Montgomery, L.M., Wilson, P., Bright, I. y Okwumabua, T. (1993). Effects of family and marital psychotherapies. *Journal of Consulting and Clinical Psychology*, 6:992-1002.
Shaffer, D., Madelyn, S.G. y James, B. (1983). A Children's Global Assessment Scale (CGAS). *Archives of General Psychiatry*, *40*(11):1228-1231. doi:10.1001/archpsyc.1983.01790100074010
Shedler, J. (2010). The efficacy of Psychodinamic Psychotherapy. *American Psychological Association*. 65(2):98-109.
Shedler, J. (2012). The Efficacy of Psychodynamic Psychotherapy. En R. Levy, J.S. Ablon, y H. Kächele (comp.), *Psychodynamic Psychotherapy Research* (pp. 9-25). Ill: Springer.
Shedler, J. (2015). Where is the evidence for «evidence-based» therapy? *Journal of Psychological Therapies in Primary Care*, *4*:47-59.
Shem, M. (2000). *Monte Miseria*. Barcelona: Anagrama.
Shmueli, Y., Target, M., Fonagy, P. y Datta, A. (2008). The Child Attachment Interview: A psychometric study of reliability and discriminant validity. *Developmental Psychology*, *44*(4):939-956.
Siefert, C.J. (2019). Exploring relational episodes with the Core Conflictual Relationship Theme method to develop treatment goals, build alliance, and set client expectations in brief psychodynamic psychotherapy. *Psychotherapy*, *56*(1):28-34.

Siefert, C.J. y Hilsenroth, M.J. (2015). Client Attachment Status and Changes in patients. *Estudios de psicología, 37*(2-3):432-483.

Siefert, C.J., Hilsenroth, M.J., Weinberger, J., Blagys, M.D. y Ackerman, S.J. (2006). The relationship of patient defensive functioning and alliance with therapist technique during dynamic psychotherapy and five-year outcome. *American Journal of Psychiatry, 169*:916-925.

Silberschatz, G. (2017). Improving the yield of psychotherapy research. *Psychotherapy Research, 27*(1):1-13.

Silver, A.-L. y Larsen, T.K. (2003). Frontline: The schizophrenic person and the benefits of the psychotherapies. Seeking a PORT in the storm. *Journal of the American Academy of Psychoanalysis and Dynamic Psychiatry 31*(1):1-11.

Slife, B.D., Wiggins, B.J. y Graham, J.T. (2005). Avoiding an EST monopoly: Toward a pluralism of philosophies and methods. *Journal of Contemporary Psychotherapy, 35*:83-97.

Smit, Y., Huibers, M.J., Ioannidis, J.P., Van Dyck, R., Van Tilburg, W. y Arntz, A. (2012). The effectiveness of long-term psychoanalytic psychotherapy—A meta-analysis of randomized controlled trials. *Clinical Psychology Review, 32*(2):81-92.

Snyder, D.K. y Willis, R.M. (1989). Behavioral versus insight-oriented marital therapy: effects on individual and interspousal functioning. *Journal of Consulting and Clinical Psychology, 57*(1):39-46.

Snyder, D.K., Willis, R.M. y Grady, A. (1991). Long-term effectiveness of behavioral versus insight-oriented marital therapy: a 4-year follow-up study. *Journal of Consulting and Clinical Psychology, 59*(1):138-141.

Soares, I. y Dias, P. (2007). Apego y psicopatología en jóvenes y adultos: contribuciones recientes de la investigación. *International Journal of Clinical and Health Psychology, 7*(1):177-195.

Solms, M. y Turnbull, O. (2002). *The brain and the inner world: An introduction to the neuroscience of subjective experience*. Londres: Karnac.

Sonkoff, J. y Garner, A.S. (2012). The lifelong effects of early childhood adversity and toxic stress. *American Academy of Pediatrics, 129*:232-246.

Spaeth, B., Pincus, H.A. y Huynh, P.T. (2010). Grupo de líderes clínicos, Proyecto Indicador de Calidad de Salud Mental. Medición de la calidad de la atención de salud mental: una revisión de iniciativas y programas en países seleccionados. *Can Journal Psiquiatría, 55*:539-548.

Stake, R.E. (2006). *Multiple case study analysis.* Nueva York: Guilford.

Stapley, E., Midgley, N. y Target, M. (2017). The journey through and beyond mental health services in the UK: A typology of parents' ways of managing the crisis of their teenage child's depression. *Journal of Clinical Psychology, 73*(10):1429-1441.

Steele, H., Steele, M. y Croft, C. (2008). Early attachment predicts emotion recognition at 6 and 11 years old. *Attachment y Human Development, 10*, 379-393. doi:10.1080/ 14616730802461409

Stern, D.N., Sander, L.W., Nauhum, J.P., Harrison, A.M., Lyons, K., Morgan, A.C., Bruschweiler, N. y Tronick, E.Z. (2000). Mecanismos no interpretativos en la terapia psicoanalítica. El «algo más» que la interpretación. *Libro anual de psicoanálisis, 14*:207-225.

Subirats, J. (2004). *Pobreza y exclusión social. Un análisis de la realidad española y europea.* Colección Estudios sociales n.º 16. Barcelona: Fundación La Caixa.

Summers, R.F. y Barber, J. (2010). *Psychodynamic Therapy: A guide to evidence-based practice.* Nueva York: Guilford.

Sunyer, J.M. (2011). Valoración de la atmósfera grupal en un curso formativo de psicoterapia de grupo. *Teoría y Práctica Grupoanalítica, 1*(2):505-525.

Talarn, A. (2009). *Psicoanálisis al alcance de todos.* Barcelona: Herder.

Talarn, A., Sáinz, F. y Rigat, A. (2013). *Relaciones, vivencias y psicopatología. Las bases relacionales del sufrimiento mental excesivo.* Barcelona: Herder.

Target, M. (2018). 20/20 Hindsight: A 25-year programme at the Anna Freud Centre of efficacy and effectiveness research on child psychoanalytic psychotherapy, *Psychotherapy Research, 28*(1):30-46.

Target, M. y Fonagy, P. (1994a). Efficacy of child psychoanalysis for children with emotional disorders. *Journal of the American Academy of Child and Adolescent Psychiatry, 33*:361-371. doi:10.1097/00004583-199403000-00010

Target, M. y Fonagy, P. (1994b). The efficacy of psychoanalysis for children: Prediction of outcome in a developmental context. *Journal of the American Academy of Child and Adolescent Psychiatry, 33*:1134-1144. doi:10.1097/00004583-199410000-00009

Target, M. y Fonagy, P. (1996). The psychological treatment of child and adolescent psychiatric disorders. En A. Roth y P. Fonagy (eds.), *What works for whom? A critical review of psychotherapy research* (pp. 263-320). Nueva York: Guilford.

Target, M., Fonagy, P., Schneider, T., Ensink, K. y James, K. (2000). *Raters' Manual for the Hampstead Child Adaptation Measure (HCAM)*. Londres: University College London and the Anna Freud Centre.

Target, M., Fonagy, P. y Shmueli, Y. (2003). Attachment representations in school-age children: The development of the child attachment interview (CAI). *Journal of Child Psychotherapy, 29*(2):171-186.

Tasca, G.A., Foot, M., Leite, C., Maxwell, H., Balfour, L. y Bissada, H. (2011). Interpersonal processes in psychodynamic-interpersonal and cognitive behavioral group therapy: A systematic case study of two groups. *Psychotherapy, 48*(3):260-273.

Tasca, G.A., Illing, V., Joyce, A.S. y Ogrodniczuk, J.S. (2009). Three-level multilevel growth models for nested change data: A guide for group treatment researchers. *Psychotherapy Research, 19*:453-461.

Tasca, G.A., Illing, V., Ogrodniczuk, J.S. y Joyce, A.S. (2009). Assessing and adjusting for dependent observations in group treatment research using multilevel models. *Group Dynamics: Theory, Research, and Practice, 13*:151-162.

Tasca, G.A. (2015). What clinicians want: Findings from a psychotherapy practice research network survey. *Psychotherapy, 52*(1):1-11.

Taylor, P., Rietzschel, J., Danquah, A. y Berry, K. (2015). Changes in attachment representations during psychological therapy. *Psychotherapy Research, 25*(2):222-238.

Teicher, M. H., Samson, J. A., Anderson, C. M. y Ohashi, K. (2016). The effects of childhood maltreatment on brain structure, function and connectivity. *Nature Reviews Neuroscience, 17*(10):652-666.

Tishby, O., Raitchick, I. y Shefler, G. (2007). Changes in interpersonal conflicts among adolescents during psychodynamic therapy. *Psychotherapy Research, 17*(3):301-309.

Tizón, J.L. (1992). Una propuesta de conceptualización de las técnicas de psicoterapia. *Revista de la Asociación española de neuropsiquiatría, 43*:283-295

Tizón, J.L.(1994a). Las psicoterapias psicoanalíticas breves y las «terapias de *flash*»: I. La evolución técnica de las psicoterapias breves. *Informaciones psiquiátricas, 138*(4):358-368.

Tizón, J.L. (1994b). Las psicoterapias psicoanalíticas breves y las «terapias de *flash*»: II. Los procesos de sensibilización a lo psicológi-

co, terapias de *flash* o terapias ultrabreves. *Informaciones psiquiátricas, 138*(4):369-392.
Tizón, J.L. (1997). La investigación empírica sobre las psicoterapias: ¿Otra lente del «Hubble» defectuosa? En J. Vallejo (dir.), *Update de psiquiatría. 1997* (pp. 67-99). Barcelona: Masson.
Tizón, J.L. (1998). La psicología clínica, la psico(pato)logía y las técnicas de psicoterapia en los umbrales del siglo XXI. Anuario de Psicología, 29(2):202-206.
Tizón, J.L. (2002). ¿Por qué «Neurociencias» y no «Psicociencias»? *Revista de la Asociación española de neuropsiquiatría, 84*:67-117.
Tizón, J.L. (2009). Asistencia basada en pruebas y psicoterapia: ¿es evidente la evidencia? *Quaderns de Salut Mental, 6*, 8-41.
Tizón, J.L. (2009a). Asistencia basada en pruebas y psicoterapia: ¿es evidente la evidencia? *Quaderns de Salut Mental, 6*:8-41.
Tizón, J.L. (2009b). Atención a los pacientes con psicosis: ¿Dónde están las evidencias? Prólogo a la edición española del libro de B.V. Martindale, A. Bateman, M. Crowe y F. Margison (eds.): *Las psicosis. Los tratamientos psicológicos y su eficacia*. Barcelona: Herder.
Tizón, J.L. (2014). *Familia y psicosis*. Barcelona: Herder.
Tizón, J.L. (2015). *Psicopatología del poder. Un ensayo sobre la perversión y la corrupción*. Barcelona: Herder.
Tizón, J.L. (2018). *Apuntes para una psicopatología basada en la relación, Vol. I*. Barcelona: Herder.
Tizón, J.L. (2019). *Apuntes para una psicopatología basada en la relación, Vol. III*. Barcelona: Herder.
Tizón, J.L., Artigue, J., Gomà, M., Parra, B. y Marzari, B. (2004). La observación de bebés en una Unidad funcional de atención a la salud mental de la primera infancia (UFAPI). *Cuadernos de psiquiatría y psicoterapia del niño y del adolescente, 37/38*:85-112.
Tizón, J.L., Artigue, J., Parra, B., Sorribes, M., Ferrando, J., Pérez, C., Pareja, F., Gomá, M. y Marzari, B. (2008). Factores de riesgo para padecer trastornos psicóticos: ¿Es posible realizar una detección preventiva? *Clínica y Salud, 19*(1):27-58.
Tizón, J.L., Díaz J.M., De la Lama, E. y Salamero, M. (1978). El Registro de casos automatizable en higiene mental y asistencia psicológica y psiquiátrica. *Informaciones psiquiátricas, 72*(3):148-161.
Tizón, J.L. y Freixas, J. (1994). Filosofía de la ciencia y psicoanálisis: demasiados malentendidos y malos entendimientos. *Arbor, Revista del Consejo Superior de Investigaciones Científicas, 585*:49-75.

Tizón, J.L., Gràcia, P., Larripa, A., Artigue, J. y Casajuana, J. (2013). Preventive care for burnout: General practitioner pilot program in Barcelona. *Health*, *5*:24-31.

Torras, E. (1993). La interpretació en psicoanàlisi i psicoteràpia. *Revista Catalana de Psicoanàlisi,* 10.

Torras, E. (2013). *Psicoterapia de grupo*. Barcelona: Octaedro.

Town, J.M., Diener, M.J., Abbass, A., Leichsenring, F., Driessen, E. y Rabung, S. (2012). A meta-analysis of psychodynamic psychotherapy outcomes: Evaluating the effects of research-specific procedures. *Psychotherapy*, *49*(3):276-290.

Tusón, A. (1995). El análisis de la conversación: entre la estructura y el sentido. *Estudios de Sociolingüística*, *3*(1):133-153

Vaimberg, R. (2010). *Psicoterapias tecnológicamente mediadas*. Tesis doctoral no publicada. Barcelona: Universidad de Barcelona.

Valdés, N., Arriagada, L. y Álamo, N. (2016). Relational offers and demands: analysing the conflictual interactional components of anaclitic and introjective female depressive patients/Ofertas y demandas relacionales: análisis de los componentes interaccionales conflictivos de pacientes mujeres depresivas anaclíticas e introyectivas. *Estudios de Psicología*, *37*(2-3):432-483.

Van Os, J. (2017). Book review: psychiatric diagnosis revisited. From DSM to clinical case formulation. *Psychosis* 9(2):191-192.

Varela, F. (1992). *De cuerpo presente*. Barcelona: Gedisa.

Varese, F., Feikje, S., Drukker, M., Ritsaert, L., Tineke, L., Viechtbauer, W., Read, J., Van Os, J. y Bentall, R. (2012). Childhood Adversities Increase the Risk of Psychosis: A Meta-analysis of Patient-Control, Prospective-and Cross-sectional Cohort Studies. *Schizophrenia Bulletin, 38*(4):661-671.

Venturella, M. (2016). *Autismo, un hermano, otros hermanos, un grupo. Estudio observacional del proceso de un grupo de niños con hermanos diagnosticados de trastorno de espectro autista (TEA)*. Tesis doctoral no publicada. Universidad Ramon Llull, Barcelona.

Venturella, M., Carbonell, X., Cabré, V. y Arias-Pujol, E. (2019). A psychoanalytical perspective on the co-therapeutic relationship with a group of siblings of children with autism: An observational study of communicative behavior patterns. *Frontiers in Psychology, 10*. doi: 10.389/fpsyg.2019.01832

Viloca, Ll. (2012). *El niño autista: detección, evolución y tratamiento*. Barcelona: Col·leccions Carrilet.

Vlastelica, M., Pavlovic, S. y Urlic, I. (2003). Patients' ranking of therapeutic factors in group analysis. *Coll. Antropol.*, *27*(2):779-788.

Wachtel, P.L. (2010). Beyond «ESTs»: Problematic assumptions in the pursuit of evidence-based practice. *Psychoanalytic Psychology, 27*:251-272.

Wang, F., Luo, D., Fu, L., Zhang, H., Wu, S., Zhang, M. y Chen, X. (2017). The efficacy of couple-based based interventions on health-related quality of life in cancer patients and their spouses: A meta-analysis of 12 randomized controlled trials. *Cancer Nursing, 40*(1):39-47.

Wendt, D.C. y Slife, B.D. (2007). Is evidence-based practice diverse enough? Philosophy of science considerations. *American Psychologist, 62*:613-614.

Werbart, A., Missios, P., Waldenström, F. y Lilliengren, P. (2019). It was hard work every session: Therapists' view of successful psychoanalytic treatments. *Psychotherapy Research, 29*(3):354-371.

Wright, J., Sabourin, S., Mondor, J., McDuff, P. y Mamodhoussen, S. (2007). The clinical representativeness of couple therapy outcome research. *Family Process, 46*(3):301-316.

Wing, J.K. y Brown, G.W. (1970). *Institutionalism and schizophrenia*. Cambridge University Press.

Winter, G. (2000). A comparative discussion of the notion of «validity» in qualitative and quantitative research. *The Qualitative Report, 4*(3):1-14.

Wiseman, H. y Tishby, O. (2014). Client attachment, attachment to the therapist and client-therapist attachment match: How do they relate to change in psychodynamic psychotherapy? *Psychotherapy Research, 24*(3):392-406.

Wolpert, L. y Fonagy, P. (2009). There is no place for the psychoanalytic case report in the British Journal of Psychiatry. *The British Journal of Psychiatry, 195*(6):483-487.

Wolpert, M., Ford, T., Trustam, E., Law, D., Deighton, J., Flannery, H. y Fugard, R. *et al.* (2012). Patient-reported outcomes in child and adolescent mental health services (CAMHS): Use of idiographic and standardized measures. *Journal of Mental Health, 21*(2):165-173.

Woods, S.W., Ziedonis, D.M., Sernyak, M.J., Díaz, E. y Rosenheck, R.A. (2000). Characteristics of participants and nonparticipants in medication trials for treatment of schizophrenia. *Psychiatric Services, 51*(1):79-84.

Yeomans, F.E., Clarkin, J.F. y Kernberg, O.F. (2015). *Psicoterapia centrada en la transferencia: su aplicación al trastorno límite de la personalidad*. Bilbao: DDB.

Yin, R.K. (2014). *Case study research. Design and methods*, 5.ª ed. Los Ángeles: Sage.

Yogman, T. y Brazelton, T.B. (eds.) (1986). *Affective development in infancy* (pp. 95-124). Norwood: Ablex.

Autores

Compiladores

José A. Castillo Garayoa. Es doctor en Psicología (URL), especialista en Psicología clínica. Actualmente es profesor titular de la Facultat de Psicologia, Ciències de l'Educació i de l'Esport Blanquerna (URL), psicólogo clínico de la Associació Invia y miembro del Grupo de Investigación en Pareja y Familia (GRPF).

Josep Mercadal Rotger. Es doctor en Psicología y psicoterapeuta. Actualmente es profesor del Máster Universitario en Psicología General Sanitaria (URL), coordinador de Metodología de la investigación del Instituto Universitario de Salud Mental Vidal i Barraquer (URL) y terapeuta del Centro Médico Psicológico (FVB). Asimismo, es Investigador Principal del Grupo de Investigación en Mentalización y Evaluación de Intervenciones Psicológicas (GREMAIP).

Autores

María Teresa Anguera. Universidad de Barcelona. Es doctora en Psicología (UB) y licenciada en Derecho (UB). Es catedrática de Metodología de las ciencias del comportamiento de la Universidad de Barcelona. Sus principales líneas de investigación son metodología observacional y evaluación de programas de baja intervención.

Eulàlia Arias-Pujol. Es doctora en Psicología (UB), especialista en Psicología clínica y psicoanalista del IPB (SEP). Es docente e investigadora de la Facultat de Psicologia, Ciències de l'Educació i de l'Esport Blanquerna (URL) y miembro del Grupo de Investigación en Pareja y Familia (GRPF). Colabora en el servicio de Investigación y Formación Carrilet y en Bruc Salut.

JORDI ARTIGUE GÓMEZ. Es doctor en Psicología (URL), especialista en Psicología clínica, psicoterapeuta y psicoanalista. Psicólogo clínico en el en el ECID (Equipo Clínico de Intervención a Domicilio – Fundación Vidal i Barraquer). Profesor asociado en la Facultad de Psicología de la Universidad de Barcelona (UB). Co-coordinador de dos másters de la UB. Supervisor en servicios de salud mental del ámbito público y en centros de desarrollo infantil y atención precoz.

VICTOR CABRÉ SEGARRA. Es doctor en Psicología, especialista en Psicología clínica y en Psicoterapia. Director del Departamento de Docencia del Instituto Universitario de Salud Mental Vidal i Barraquer. Psicoterapeuta individual y de grupo en el Centro Médico-Psicológico de la Fundació Vidal i Barraquer. Profesor de la Universitat Ramon Llull. Director de la colección *Salud Mental* en la editorial Herder.

MARK DANGERFIELD. Es doctor en Psicología (URL) especialista en Psicología clínica y en Psicoterapia. Psicoanalista miembro de la Sociedad Española de Psicoanálisis y la International Psychoanalytical Association. Coordinador del Equipo Clínico de Intervención a Domicilio (ECID) de la Fundación Vidal i Barraquer. Profesor en el Instituto Universitario de Salud Mental Vidal i Barraquer (URL) y formador AMBIT en el Anna Freud National Centre for Children and Families de Londres.

XAVIER LÓPEZ MARTÍN. Es doctor en Psicología (URL), psicólogo general sanitario e investigador en el campo de la psicopatología con metodologías de revisión sistemática y metaanálisis.

CARLES PÉREZ TESTOR. Es doctor en Medicina (UAB), especialista en Psiquiatría. Es psicoterapeuta de pareja y familia de la

Fundació Vidal i Barraquer (FVB) y director del Grupo de Investigación en Pareja y Familia (GRPF-URL). Es catedrático de la Universidad Ramon Llull (URL) en la Facultat de Psicologia, Ciències de l'Educació i de l'Esport Blanquerna.

JOSÉ MIGUEL RIBÉ BUITRÓN. Es doctor en Psicología (URL). Especialista en Psiquiatría y psicoterapeuta. Actualmente es profesor del Máster en Psicoterapia Analítica Grupal por la Universidad de Deusto. Trabaja en el Centro de Salud Mental de Adultos Sant Andreu (FVB). Miembro titular de la Asociación de Psicoterapia Analítica Grupal (APAG) y de la Sección de Grupos de la Asociación Española de Neuropsiquiatría (AEN). Asimismo, es Investigador del Grupo de Investigación en Mentalización y Evaluación de Intervenciones Psicológicas (GREMAIP).